VERA 8 2015
Übungsaufgaben mit Lösungen

Deutsch
Version C: Gymnasium

STARK

Bildnachweis

Umschlag, S. 5: © Monkey Business/Fotolia.com
S. 1: © Images/Dreamstime.com
S. 7: © Monkey Business Images/Dreamstime.com
S. 9: © Ingo Bartussek/Fotolia.com (links), © Dreamstime.com (rechts)
S. 10: © sinuswelle/Fotolia.com
S. 17: © Africa Studio/Fotolia.com
S. 18: © Michal Adamczyk/Dreamstime.com
S. 21: © Palabra/Fotolia.com
S. 22: © Mark_Viveen/Istockphoto
S. 23: © Bestpic/Dreamstime.com
S. 38: © victoria p./Fotolia.com
S. 42: © Baldur Tryggvason/Istockphoto
S. 43: © ullstein bild
S. 45: © r-o-x-o-r/Fotolia.com
S. 47: © inspireme/Istockphoto
S. 49: © Alexander Gatsenko/Dreamstime.com (oben), © Igor Mojzes Fotolia.com (unten)
S. 50: © b trenkel/Istockphoto
S. 52: © Dan Race/Fotolia.com
S. 53: © nicholas belton/Istockphoto
S. 54: © Irina Fischer/Fotolia.com
S. 61: © Olga Lupol/Dreamstime.com
S. 64: © Ljupco Smokovski/Fotolia.com
S. 66: © Rich Legg/Istockphoto (links), © Svetaphoto/Dreamstime.com (rechts)
S. 73: © Claudia Paulussen/Fotolia.com
S. 78: © Stefan Kölble/www.sxc.hu
S. 81: © bilderbox/Fotolia.com
S. 89: © Fotolia.com
S. 91: © Conny Hagen/Fotolia.com
S. 94: © Daniel Tremain/Fotolia.com
S. 95: William T. Boothby
S. 97: © PeJo/Fotolia.com (oben), © vito elefante/Fotolia.com (unten)
S. 104: © Thomas Neumahr/Fotolia.com
S. 106: © Franz Pfluegl/Fotolia.com
S. 107: © Sswartz/Dreamstime.com
S. 110: © http://www.flickr.com/photos/geishaboy500, lizensiert unter cc-by-sa 2.0.
Im Internet unter: http://commons.wikimedia.org/wiki/File:Parkour_Foundation_Winter.jpg (oben links),
© Tatiana Belova/Fotolia.com (oben rechts), © Sergey Goruppa/Fotolia.com (unten links), © THOR, lizensiert unter cc-by-sa 2.0.
Im Internet unter: http://commons.wikimedia.org/wiki/File:Parkour_leap_of_faith.jpg (unten rechts)
S. 111: © Eric Isselée/dreamstime.com
S. 115: Foto: Andrew Fraser, lizensiert unter CC-BY-SA 3.0.
Im Internet unter: http://commons.wikimedia.org/wiki/File:Pink_Lady_sailing_%28cropped%29.jpg?uselang=de
S. 116: Foto: Andrew Fraser, lizensiert unter CC-BY-SA 3.0.
Im Internet unter: http://commons.wikimedia.org/wiki/File:Jessica_Watson_sailing.jpg?uselang=de
S. 119: © Philippe Minisini/Fotolia.com
S. 121: © Polylooks
S. 125: © Andrzej Puchta/Fotolia.com (links), © Jostein Hauge/Dreamstime.com (rechts)
S. 130: © Birds and Dragons. Shutterstock
S. 163: © gajatz/Fotolia.com
S. 214: © FM2/Fotolia.com

Nachweis für Tondokumente

Track 1: „Nicht auf den Mund geschaut": ℗ 2009; Deutschlandradio; © 2009; Deutschlandradio
Track 2: „Cybermobbing": Bayern 3 am Vormittag, Tipps für Verbraucher, Autoren: Joachim Dangel, Roman Roell, Sendung vom 16. 9. 2013
Track 3–7, 10–12: Redaktion; Sprecherinnen: Alexandra Löffler, Ariane Baumann
Track 8: „Zivilcourage": Mit freundlicher Genehmigung des Landespolizeipräsidiums Saarland
Track 9: „Der kleine Erziehungsratgeber": SWR 1, Florian von Westerholt: Der kleine Erziehungsratgeber

ISBN 978-3-8490-0934-2

© 2014 by Stark Verlagsgesellschaft mbH & Co. KG
6. neu bearbeitete Auflage
www.stark-verlag.de

Das Werk und alle seine Bestandteile sind urheberrechtlich geschützt. Jede vollständige oder teilweise Vervielfältigung, Verbreitung und Veröffentlichung bedarf der ausdrücklichen Genehmigung des Verlages.

Inhalt

Vorwort

VERA 8 – Hinweise und Tipps — 1

Häufig gestellte Fragen zu VERA 8 3
Wichtige Tipps zur Vorgehensweise 5

Basiswissen — 7

Kompetenzbereich: Leseverstehen — 9
Sachtexte 9
Nichtlineare Texte 25
Literarische Texte 33

Kompetenzbereich: Zuhören — 49
Nicht auf den Mund geschaut 50
Cybermobbing 51
Der Floh 53
Parkplatz auf Lebenszeit 54

Kompetenzbereich: Schreiben — 55
Einen informativen Text schreiben 56
Einen argumentativen Text verfassen 65

Kompetenzbereich: Sprache und Sprachgebrauch untersuchen — 73
Wortarten erkennen 73
Nomen 77
Verben 78
Adjektive 81
Pronomen 82
Präpositionen 83
Satzglieder bestimmen 84
Sätze verbinden 87
Satzreihe und Satzgefüge unterscheiden 89
Relativsätze 92
Aktiv und Passiv 94
Indikativ und Konjunktiv 96
Über Sprachgebrauch nachdenken 99

Kompetenzbereich: Rechtschreibung — 101
Groß- und Kleinschreibung 101
Getrennt- und Zusammenschreibung 105
Wie ist es richtig: *das* oder *dass*? 107
Die Auslautverhärtung 108
Den s-Laut richtig schreiben 109
Fremdwörter richtig schreiben 111

Umlaute richtig schreiben 113
Kommas richtig setzen 114
Lückendiktat 117

Übungsaufgaben im Stil von VERA 8 — 119

Kompetenzbereich: Leseverstehen — 121
Aufgabe 1: Wofür interessieren sich Jugendliche? 121
Aufgabe 2: Musik-Downloads 123
Aufgabe 3: Judith 126
Aufgabe 4: Abseits 130
Aufgabe 5: Die Verkündung 132

Kompetenzbereich: Zuhören — 135
Aufgabe 1: Die Rotte 135
Aufgabe 2: Zivilcourage 137
Aufgabe 3: Der kleine Erziehungsratgeber 139
Aufgabe 4: Auslandsaufenthalt für Jugendliche 141
Aufgabe 5: An ihre Hand im Alter 143

Kompetenzbereich: Schreiben — 145
Aufgabe 1: Eine Zeitungsnachricht schreiben 145
Aufgabe 2: Einen Leserbrief verfassen 146

Kompetenzbereich: Sprache und Sprachgebrauch untersuchen — 147
Aufgabe 1: Wortarten bestimmen 147
Aufgabe 2: Satzglieder bestimmen 147
Aufgabe 3: Satzformen bestimmen und Sätze bilden 148
Aufgabe 4: Nebensätze bestimmen und bilden 149
Aufgabe 5: Sätze verknüpfen 150
Aufgabe 6: Aktiv und Passiv 151
Aufgabe 7: Über Sätze nachdenken 152
Aufgabe 8: Über Sprachgebrauch nachdenken 152

Kompetenzbereich: Rechtschreibung — 155
Aufgabe 1: Fehler korrigieren 155
Aufgabe 2: Fehlerschwerpunkt erkennen 156
Aufgabe 3: Fremdwörter richtig schreiben 158
Aufgabe 4: Rechtschreibung begründen 158
Aufgabe 5: Groß- oder kleinschreiben? 159
Aufgabe 6: Regeln ableiten 159
Aufgabe 7: Lückendikat 161

Lösungsvorschläge 163

Basiswissen 165
Übungsaufgaben im Stil von VERA 8 197

Fachbegriffe 215

Hinweise zum interaktiven eBook

Arbeitest du gerne am **Computer** oder **Tablet**? Alle Inhalte dieses Bandes stehen dir auch als digitales „ActiveBook" auf der beiliegenden **CD-ROM** zur Verfügung. Vorne im Umschlag des Buches findest du zusätzlich einen **Code**, mit dem du dir die digitalen Inhalte auf dein Tablet laden kannst.

Das **ActiveBook** enthält alle Seiten dieses Bandes als **digitalen eText** mit vielen Zusatzfunktionen (z. B. Navigation, Zoomfunktion).
Daneben bietet es dir:

 Viele **interaktive Aufgaben**, die du direkt am Computer oder Tablet bearbeiten kannst. Diese werden sofort ausgewertet, sodass du gleich eine **Rückmeldung** erhältst, wie gut du deine Sache gemacht hast.

 Praktische **Links zu den Lösungen** der Aufgaben.

 Direkten Zugriff auf die **Hördateien** zu den Aufgaben aus dem Bereich „Zuhören" sowie den Lückendiktaten aus dem Bereich „Rechtschreibung".

 Ein digitales Glossar zum schnellen Nachschlagen der **wichtigsten Fachbegriffe**.

Die **Hördateien** können direkt im ActiveBook abgespielt werden. Zusätzlich enthält die CD alle Hördateien auch im **MP3-Format**:

Hördateien

Basiswissen: Zuhören

Nicht auf den Mund geschaut	Track 1
Cybermobbing	Track 2
Der Floh	Track 3
Parkplatz auf Lebenszeit	Track 4

Basiswissen: Rechtschreibung

Lückendiktat: Ihr Urlaub im Bayerischen Wald	Track 5
Lückendiktat: Liebe Oma	Track 6

Übungsaufgaben im Stil von VERA 8: Zuhören

Die Rotte	Track 7
Zivilcourage	Track 8
Der kleine Erziehungsratgeber	Track 9
Auslandsaufenthalt für Jugendliche	Track 10
An ihre Hand im Alter	Track 11

Übungsaufgaben im Stil von VERA 8: Rechtschreibung

Lückendiktat: Schuluniformen – bitte nicht!	Track 12

Autor:
Christoph Oldeweme

Vorwort

Liebe Schülerin und lieber Schüler,

du möchtest dich im Fach Deutsch verbessern, dein Basiswissen wiederholen, Wissenslücken schließen und bei der **Vergleichsarbeit in der 8. Klasse (VERA 8) Deutsch** ein gutes Ergebnis erzielen? Dieses Buch hilft dir dabei, diese Ziele zu erreichen.

- Lies zunächst die **Hinweise und Tipps** am Anfang des Buches, damit du weißt, was du bei VERA 8 beachten musst. VERA 8 wird **zentral gestellt** und prüft vor allem das **Grundwissen** ab. Es wird festgestellt, wie viel du in Deutsch schon gelernt hast.

- Mit dem vorliegenden Buch kannst du dein **Basiswissen** zu den einzelnen **Kompetenzbereichen**, die in VERA 8 geprüft werden, gezielt trainieren. Du lernst wichtige Merkregeln und bekommst Tipps, die du für das Bearbeiten von VERA 8 benötigst. Zu jedem Kompetenzbereich gibt es **viele abwechslungsreiche Übungen**, die dir in dieser oder ähnlicher Form auch in der Prüfung begegnen können.

- Hast du das Basiswissen erfolgreich bearbeitet, gehst du zu den **Übungsaufgaben im Stil von VERA 8** über. Sie orientieren sich in Länge und Schwierigkeitsgrad an den Vergleichsarbeiten aus den letzten Jahren, sodass du gezielt unter Prüfungsbedingungen üben kannst.

- Zu allen Übungen und Aufgaben im Stil von VERA 8 gibt es **ausführliche Lösungsvorschläge** mit zahlreichen **Hinweisen und Tipps**. Wichtig ist, dass du zuerst versuchst, alle Aufgaben selbstständig zu bearbeiten. Sieh erst dann in der Lösung nach, um deine Antworten zu kontrollieren.

- Am Ende des Buches findest du die wichtigsten **Fachbegriffe** im Überblick. Hier kannst du nachschlagen, wenn du etwas nicht verstehst.

- Die beiliegende CD-ROM enthält eine **digitale Version** dieses Bandes mit vielen **interaktiven Aufgaben**. Zusätzlich zu der CD-Version hast du die Möglichkeit, dieses „**ActiveBook**" auch vollständig **online** zu nutzen. Den Code für die Online-Version findest du auf der Umschlaginnenseite.

Viel Freude bei der Bearbeitung der nachfolgenden Übungen und vor allem viel Erfolg bei VERA 8 im Fach Deutsch!

Christoph Oldeweme

VERA 8 – Hinweise und Tipps

Häufig gestellte Fragen zu VERA 8

Wozu dient VERA 8?

1 Mit den Vergleichsarbeiten in Klasse 8 (VERA 8) soll festgestellt werden, wie viel du im Fach Deutsch bereits gelernt hast. Die Ergebnisse sind zunächst für dich wichtig, weil du so einschätzen kannst, wo du schon sehr gut bist, wo du noch Lücken hast und in welchen Bereichen du vielleicht ein bisschen mehr üben musst. Aber auch deine Lehrerin/dein Lehrer sieht, welche Lerninhalte wiederholt werden müssen.

Wann findet VERA 8 statt?

2 VERA 8 Deutsch wird an fast allen Schulen am **2. März 2015** geschrieben. Nur in Hamburg findet der Test am 17. März 2015 statt.

Was wird geprüft?

3 Die Aufgaben orientieren sich an den **allgemeinen Bildungsstandards**, also nicht an den Lehrplänen der einzelnen Bundesländer. Es geht vor allem um das Testen von Kompetenzen und nicht um das Abprüfen bestimmter Inhalte.

VERA 8 baut auf dem Lernstoff aus den Jahrgangsstufen 5 bis 8 auf. Insgesamt können **fünf Kompetenzbereiche** überprüft werden, die du bereits aus deinem Deutschunterricht kennst. Alle Kompetenzbereiche kannst du mit diesem Buch nochmals gezielt üben:

- Beim Kompetenzbereich „**Leseverstehen**" wird dir ein Text vorgelegt, den du genau lesen musst. Dann wird geprüft, ob du den Text richtig verstanden hast und inhaltliche Fragen dazu beantworten kannst. Es können auch Aufgaben zu einer Tabelle oder Grafik gestellt werden.

- Im Kompetenzbereich „**Zuhören**" sollst du – ähnlich wie beim Leseverstehen – Fragen zum Inhalt eines Textes beantworten, den du jedoch in diesem Fall nicht gelesen, sondern nur einmal gehört hast. Während deine Lehrerin oder dein Lehrer den Text der Klasse vorspielt, kannst du dir stichwortartig Notizen dazu machen. Das ist die Grundlage für die Bearbeitung der Aufgaben, die du im Anschluss erhältst.

- Der dritte Bereich ist das „**Schreiben**". Hier sollst du zeigen, dass du einen gut gegliederten Aufsatz verfassen kannst, in dem du dich ausführlich mit einem vorgegebenen Thema auseinandersetzt. Wichtig ist auch, dass du weißt, wie du einen **Text überarbeiten und verbessern** kannst. Dabei geht es nicht nur um das Erkennen von Rechtschreib-, Zeichensetzungs- und Grammatikfehlern. Du musst auch überprüfen, ob die Merkmale bestimmter Aufsatzarten eingehalten wurden, und den Text entsprechend überarbeiten.

- Bei „**Sprache und Sprachgebrauch untersuchen**" wird dein Fachwissen im Bereich Grammatik, aber auch deine Ausdrucksfähigkeit getestet. Dafür musst du auf jeden Fall die nötigen grammatischen Fachbegriffe beherrschen. Wenn du dich hier noch unsicher fühlst, solltest du dich mit dem entsprechenden Kapitel in diesem Buch intensiv beschäftigen.

- Der fünfte Bereich ist die **„Rechtschreibung"**. Hier sollst du zeigen, dass du die wichtigsten Regeln der deutschen Rechtschreibung beherrschst und anwenden kannst. Zwei wichtige Teilbereiche sind z. B. die Groß- und Kleinschreibung sowie die Zusammen- und Getrenntschreibung.

Wie sieht VERA 8 aus?

4 VERA 8 in Deutsch dauert insgesamt **90 Minuten**, für die reine Bearbeitung der Aufgaben hast du **80 Minuten** Zeit.
Da in zwei Schulstunden nicht alle Bereiche geprüft werden können, werden in jedem Jahr Kompetenzbereiche ausgewählt. In der **Prüfung 2015** werden voraussichtlich die Bereiche „Leseverstehen" sowie „Schreiben" getestet. Näheres erfährst du von deiner Deutschlehrerin/deinem Deutschlehrer. **Aktuelle Informationen** erhältst du auch im Internet unter: www.stark-verlag.de/pruefung-aktuell

Es werden folgende Aufgabentypen gestellt:
- In erster Linie musst du Aufgaben mit sogenannten geschlossenen und halboffenen Fragen lösen. Geschlossene Aufgaben sind oft **Multiple-Choice-Aufgaben**, bei denen du immer aus vier vorgegebenen Antworten die richtige ankreuzen musst. **Halboffene Aufgaben** kannst du meist mit wenigen Worten oder einem kurzen Satz beantworten.

- **Offene Aufgaben** musst du mit einem kurzen Aufsatz beantworten. Beispielsweise wirst du aufgefordert, zu einem bestimmten Thema eine Argumentation, einen Brief o. Ä. zu verfassen.

Wie bereitest du dich vor?

5 Mit diesem **Buch** und dem zugehörigen **interaktiven eBook** kannst du dich umfassend auf VERA 8 vorbereiten.
Gehe die Inhalte Schritt für Schritt durch und wiederhole das **Basiswissen**. Anhand der **VERA 8-Übungsaufgaben** kannst du alle unterschiedlichen Aufgabenstellungen zu den einzelnen **Kompetenzbereichen** trainieren. Im Anschluss überprüfst du deine Lösungen mithilfe der im Buch angegebenen **Lösungsvorschläge**. Die **interaktiven Aufgaben** werden **automatisch ausgewertet**. So erkennst du schnell, wo du noch Lücken hast, wo deine Stärken und Schwächen liegen. Die Bereiche, in denen du noch nicht so gut bist, solltest du nochmals gezielt üben.

Wichtige Tipps zur Vorgehensweise

Für die Bearbeitung der Aufgaben hast du insgesamt **80 Minuten** Zeit – das bedeutet, du musst zügig vorwärtskommen, um alle Aufgaben vollständig zu beantworten und am Ende noch Zeit für eine Kontrolle zu haben. Daher musst du dir bereits vorher überlegen: Wie schafft man es, die Aufgaben zeitsparend anzugehen?

Text lesen	**1**	Du musst den Text beim ersten Mal **aufmerksam** und **aktiv lesen** (bzw. hören). Wenn du während des Lesens/Hörens zentrale **Textstellen notierst** und dir **Kommentare** zu jedem Abschnitt machst, kannst du die Fragen dazu später schneller beantworten.
Aufgaben verstehen	**2**	Lies die Aufgabenstellung aufmerksam durch, damit du ganz genau weißt, **was von dir erwartet wird**. Wird z. B. nur nach einem Beispiel oder nach mehreren gefragt? Gibt es nur eine Zeile, auf die du deine Antwort schreiben sollst, oder sind es mehrere Zeilen, sodass deine Antwort genauer und ausführlicher ausfallen sollte?
Aufgaben lösen	**3**	Bearbeite jede Aufgabe möglichst **vollständig**, sonst vergisst du am Schluss vielleicht eine Teilaufgabe. Wenn du eine Aufgabe nicht verstehst oder nicht lösen kannst, halte dich nicht zu lange mit „Grübeln" auf, sondern **überspringe** sie, damit du auf jeden Fall möglichst viele Aufgaben schaffst. Vielleicht ist am Ende noch Zeit, die Aufgabe zu lösen. Für unbearbeitete Aufgaben bekommst du in keinem Fall Minuspunkte.
konzentrieren	**4**	Arbeite immer **ruhig**, aber trotzdem **zielstrebig**. Wenn du nervös werden solltest, weil dir nichts einfällt, dann hilft vielleicht eine Konzentrationsübung. Setze dich bewusst aufrecht hin, schließe die Augen und denke: „Ich bleibe ganz ruhig" oder „Ich kann es!".
Zeit kontrollieren	**5**	Schau immer mal wieder auf die Uhr. Nach **40 Minuten** solltest du die **Hälfte** der Aufgaben gelöst haben.
ordentlich arbeiten	**6**	Schreibe **leserlich** und verbessere ordentlich und eindeutig, damit sich deine Lehrerin oder dein Lehrer immer gut auskennt.
Utensilien	**7**	Denke daran, dass du deine **Arbeitsutensilien** dabei hast: Füller, Tintenpatronen, als Ersatz ein blauer Faserstift, Leuchtstift, Bleistift, Radiergummi, ein Lineal zum Durchstreichen und eine Uhr, damit du dir die Zeit einteilen kannst.
am Schluss	**8**	Abschließend solltest du deine Antworten **kontrollieren** und auf ihre Vollständigkeit überprüfen. Nichts ist ärgerlicher, als wenn du vergessen hast, eine Aufgabe zu beantworten.

Basiswissen

Kompetenzbereich: Leseverstehen

Im Kompetenzbereich Leseverstehen wird anhand von Aufgaben überprüft, wie gut du Informationen aus einem Text „herauslesen" kannst und ob du in der Lage bist, falsche von richtigen Aussagen zu unterscheiden oder bestimmte Textaussagen zu erklären. Die Aufgaben betreffen **einzelne Textinformationen** (zu Personen, Daten, Orten usw.), aber auch **Zusammenhänge**, die erkannt oder gedeutet werden müssen.

Sachtexte

Sachtexte befassen sich mit einem Sachverhalt, den es tatsächlich gibt – oder gegeben hat. Um den Inhalt eines Sachtextes zu verstehen, helfen dir die sieben Schritte zum Leseverstehen.

Merke dir!

> **Die sieben Schritte zum Leseverstehen**
> 1. Das **Thema** des Textes bestimmen
> 2. **Unklarheiten** klären
> 3. Die **Kernaussage(n)** verstehen
> 4. Den Text in **Sinnabschnitte** gliedern
> 5. Die **Absicht** des Verfassers erkennen
> 6. Die **sprachliche Gestaltung** untersuchen
> 7. Den Bezug zur **Überschrift** herstellen

Tipp: Lies den Text mindestens zweimal. Nach dem ersten zügigen überfliegenden Lesen führst du die Schritte 1 und 2 aus, dann liest du den Text noch einmal und erledigst die Schritte 3 bis 7.

Die sieben Schritte zum Leseverstehen kannst du am Beispiel des folgenden Sachtextes trainieren.

Wer schön sein will, muss leiden

1 Eine Tätowierung am Oberarm oder Fußgelenk, ein Piercing am Bauchnabel, Brustbein oder in der Augenbraue. Körperschmuck findet an vielen Stellen seinen Platz. Tattoos – wie man die Körperbemalung auch gerne nennt – liegen schon seit Jahren im Modetrend, obwohl die Tätowierung eine durchaus aufwen-
5 dige und schmerzhafte Tortur[1] sein kann. Wer schön sein will, muss also bereit sein, zu leiden. Einige Menschen beschränken sich trotzdem nicht nur auf ein Tattoo oder Piercing, sondern haben ihren Körper mit Dutzenden von bunten Motiven und Metallen bedeckt. Ihr Körper gleicht einem Kunstwerk. Vorbilder für diese Modetrends findet man besonders oft bei den Superstars der Musik-
10 szene und Fußballbranche.

Hautverzierungen gibt es bereits seit den Anfängen der Menschheit. Das Bemalen, Tätowieren oder Durchstechen von Nasen, Wangen oder Lippen wurde
15 bereits vor Jahrtausenden praktiziert. In der Neuzeit wurden die Tätowierungen durch die Seefahrt besonders bekannt, denn unter Seeleuten sind z. B. Anker- und Sternmotive seit über 200 Jahren
20 verbreitet. In Europa begannen Jugendliche sich in den 1970er-Jahren für das Tätowieren zu interessieren. Damals galt der Körperschmuck noch als Provokation, denn Tätowierungen gal-
25 ten meist als Erkennungszeichen für Aussteiger oder gesellschaftliche Randgruppen, wie z. B. Strafgefangene oder Gangmitglieder. Doch heute leben wir in einer Gesellschaft, in der es schon
30 fast normal ist, eine tätowierte oder gepiercte Stelle am Körper zu haben. Besonders verbreitet ist der Körperkult[2] bei jungen Leuten. Eine Umfrage der Uni Regensburg ergab, dass 2012 jeder vierte junge Mann zwischen 14 und 24 Jahren ein Tattoo oder Piercing trug, bei den Frauen in dieser Altersgruppe war es gar jede zweite.

35 Die meisten Jugendlichen, die sich ein Bild auf oder ein Metallteil in den Körper stechen lassen, wollen modisch und „cool" aussehen. Als weiteres Motiv bezeichnen Jugendliche ihren Wunsch, Grenzen austesten zu wollen. Psychologen sehen eine Hauptmotivation der Jugendlichen in deren Drang nach Individualität. Sie wollten im wahrsten Sinne des Wortes hervorstechen und ihren
40 Körper selbst gestalten.

Juristisch betrachtet gelten Piercen und Tätowieren nach § 223 StGB[3] als „mutwillige Körperverletzung". Willigt der Betroffene jedoch selbst ein, gilt sie als straffrei. Nach dem Jugendschutzgesetz sind Tattoos und Piercings unter 16 Jahren jedoch verboten, auch wenn die Eltern ihre Zustimmung erteilen. Zwi-
45 schen 16 und 18 Jahren brauchen Jugendliche das schriftliche Einverständnis der Eltern. Die strengen Regelungen sind im Gesundheitsrisiko begründet. Denn

nicht selten rufen Piercings z. B. Allergien oder Entzündungen hervor. Bei Tätowierungen kann es zu Narbenbildungen oder im schlimmsten Fall zur Übertragung von Krankheitserregern kommen.

50 Wer sich ein Tattoo stechen lassen will, sollte sich darüber im Klaren sein, dass dies ein Entschluss mit dauerhaften Folgen ist, denn Tattoos sind nicht ohne Weiteres zu entfernen. Nicht selten sind Motive, die heute angesagt sind, schon übermorgen eine absolute Modesünde. Das früher allseits beliebte Tattoo am Steißbein wird heute eher schief beäugt. Ein Tattoo mit dem Namen des/der
55 Liebsten kann ebenfalls zu einem Problem werden, wenn die Beziehung – anders als das Tattoo – nicht dauerhaft hält. Tattoos an gut sichtbaren Stellen können sogar die berufliche Karriere behindern.

Die Tätowierung später zu entfernen, ist eine langwierige, teure und längst nicht immer erfolgreiche Prozedur. Das Entfernen dauert mehrere Sitzungen.
60 Zwischen den Behandlungen müssen zudem Pausen liegen, in denen sich die Haut erholen kann. Wo kaum Fettgewebe unter dem Tattoo liegt, ist es besonders schwer, sie per Laser zu entfernen. Unter Umständen kann das Tattoo nur mit einer Kombination aus Schneiden und Lasern entfernt werden. Da ein Tattoo keine Krankheit ist, übernehmen die Krankenkassen normalerweise keine Kos-
65 ten. Wer schön sein will, muss also nicht nur leiden, sondern eventuell auch viel bezahlen.

Quelle: Autorentext

Worterklärungen:
1 Tortur: Qual, Schmerz
2 Kult: hier: besondere, übertrieben sorgfältige Form des Umgangs mit einer Sache
3 StGB: Strafgesetzbuch

1. Schritt: Das Thema des Textes bestimmen

Beim ersten Lesen des Textes musst du noch nicht jedes Detail verstehen, sondern nur einen **Überblick** über den Inhalt und das Thema des Textes gewinnen. Thema eines Sachtextes ist ein bestimmter Sachverhalt.

Merke dir!
- Ein Text beschäftigt sich in der Regel mit einem **übergeordneten Thema**.
- Um das Thema zu bestimmen, musst du dich also fragen:
  *Worum geht es in dem **ganzen Text**?*
- Oft geben auch die **Überschrift** und **Abbildungen** Hinweise auf das Thema des Textes.

Übung 1   Bestimme das Thema des Textes „Wer schön sein will, muss leiden". Formuliere ein bis zwei Sätze.

2. Schritt: Unklarheiten klären

Ein genaues Textverständnis kannst du nur erzielen, wenn du auch wirklich alle Textstellen richtig verstehst. **Unterstreiche** unklare Textstellen (Wörter, Wortgruppen oder Sätze) und **kennzeichne** sie am Rand mit **?**. Räume danach diese Unklarheiten aus.

Tipp: Wenn es dir schwerfällt, einen langen Satz genau zu verstehen, lies zunächst nur den Hauptsatz und erst nach und nach die weiteren Satzglieder. Häufig sind es aber auch nur einzelne Wörter, die du nicht verstehst. Es gibt verschiedene Möglichkeiten, die Bedeutung dieser Wörter zu klären:

Merke dir!

- Versuche zunächst, die Bedeutung eines Wortes aus dem **Textzusammenhang** zu entschlüsseln.
- Schlage im **Wörterbuch** nach. Meist findest du eine Bedeutungserklärung.
- Im Unterricht und in den Vergleichsarbeiten werden schwierige Wörter am Ende des Textes erläutert. Diese **Anmerkungen** (Worterklärungen) solltest du auf keinen Fall übersehen.

Übung 2

Ordne den Begriffen aus dem Text „Wer schön sein will, muss leiden" die jeweils passende Erklärung zu. Streiche die falsche Erklärung durch.

Gehe dabei so vor:
- Versuche die Bedeutung aus dem Textzusammenhang zu erschließen, indem du das, was vor und nach dem Begriff steht, genau liest.
- Beachte auch die Worterklärungen am Ende des Textes.
- Überprüfe anschließend anhand des Wörterbuchs, ob deine Bedeutungserklärungen richtig sind.

a) Tortur (Z. 5): *Angst* oder *Quälerei*

b) Fußballbranche (Z. 10): *Sportverein* oder *Berufszweig*

c) Provokation (Z. 24): *Herausforderung* oder *Beleidigung*

d) juristisch (Z. 41): *rechtlich* oder *theoretisch*

e) Prozedur (Z. 59): *Verfahren* oder *Entscheidung*

3. Schritt: Die Kernaussage(n) verstehen

Um einen Text umfassend zu verstehen, musst du die zentrale(n) Aussage(n), also die Kernaussage(n), herausfiltern. Alle anderen Aussagen dienen dazu, diese zu belegen oder zu erläutern. Häufig werden die Kernaussagen auch durch Beispiele veranschaulicht.

Basiswissen – Leseverstehen

Merke dir!
- Kernaussagen enthalten die **wichtigsten Gedanken** oder Informationen eines Textes, die oft eher abstrakt formuliert werden.
- Beispiele helfen dem Leser, sich **genaue Vorstellungen** von dem Sachverhalt zu machen.

Tipp: Um die Kernaussage(n) zu verstehen, kannst du dir diese Frage stellen: *Was ist das Neue/das Besondere, das der Leser durch diesen Text erfährt?*

Übung 3 Wie lauten die Kernaussagen im Text „Wer schön sein will, muss leiden"? Formuliere in wenigen Sätzen.

_____

_____

_____

_____

_____

_____

4. Schritt: Den Text in Sinnabschnitte gliedern

Versuche zu verstehen, wie der Autor seine Gedanken entwickelt hat und wie der Text gedanklich aufgebaut ist.

Merke dir!
- Erkenne die **Reihenfolge**, in der sich der Verfasser zum Thema äußert: *Womit befasst er sich zuerst? Was kommt danach? Was sind die Schlussgedanken?*
- **Untergliedere** den Text beim zweiten Durchlesen in **Sinnabschnitte**. Markiere die Grenzen zwischen den einzelnen Abschnitten mit einem Zeichen, z. B. mit ⌐.
- Es ist gut, wenn du dir zu jedem Sinnabschnitt am Rand gleich eine **Zwischenüberschrift** und **Notizen** machst. Dann hast du später einen Überblick darüber, welche (Unter-)Themen an welchen Stellen zur Sprache kommen.

Tipp: Oft erkennst du den Beginn eines neuen Sinnabschnitts daran, dass ein neuer Absatz beginnt. Du darfst dich aber nicht nur am äußeren Erscheinungsbild eines Textes orientieren. Häufig ist es auch so, dass mehrere Absätze als Gruppe einen Sinnabschnitt bilden. Umgekehrt kann es vorkommen, dass sich ein längerer Absatz in mehrere Sinnabschnitte untergliedern lässt.

Übung 4 Untergliedere den Text „Wer schön sein will, muss leiden" in Sinnabschnitte. Gehe so vor:
- Markiere im Text die einzelnen Sinnabschnitte mit ⌐.
- Nummeriere deine Sinnabschnitte am Rand (1, 2, 3 …).
- Formuliere anschließend Zwischenüberschriften zu den einzelnen Sinnabschnitten.

1. <u>Z. 1-10: Seit einigen Jahren angesagte Modetrends: Tätowierungen und Piercings</u>

2.

3.

4.

5.

6.

5. Schritt: Die Absicht des Verfassers erkennen

Der Verfasser eines Textes verfolgt in der Regel beim Schreiben eine bestimmte Absicht, d. h., er will mit seinem Text etwas erreichen. Überlege, was der Text bewirken soll. Verschiedene Absichten sind denkbar:

Merke dir!

Der Verfasser will ...

- **informieren:** Er teilt dem Leser lediglich sein Wissen über einen bestimmten Sachverhalt mit, z. B. über die drohende Klimakatastrophe. Informative Texte sind beispielsweise Zeitungstexte (z. B. Berichte oder Reportagen), Fachtexte (z. B. über Kunst oder Biologie), Lexikonartikel.
- **appellieren:** Er will den Leser (direkt oder indirekt) zu etwas auffordern. Beispielsweise will er ihn dazu bewegen, ein bestimmtes Produkt zu kaufen oder Geld zu spenden. Appellative Texte sind z. B. Werbetexte oder Flugblätter; auch Reden sind oft appellativ.
- **instruieren:** Er will den Leser bei einer Tätigkeit anleiten. Instruierende Texte sind z. B. Bedienungsanleitungen, Kochrezepte oder Bauanleitungen.
- **argumentieren:** Er will dem Leser seine Position zu einem bestimmten Sachverhalt mitteilen und ihn mit seinen Argumenten überzeugen. Argumentative Texte sind z. B. Kommentare oder Leserbriefe.

Tipp: Es gibt meist keine scharfe Trennung: Beispielsweise kann ein Text sowohl informativ als auch appellativ sein. Dann musst du darüber nachdenken, welche Absicht mit diesem Text **überwiegend** verfolgt wird.

Basiswissen – Leseverstehen

Übung 5　　Bestimme die Absicht, die der Verfasser mit dem Text „Wer schön sein will, muss leiden" verfolgt.

A　Der Verfasser warnt vor den Gefahren beim Piercen und Tätowieren und fordert die Leser dazu auf, sich nicht piercen oder tätowieren zu lassen. Darum handelt es sich um einen appellativen Text.

B　Der Verfasser informiert sachlich über die Modeerscheinungen Piercen und Tätowieren sowie über mögliche Risiken. Darum handelt es sich um einen informativen Text.

C　Der Verfasser trägt seine Position zum Thema Piercen und Tätowieren vor. Darum handelt es sich um einen argumentativen Text.

Hier Buchstaben eintragen →

6. Schritt: Die sprachliche Gestaltung untersuchen

Ein Text wird von einem Autor immer **bewusst sprachlich gestaltet**. Die Wirkung eines Textes kann z. B. davon abhängen, ob ein Sachverhalt oder ein Geschehen sachlich oder eher lustig dargestellt wird. Ebenso kann die Wirkung eines Textes sich verändern, wenn der Autor statt mit treffenden Wörtern oder Fachbegriffen umgangssprachlich oder gar salopp formuliert.
Die Sprache eines Textes kann **Besonderheiten** aufweisen, z. B. sprachliche Bilder, einen auffälligen Satzbau, die direkte Ansprache des Lesers, Fragen, die der Autor selbst beantwortet oder die offenbleiben und den Leser zum Nachdenken anregen sollen.

Merke dir!

Durch die **sprachliche Gestaltung** eines Textes werden die **Bedeutungen** von Textaussagen und die **Aussageabsicht** des Autors besonders betont.

Übung 6　　a) Wie sieht die sprachliche Gestaltung des Textes „Wer schön sein will, muss leiden" aus? Kreuze an.

Der Text ...	ja	nein
verwendet hauptsächlich Umgangssprache.		
enthält zahlreiche sprachliche Bilder (z. B. Metapher, bildhafter Vergleich, Personifikation).		
verwendet treffende Wörter und Formulierungen.		
besteht überwiegend aus übersichtlichen Sätzen.		
spricht den Leser direkt an.		
enthält witzige Bemerkungen oder Ausdrücke.		
ist sachlich formuliert.		

b) Begründe, inwiefern die sprachliche Gestaltung des Textes zur Textsorte passt.

Die sprachliche Gestaltung passt zur Textsorte, weil ...

_____

_____

7. Schritt: Den Bezug zur Überschrift herstellen

Die Überschrift wird oft überlesen. Dabei ist sie für das Textverständnis sehr wichtig. Du solltest abschließend also immer darüber nachdenken, welcher **Bezug** zwischen Text und Überschrift besteht.

Merke dir!

- Überlege, worauf sich die Überschrift **bezieht**: auf den **ganzen Text** oder nur auf einen bestimmten **Textausschnitt**?
- Frage dich: **Passt** die Überschrift zum **ganzen Text**? Oder soll sie vielleicht nur interessant klingen?
- Wenn es dir gelingt, einen **Zusammenhang** zwischen der **Kernaussage** (3. Schritt) und der **Überschrift** herzustellen, passt die Überschrift gut zum Text.

Tipp: Wenn sich die Überschrift nur auf eine einzelne Textstelle bezieht, bekommt diese Textstelle dadurch eine besondere Bedeutung für den Sinn des ganzen Textes. Stelle dir dann am Schluss noch einmal die Frage, warum diese Textstelle wichtig sein könnte.

Übung 7

a) „Wer schön sein will, muss leiden" lautet die Überschrift des Textes. Welcher Bezug besteht zwischen Überschrift und Text? Kreuze an.

Die Überschrift bezieht sich auf ...

☐ den ganzen Text.   ☐ eine Textstelle.

b) Für wie passend hältst du die Überschrift? Kreuze an und begründe deine Meinung anschließend.

Hinweis: Verschiedene Ansichten sind möglich. Entscheidend ist, dass du deine Meinung nachvollziehbar begründest.

Die Überschrift passt ...

☐ zum Text.   ☐ nicht zum Text.

Begründung: _____

_____

_____

Übung 8 Lies den folgenden Sachtext „Vegetarier" und bearbeite anschließend die Aufgaben.

Vegetarier

1 Als Vegetarier bezeichnen wir Menschen, die aus den unterschiedlichsten Gründen auf den Verzehr von Fleisch und Fisch verzichten. In Deutschland leben derzeit nach Schätzungen des Vegetarierbundes Deutschland rund sechs bis acht Prozent Vegetarier. Viele davon als Reaktion auf die BSE-Krise[1], die Vogel-
5 grippe[2] oder Gammelfleischskandale[3], aber auch Kritik an der Massentierhaltung und Gesundheitsaspekte spielen eine Rolle.

Man unterscheidet verschiedene Arten von Vegetariern. Ovo-Lakto-Vegetarier beispielsweise verzichten auf Fleisch und Fisch, essen aber Milchprodukte und Eier. Dies ist die
10 größte Gruppe der Vegetarier. (…) Da die Milch- und Eierproduktion untrennbar mit Tierhaltung und deren Nachteilen
15 verbunden ist, ist die konsequente Weiterführung des Vegetarismus der Veganismus. Die Veganer verzichten nicht
20 nur auf alle Lebensmittel vom Tier, zum Beispiel auch auf Honig, sie kaufen auch keine Lederprodukte oder Wollpullis. Allerdings sind die strengen Veganer innerhalb der Vegetariergruppe in der Minderheit.

25 Der Vegetarismus hat eine lange Geschichte. Als der erste große Vegetarier gilt heute der griechische Gelehrte Pythagoras (um 570 bis 500 vor Christus): „Alles, was der Mensch den Tieren antut, kommt auf den Menschen zurück." Ein ziemlich moderner Gedanke, schon vor circa 2500 Jahren ausgesprochen von Pythagoras. Er und seine Anhänger verabscheuten nicht nur die religiösen
30 Tieropfer, sondern waren der Meinung, der Mensch sollte Tiere nicht essen, denn der Fleischgenuss mache aus ihm eine Kriegsmaschine, aggressiv und mordlüstern. Nach dem Motto: Solange der Mensch Tiere tötet, wird er auch Menschen töten. (…)

Weltweit ernähren sich schätzungsweise etwa eine Milliarde Menschen vege-
35 tarisch, der überwiegende Teil allerdings aus wirtschaftlichen Gründen, vor allem in den Entwicklungsländern, da sie sich das teure Fleisch (…) nicht leisten können. Wenn Menschen in den Industrienationen auf Fleisch oder Fisch verzichten, sind häufig ethisch-moralische[4], gesundheitliche oder ökologische[5] Gründe, oft auch kombiniert, entscheidend.

40 Massentierhaltung, Tiertransporte, Käfighaltung, Stress bei Schlachtungen – Begriffe, die wir heutzutage mit teilweise erschreckenden Bildern verbinden, machen den einen oder anderen Fleischkonsumenten zum Vegetarier. Denn Jahr für Jahr werden weltweit über zwei Milliarden Stall- und Weidetiere sowie über 20 Milliarden Geflügeltiere getötet, um dem Menschen als Nahrung zu dienen.
45 (…)

In den Entwicklungsländern werden große Flächen, unter anderem auch Regenwald, gerodet, einerseits als Weidefläche für die Tiere selbst und andererseits als Anbaufläche für die Herstellung von Futtermitteln. Auf der gleichen Fläche können entweder 50 Kilogramm Fleisch oder 6000 Kilo Karotten, 4000 Kilo
50 Äpfel oder 1000 Kilo Kirschen erzeugt werden. Ein weiterer Grund für den Verzicht auf Fleisch liegt auch in der Tatsache begründet, dass die tierische Landwirtschaft in Deutschland einer der größten Wasserverbraucher ist. Mit dem Wasserverbrauch zur Erzeugung von einem Kilo Fleisch könnte man ein ganzes Jahr lang täglich duschen. (…)
55 Und auch in der Klimadiskussion spielt die Massentierhaltung eine Rolle. Das bei der Verdauung der Tiere entstehende Methangas gilt als klimaschädigend. (…) Es zählt zu den Treibhausgasen; Massentierhaltung trägt damit zur Erwärmung der Erdatmosphäre bei. Ein Rind stößt in einem Jahr genauso viel Treibhausgase aus wie ein Pkw in einem Jahr (bei 18 000 Kilometern pro Jahr). Durch
60 die weltweite Rinderzucht entstehen mehr klimaschädigende Gase als durch alle Autos zusammen.

Studien haben mittlerweile bewiesen, dass Vegetarier weniger häufig an einigen Zivilisationskrankheiten leiden und eine deutlich höhere Lebenserwartung haben. So erkranken Vegetarier weniger an Krebs, haben tiefere Blutdruck-
65 werte, leiden weniger unter Herz-Kreislauf-Erkankungen und unter Übergewicht. Unklar bleibt allerdings, inwieweit es auch daran liegen könnte, dass Vegetarier generell weniger rauchen, weniger Alkohol trinken und mehr Sport treiben, also insgesamt bewusster und gesünder leben.

Quelle: Gabi Strobel: Vegetarier, Planet Wissen, Sendung vom 30. 5. 2014, im Internet unter: http://www.planet-wissen.de/ alltag_gesundheit/essen/vegetarier, aus didaktischen Gründen leicht geändert

Worterklärungen:
1 BSE-Krise: Lebensmittelskandal, verursacht durch den Verzehr von BSE-verseuchtem Rindfleisch (BSE = Tierseuche, „Rinderwahnsinn").
2 Vogelgrippe: auf den Menschen übertragbare Viruserkrankung von Vögeln bzw. Geflügeltieren
3 Gammelfleischskandal: Skandal um den Verkauf von verdorbenem Fleisch
4 ethisch-moralisch: sittlich, der Moral entsprechend, anständig
5 ökologisch: die Umwelt betreffend

Basiswissen – Leseverstehen

1. In dem Text „Vegetarier" geht es vor allem um ...
   - [ ] Vor- und Nachteile einer vegetarischen Ernährung.
   - [ ] Auswirkungen des Fleischkonsums auf die Entwicklungsländer.
   - [ ] Motive und Gründe für eine vegetarische Ernährung.
   - [ ] unterschiedliche Typen von Vegetariern.

2. Was bedeutet der Ausdruck „Zivilisationskrankheiten" (Z. 63)?
   Gemeint sind Krankheiten, die durch ...
   - [ ] zu wenig Fleischkonsum entstehen.
   - [ ] das Leben im Wohlstand entstehen.
   - [ ] zu viel Fleischkonsum entstehen.
   - [ ] eine falsche Ernährung entstehen.

3. Pythagoras und seine Anhänger haben laut Text davor gewarnt, dass der Fleischkonsum den Menschen zu einer „Kriegsmaschine" mache. Was meint er damit?
   Die Menschen, die Fleisch konsumieren, ...
   - [ ] werden dadurch zu besseren Kämpfern.
   - [ ] führen aggressiv Krieg gegen Tiere.
   - [ ] töten nicht nur Tiere, sondern auch Menschen.
   - [ ] führen Kriege, um den Fleischkonsum sicherzustellen.

4. Im Text werden die Verhaltensweisen zweier Vegetariergruppen unterschieden. Ordne die Verhaltensweisen den entsprechenden Vegetariern zu: Ovo-Lakto-Vegetarier (OLV), Veganer (V).

Verhaltensweise	Hier Kürzel eintragen ↓
verzichtet auf Milchprodukte	
verzichtet auf Fisch	
verzichtet auf Eier	
verzichtet auf Fleisch	
verzichtet auf Honig	
verzichtet auf Lederprodukte	

5. Verschiedene Lebensmittelskandale haben dazu geführt, dass Menschen auf Fleischkonsum verzichten. Schreibe zwei Skandale heraus.

Skandal 1	Skandal 2

6. Viele Menschen in den Entwicklungsländern verzehren kaum oder gar kein Fleisch. Erkläre, warum.

   _____

   _____

7. Sind die folgenden Aussagen richtig oder falsch?
   Kreuze entsprechend an.

		richtig	falsch
a)	In Deutschland werden für den Fleischkonsum über zwei Milliarden Stall- und Weidetiere und über 20 Milliarden Geflügeltiere getötet.	☐	☐
b)	Auf der ganzen Welt gibt es schätzungsweise eine Milliarde Vegetarier.	☐	☐
c)	Ein Rind stößt in einem Jahr ungefähr so viel Treibhausgase aus wie ein PKW in einem Jahr.	☐	☐
d)	In Deutschland gibt es ca. 6 bis 8 Prozent Veganer.	☐	☐

8. Im Text wird darauf hingewiesen, dass in den Entwicklungsländern viel Fläche für Weideland und Futtermittelanbau gebraucht wird. Dann heißt es: „Auf der gleichen Fläche können entweder 50 Kilogramm Fleisch oder 6 000 Kilo Karotten, 4 000 Kilo Äpfel oder 1 000 Kilo Kirschen erzeugt werden."

   Dieser Vergleich soll verdeutlichen, dass …

   ☐ die Ernährung mit Obst und Gemüse gesünder ist als Fleischkonsum.

   ☐ sehr viel landwirtschaftliche Fläche für die Fleischproduktion zur Verfügung gestellt wird, statt sie für Obst- und Gemüseanbau zu nutzen.

   ☐ es in den Entwicklungsländern zu wenig Fläche für den Obst- und Gemüseanbau gibt.

   ☐ die Landwirte in den Entwicklungsländern sich nur schwer entscheiden können, wie sie die Flächen nutzen wollen.

9. Welche Belastungen ergeben sich durch den Fleischkonsum laut Text für die Umwelt? Schreibe zwei auf.

   _____

   _____

10. Welche Absicht verfolgt der Text „Vegetarier" hauptsächlich?
    Unterstreiche die richtige Antwort.

    Der Text will *instruieren / argumentieren / informieren / appellieren.*

Besonderheiten bei journalistischen Texten

Zeitungstexte gehören zu den Sachtexten. Es lassen sich vor allem folgende Arten von Zeitungstexten unterscheiden:

Merke dir!

- **Nachricht (Meldung)**
  Die Nachricht **informiert objektiv** und **sachlich** über ein **aktuelles Ereignis**. Sie gibt in **Kurzform** Antwort auf folgende W-Fragen: *Was? Wer? Wann? Wo? Wie? Warum?*

- **Bericht**
  Mit einem **Bericht** wird der Leser ebenfalls **informiert**. Ein Bericht ist ausführlicher als die Nachricht und kann sich sowohl auf ein **aktuelles Ereignis** beziehen als auch auf **längerfristige Entwicklungen**, z. B. die Ausbildungsplatzsituation oder Umweltverschmutzung.
  Berichte werden im **Präteritum** verfasst. Sie sind **objektiv** und **sachlich**, ohne Wertungen und Übertreibungen. Wichtige Aussagen von beteiligten Personen werden zitiert oder indirekt im Konjunktiv wiedergegeben.

- **Reportage**
  Auch die Reportage **informiert**. Die Darstellung wirkt jedoch nicht so nüchtern und sachlich wie in einem Bericht, sondern **anschaulich** und **lebendig**. Häufig ist die Sprache locker, selbst Umgangssprache kann vorkommen. Reportagen schildern Einzelheiten und Beispiele, um dem Leser eine **genaue Vorstellung** vom jeweiligen Sachverhalt zu geben. Reportagen sind in der Regel im **Präsens** verfasst, so wird der Eindruck erweckt, dass der Verfasser direkt vor Ort ist.

- **Kommentar**
  Mit einem Kommentar äußert der Verfasser seine **Meinung** zu einem Thema. Meist geht er auf das zu kommentierende Ereignis nochmals ein, indem er kurz das Wesentliche zusammenfasst. Anschließend sagt er, was er darüber denkt und nennt die wesentlichen **Gründe** für seine Meinung. Häufig sind die Äußerungen sehr angriffslustig. Die meisten Kommentare enthalten eher **Kritik** als Lob. Meinungsäußerungen stehen in der Regel im **Präsens**. Ein Kommentar ist immer mit dem vollständigen Namen des Autors versehen.

Übung 9 Lies die folgenden Texte und bearbeite anschließend die Aufgaben.

Text A

Zwangs-Frühstart für Schüler – mehr Schlaf wagen

Sechs Uhr, guten Morgen, liebe Schüler! Deutsche Jugendliche müssen deutlich früher starten als die meisten Berufstätigen. Warum eigentlich? Weil es schon immer so war, antworten Bildungspolitiker. Doch Schlafforscher halten den frühen Schulbeginn für eine sinnlose Tortur.

Für Max, 17, ist Aufstehen Matratzensport, die erste und schwerste Übung des Tages. 5.20 Uhr in Waldorf, Nordrhein-Westfalen, Hinterwald – um diese Zeit kräht hier kein Hahn. In labberigen Jeans schlurft Max in die Küche, das Kurzhaar steht, wie es soll, die Augenlider dagegen wollen anders. Beim Brot schmieren knurrt Max nur, mehr noch als sein Golden Retriever Fiete. Der springt bereits durch die Küche. Zum Bellen aber ist selbst er zu müde.

Max' Bruder kommt rein. Stumm studiert er die Zeitung. Sie ist von gestern. Der Zeitungsausträger war so früh noch nicht da, Waldorf liegt ja auch in der Eifel an der Grenze von Nordrhein-Westfalen zu Rheinland-Pfalz. Hier sind die Wege lang. Max kommt einfach nicht auf Trab: „Aufstehen ist hart. Aber in sieben Jahren Gymnasium habe ich mich daran gewöhnt."

An der Bushaltestelle stehen sieben andere Schüler, sie frieren stumm, komisch kalter Morgen. Der Schulbus kommt, Max setzt sich in die vorletzte Reihe, lehnt sich mit dem Kopf ans Fenster und schaut raus. „Fahrschüler" nennen sie in der Eifel Max und die anderen im Bus, und das sind die, deretwegen man sich in Deutschland gerade um einen späteren Schulbeginn zu zanken beginnt.

„Morgens kriege ich einfach nichts auf die Reihe"

Erste Politiker wagen sich vor und fordern, dass es später losgehen solle. Vor allem tun das aber die Schlafforscher. Denn das, was Max hier jeden Morgen erfahren muss, überfährt ihn. Unchristlich früh aufstehen, voll aus dem Tiefschlaf rasseln, in den Tag hinein holpern. Eine Tortur, jeden Tag aufs Neue, eine Pennergeneration im Pendelverkehr. Mieser geht's nur dem Busfahrer.

Der gibt allmählich gutes Tempo vor. Jedes Dorf macht den Bus ein wenig voller, kleine Mädchen tragen Haarklammer und Zopf, große Mädchen Nenafrisur und Pickel – so viel man eben aus sich machen kann zwischen spätest möglicher Aufstehzeit und Bushaltestellen-Sprint.

Der Bus quält sich im zweiten Gang die Berge hoch, im Affenzahn zähneknirschend wieder runter, Serpentinen ordnen Mageninhalte neu. Max könnte jetzt Hausaufgaben machen: „Aber wenn ich mir die eine Stunde später noch mal durchlese, sehe ich meist, dass ich morgens wirklich nichts auf die Reihe kriege", sagt er.

Sein jugendlicher Schlafrhythmus rebelliert: „In der ersten Schulstunde bin ich immer wahnsinnig müde. Dann geht es ein paar Stunden lang, und in der Fünften kommt der totale Durchhänger, da kann ich die Augen kaum noch offen halten."

Nachmittags ist Max oft so platt, dass er sich zwei Stunden hinlegt. Und dann kann er abends wieder nicht einschlafen. Immer das gleiche falsche Spiel. Die moderne Gesellschaft schläft redlich spät und deutlich zu wenig. Eine Lösung? „Am liebsten wäre mir, die Schule würde erst um neun Uhr anfangen", sagt Max. [...]

Quelle: Julia Kunze, Martin Machowecz, Cornelius Pollmer, Rico Valtin: Auszug aus: Zwangs-Frühstart für Schüler – mehr Schlaf wagen, Spiegel Online, 19. 9. 2007, im Internet unter: http://www.spiegel.de/schulspiegel/wissen/0,1518,505174,00.html

Text B

Schüler wollen keine Schlafmützen sein
Von Christian Odenwald

1 Ja, wer hätte das gedacht? Die Mehrheit der Schülerinnen und Schüler des John-Lennon-Gymnasium in Berlin-Mitte hat sich fürs Frühaufstehen entschieden. Die Abstimmung über eine Verschiebung des Unterrichtsbeginns von acht auf neun Uhr ist vonseiten der Schü-
5 lerschaft mit 58 Prozent eindeutig abgelehnt worden. Da behaupte noch jemand, Schüler seien Schlafmützen! Ein Argument war es, das überzeugt hat: Ein nach hinten verlegter Unter-
10 richtsbeginn hätte natürlich auch einen späteren Schulschluss zur Folge gehabt. Ein langer Schultag endet für Oberstufenschüler aber bereits jetzt schon um 17.00 Uhr. Freizeitvergnü-
15 gen und Sportaktivitäten würden also noch häufiger auf der Strecke bleiben. Diese Sorge ist verständlich. Dennoch ist das Abstimmungsergebnis bedauerlich. Unterschiedliche Studien zeigen, dass Schüler, die morgens eine halbe Stunde länger schlafen, sehr viel motivierter sind und seltener den Unterricht schwänzen. Wissenschaftler sind schon lange
20 der Auffassung, dass im Alter zwischen zwölf und vierzehn Jahren viele Frühaufsteher aus hormonellen Gründen zu Nachteulen werden, die später ins Bett gehen und morgens deshalb schwerer wieder herauskommen.
Noch bedauerlicher ist das Ergebnis für alle Schülerinnen und Schüler, die in ländlichen Regionen noch lange Schulwege zu bewältigen haben und darum oft
25 schon extrem früh aus den Federn müssen.
Vielleicht hätte man den Schülern vor der Abstimmung einen Blick in den Stundenplan ihrer Mitschüler in England, Schweden und Portugal empfehlen sollen: Dort beginnt der Unterricht grundsätzlich erst um 9.00 Uhr.
Wie auch immer man das Ergebnis bewerten will: Die Abstimmung ist auf jeden
30 Fall ein Sieg für gelebte Demokratie an einer Schule! Herzlichen Glückwunsch!

Text C

1 Die Enttäuschung über das Ergebnis war den vier Schülersprechern anzusehen: Eine klare Mehrheit der 850 Schüler des John-Lennon-Gymnasi-
5 ums in Berlin-Mitte will nicht, dass der Unterricht künftig eine Stunde später beginnt. „Ich bin enttäuscht, aber nicht überrascht", sagte Zwölftklässlerin Anta Recke. Dass die Ab-
10 stimmung so ausgehen wird, habe sich bereits in Gesprächen abgezeichnet. Die Schulkonferenz, in der Eltern, Schüler und Lehrer jeweils vier Sitze haben, schloss sich nach
15 einer Sitzung gestern Abend dem Votum der Schüler an. Laut einer Mitteilung der Schule zollte das Gremium der Initiative der Schülersprecher großen Respekt und erklärte, es
20 bleibe offen für alle Vorschläge.

Schulleiter Jochen Pfeifer hatte vor der Sitzung angekündigt, das Thema sei „noch nicht vom Tisch". Das letzte Wort sollten die Lehrer haben. Sie hätten bislang noch keine offene Diskussion geführt. Es gebe Lehrer, die das Anliegen strikt ablehnen, aber auch „viele reform- und experimentierfreudige Lehrer". Ganz klar aber sei schon jetzt: Neun Uhr als Schulbeginn sei „nicht mehrheitsfähig". [...]
Die Idee, den Unterricht um neun Uhr zu beginnen, hatte der 18-jährige Simon Baucks. Der Zwölftklässler, der auch Schülersprecher ist, beklagte, dass das Frühaufstehen vor allem im Winter eine Qual sei und ein späterer Schulbeginn leistungssteigernd sein könne. Bei Recherchen fand er heraus, dass auch Schlafforscher für einen späteren Unterrichtsbeginn zumindest bei älteren Schülern plädieren. Schließlich entstand die Idee, die Schüler zu fragen, ob der Unterricht im Winter eine Stunde später beginnen soll. Am Ende aber waren 58 Prozent aller Schüler dagegen – vor allem jüngere. „Ihr Hauptargument war, dass sie die Schule dann auch erst eine Stunde später verlassen können", sagte Schülersprecherin Anta Recke. [...]

Quelle: Claudia Fuchs: Lennon-Schüler wollen doch nicht länger schlafen, in: Berliner Zeitung vom 24. 1. 2012, im Internet unter: http://www.berliner-zeitung.de/archiv/ueber-den-unterrichtsbeginn-sollen-die-lehrer-entscheiden-lennon-schueler-wollen-doch-nicht-laenger-schlafen,10810590,10629092.html

1. Alle drei Texte behandeln das gleiche Thema. Beende den Satz.

   In allen drei Texten geht es darum,

2. Jeder Beispieltext (A bis C) entspricht einer typischen Zeitungstextsorte. Bestimme die Textsorte, indem du ihre Buchstaben in der Tabelle richtig zuordnest. Nenne anschließend jeweils zwei Textsortenmerkmale.

Text	Textsorte	Textsortenmerkmale
	Bericht	
	Nachricht	
	Kommentar	
	Reportage	

Basiswissen – Leseverstehen

Nichtlineare Texte

Nichtlineare Texte kann man bereits optisch an zwei Besonderheiten erkennen:
1. Es sind **keine Fließtexte**, d. h., sie bestehen nicht aus ganzen Sätzen.
2. Sie bilden vor allem **Daten** ab.

Die Daten sind entweder in Form einer **Tabelle** dargestellt, also in Spalten und Zeilen, oder in Form von **Diagrammen**.

Man unterscheidet verschiedene **Arten von Diagrammen**, z. B.:

Kreisdiagramme zeigen, welchen Anteil am Ganzen einzelne Gruppen haben. Die Anteile in Kreisdiagrammen sehen aus wie Tortenstücke; deshalb werden diese Diagramme auch „Tortendiagramme" genannt.

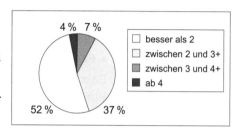

Beispiel: 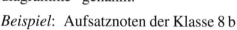 Aufsatznoten der Klasse 8 b

Kurvendiagramme verdeutlichen in der Regel eine Entwicklung über einen bestimmten Zeitraum. Meist zieht sich eine Linie von links nach rechts. Je nachdem, ob die Anzahl bzw. Menge steigt oder fällt, verläuft auch die Linie.

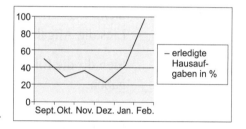

Beispiel: 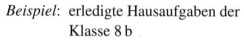 erledigte Hausaufgaben der Klasse 8 b

Säulendiagramme zeigen z. B. Verhaltensweisen verschiedener Menschen im Vergleich zueinander. Die Werte sind in Form von senkrechten Säulen dargestellt.

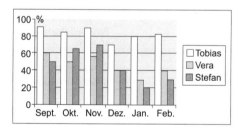

Beispiel:  erledigte Hausaufgaben dreier Schüler der Klasse 8 b im Vergleich

Balkendiagramme stellen die Werte in Form von (waagerechten) Balken dar. Je größer die Zahl (oder Menge), umso länger ist der Balken.

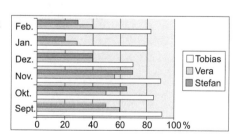

Beispiel: 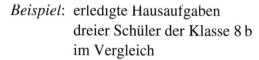 erledigte Hausaufgaben dreier Schüler der Klasse 8 b im Vergleich

Bei **Schaubildern** sind die Informationen in keiner festgelegten Weise dargestellt. Schaubilder sind durch Bilder oder Symbole ergänzt.

Beispiel: Aufsatznoten der Klasse 8 b

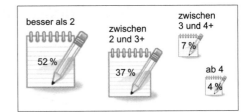

Oft findet man nichtlineare Texte auch in **Kombination** mit einem **Fließtext**.

Merke dir!

> Beim Lesen eines nichtlinearen Textes geht es vor allem darum, **Zusammenhänge** zwischen Daten herzustellen. Von Interesse sind insbesondere:
> - **Übereinstimmungen** (*genauso häufig/wenig wie ...*)
> - **Unterschiede** (*häufiger/weniger als ...*)
> - **Extremwerte** (*auffallend hoch oder auffallend niedrig*)
>
> Eine **Legende**, die oft unterhalb des Diagramms abgedruckt ist, gibt zusätzliche **Hinweise**, z. B. nennt sie den betroffenen **Personenkreis** und erklärt, wie die **Zahlenangaben** zu verstehen sind (z. B. in Tausenden oder in Prozent).

Tipp: Verschaffe dir zunächst Klarheit über das Thema der Grafik. Frage dich: *Was ist hier untersucht worden?* Beachte Titel- und Quellenangabe. Lies die Angaben in der Legende genau durch.

Übung 10 Sieh dir die folgenden vier Diagramme genau an und bearbeite dann die Aufgaben.

Diagramm 1

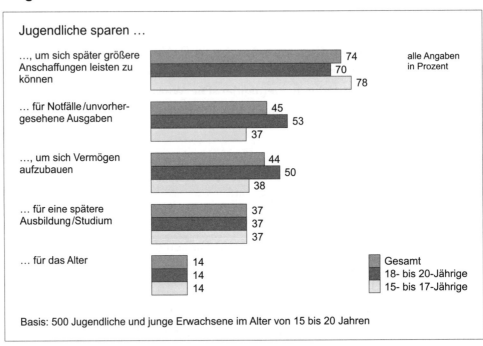

Diagramm 2

Diagramm 3

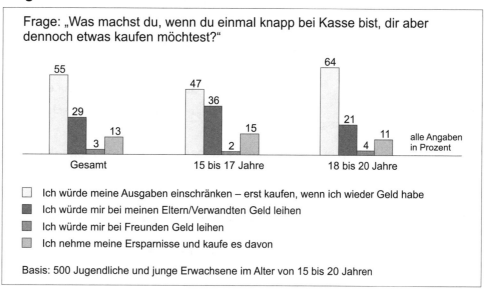

Diagramm 4

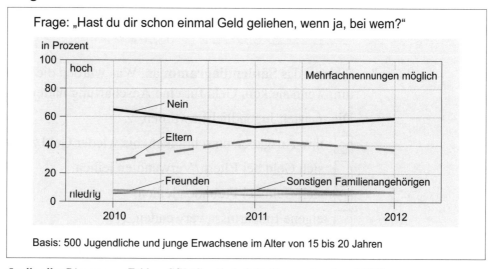

Quelle aller Diagramme: Zahlen: GfK (Gesellschaft für Konsumforschung) 2013

1. Nenne das übergreifende Thema, mit dem sich alle vier Diagramme beschäftigen.

   _____

2. Wie viele Personen wurden befragt? Nenne die Zahl.

   _____

3. Wie alt sind die Befragten? Fülle die Lücken.

   Die Befragten sind im Alter von _____ bis _____ Jahren.

4. Welche Überschrift passt zu welchem Diagramm?
   Trage die Nummer des Diagramms ein.

Hier Nummer eintragen ↓	Überschrift
	Die meisten Jugendlichen leihen sich kein Geld
	In der Regel kommen junge Menschen mit ihrem Geld aus
	Bei Geldmangel wird der Kauf eher vertagt
	Gespart wird für größere Anschaffungen

5. Wer hat die Daten erhoben? Nenne die Quelle der Diagramme.

   _____

6. Ordne die Diagramme 1 bis 4 der jeweils richtigen Diagrammart zu.

Diagrammart	Hier Nummer eintragen ↓
Tortendiagramm	
Säulendiagramm	
Kurvendiagramm	
Balkendiagramm	

7. Sieh dir das **Säulendiagramm** an. Was würden die meisten Jugendlichen tun, wenn sie kein Geld für eine Anschaffung hätten?

   Die meisten Jugendlichen würden ...

   ☐ ihre Ausgaben einschränken, bis wieder Geld zur Verfügung steht.

   ☐ sich Geld bei Eltern/Verwandten leihen.

   ☐ sich Geld bei Freunden leihen.

   ☐ eigene Ersparnisse verwenden.

8. Schau dir das **Kreisdiagramm** an. Welche Informationen sind richtig, welche falsch? Kreuze entsprechend an.

	richtig	falsch
a) Knapp drei Viertel aller befragten Jugendlichen kommen immer bzw. meistens mit ihrem Geld aus.	☐	☐
b) Ein Viertel der Jugendlichen kommt mit seinem Geld eher nicht bzw. nie aus.	☐	☐
c) Die Mehrheit der Jugendlichen kommt mit ihrem Geld immer bzw. meistens aus.	☐	☐
d) Knapp 20 Prozent der Jugendlichen kommen manchmal mit ihrem Geld aus, manchmal nicht.	☐	☐

9. Welche Informationen lassen sich dem **Balkendiagramm** entnehmen und welche nicht? Kreuze entsprechend an.

	richtig	falsch
a) Die Mehrheit der Jugendlichen spart, um sich später größere Anschaffungen leisten zu können.	☐	☐
b) Knapp die Hälfte aller Befragten spart bereits für eine spätere Ausbildung bzw. ein Studium.	☐	☐
c) Die wenigsten Jugendlichen sparen für das Alter.	☐	☐
d) Die 18- bis 20-Jährigen sparen deutlich mehr für Notfälle oder unvorhergesehene Ausgaben als die 15- bis 17-Jährigen.	☐	☐

10. Welchem der folgenden Sprüche zum Thema Geld würde die Mehrheit der befragten Jugendlichen wohl am ehesten zustimmen?

    A Kaufe heute, zahle morgen.
    B Geld regiert die Welt.
    C Das Geld liegt auf der Straße.
    D Spare in der Zeit, so hast du in der Not.

Hier Buchstaben eintragen ↓

Übung 11   Lies den Text „Brennpunkt Blitz" und sieh dir das zugehörige Schaubild an. Bearbeite anschließend die Aufgaben.

Brennpunkt Blitz

Über Deutschland entstehen **pro Jahr im Mittel 2 Millionen Blitze.**
1,8 Millionen sind Wolkenblitze, etwa 200 000 schlagen auf der Erde ein.
Dabei sind Spannungen von 200 000 Volt und Stromstärken von 400 000 Ampere möglich.

Der US-Parkaufseher Roy Sullivan wusste, wie es sich anfühlt, vom Blitz getroffen zu werden. Es passierte ihm siebenmal. „Es ist, als ob man unter der Haut kochen würde", sagte er. Die Energiebündel aus den Wolken treffen in Deutschland pro Jahr geschätzte 50 bis 100 Menschen – auf dem Fußballplatz, im Biergarten oder, wie kürzlich, auf dem Römerfest in Xanten. Im Blitzkanal erhitzt sich die Luft auf 30 000 Grad und dehnt sich im Donnerknall aus. Die Entladung verursacht Brandwunden, schleudert Getroffene durch die Luft, nimmt ihnen ihr Bewusstsein, aber selten das Leben. Zehn Prozent der Blitzopfer sterben, viele erholen sich bald. Etwa die Hälfte leidet ein Leben lang, wie der Neurologe Ingo Kleiter an der Uni Regensburg herausfand, etwa an Schlaf- und Gleichgewichtsstörungen oder Vergesslichkeit. Oft werden ihre Leiden nicht ernst genommen. Kaum ein Arzt weiß um die Spätfolgen. […]

Werner Siefer

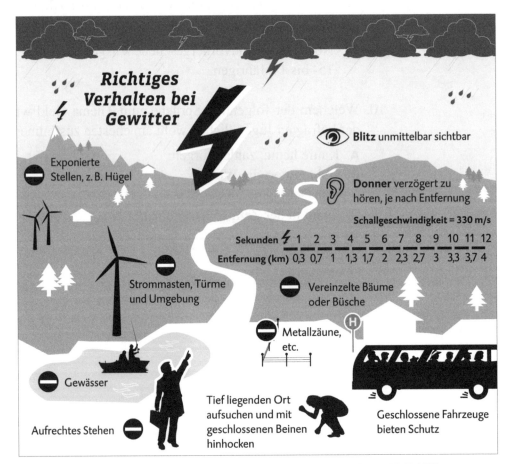

Quelle: Text: Siefer, Werner: Brennpunkt Blitz, in: Focus Magazin Nr. 29 vom 13. 7. 2009, leicht verändert.

Basiswissen – Leseverstehen

1. Formuliere in ein bis zwei Sätzen, was in dem Schaubild dargestellt wird. Schreibe in eigenen Worten.

   _____
   _____
   _____
   _____
   _____
   _____

2. Welche Informationen lassen sich dem **Text** entnehmen? Kreuze an.

		richtig	falsch
a)	In Deutschland werden pro Jahr ungefähr 50 Menschen vom Blitz getötet.	☐	☐
b)	Die meisten Blitze sind Wolkenblitze und treffen nicht auf die Erde.	☐	☐
c)	Ca. 50 Prozent der Blitzopfer leiden unter gesundheitlichen Spätfolgen.	☐	☐
d)	Die gesundheitlichen Spätfolgen von Blitzeinschlägen werden oft nicht erkannt.	☐	☐
e)	In Deutschland treffen pro Jahr im Schnitt 2 Millionen Blitzschläge auf die Erde.	☐	☐

3. Welche Informationen lassen sich dem **Schaubild** entnehmen? Kreuze an.

		richtig	falsch
a)	Die Entfernung eines Gewitters lässt sich durch den Zeitpunkt des Blitzes berechnen.	☐	☐
b)	Folgt zehn Sekunden nach dem Blitz der Donner, ist das Gewitter 3,3 km entfernt.	☐	☐
c)	Je schneller ein Donner nach einem Blitz zu hören ist, desto näher ist das Gewitter.	☐	☐
d)	An Blitz und Donner lässt sich auch die Richtung des Gewitters erkennen.	☐	☐
e)	Masten, Türme und deren Umgebung sind besonders blitzeinschlagsgefährdet.	☐	☐

4. Wie hoch ist laut Schaubild die Schallgeschwindigkeit? Erkläre die Abkürzungen, indem du sie ausschreibst.

   _____

Basiswissen – Leseverstehen

5. Was bedeutet es, wenn man nach einem Blitz keinen Donner hört?

   _____

6. Welche der folgenden Tipps zum Schutz vor Blitzschlag lassen sich dem Schaubild entnehmen? Kreuze an.

   Bei Gewitter …   richtig   falsch

   a) sofort das Auto verlassen. ☐ ☐

   b) Schutz unter dem nächsten Baum suchen. ☐ ☐

   c) sofort aus dem Wasser gehen. ☐ ☐

   d) an Ort und Stelle stehen bleiben und sich nicht bewegen. ☐ ☐

   e) sich so positionieren, dass der Körper eine möglichst kleine Angriffsfläche für den Blitz bietet. ☐ ☐

7. Nenne vier Dinge, die man bei Gewitter unbedingt meiden sollte.

   • _____ • _____

   • _____ • _____

8. Im Schaubild wird vor dem Aufenthalt an „exponierten Stellen" während eines Gewitters gewarnt. Ersetze „exponiert" durch ein synonymes (sinngleiches) Wort.

   _____

9. Eine Schule hat den Text und das Schaubild in der Schülerzeitung veröffentlicht. In welcher der unten angegebenen Ausgaben der Schülerzeitung vermutest du diese Informationen am ehesten?
   Kreuze an und begründe. Beziehe dich auf Schaubild und Text.

   Text und Schaubild findet man in der Schülerzeitung mit dem Titel:

   ☐ „Wenn einer eine Reise tut: Rund um den Wandertag"

   ☐ „Hurra, hurra, die Schule brennt: Rund um die Sicherheit"

   ☐ „Sport ist Mord! Rund um den Sportunterricht"

   ☐ „Nichts wie weg: Rund um die Sommerferien"

   Begründung:

   _____

   _____

   _____

Literarische Texte

Literarische Texte sind dadurch gekennzeichnet, dass sie vom Autor **erfunden** sind. Es gibt unterschiedliche Gattungen und Formen von literarischen Texten; viele von ihnen sind dir im Unterricht schon begegnet. Bei VERA 8 können dir z. B. Aufgaben zu **Gedichten**, **Kurzgeschichten** und **Romanauszügen** vorgelegt werden, deren Inhalt du verstehen und deuten sollst.

Man unterscheidet drei **literarische Gattungen:**
- **Epik:** Erzähltexte, d. h. Texte in ungebundener Form und mit einem Erzähler (z. B. Kurzgeschichte, Roman, Fabel, Märchen)
- **Lyrik:** Dichtung in Versform (z. B. Naturgedicht, Liebesgedicht)
- **Dramatik:** Texte für Theaterstücke, bestehend aus Dialogen und Monologen (z. B. Komödie, Tragödie)

Erzähltexte

Beim Lesen von **Erzähltexten** geht es darum, den Inhalt zu erfassen, das dargestellte Thema oder Problem zu verstehen, das Verhalten der handelnden Figuren zu begreifen sowie die sprachliche Gestaltung zu erkennen. Alle Einzelaspekte können für die Textdeutung herangezogen werden.

Merke dir!

> Bei literarischen Texten solltest du die folgenden sechs Bereiche genauer untersuchen:
> 1. **Inhalt** und **Thema** des Textes
> 2. **Erzählperspektive**
> 3. **Zeitgestaltung**
> 4. **Sprachlich-stilistische Gestaltungsmittel** und ihre Wirkung
> 5. **Textsorte**
> 6. **Textdeutung**

Trainiere die einzelnen Bereiche zum Leseverstehen am Beispiel des folgenden Textes.

Jürg Schubiger: Grüßen

1 Wenn ich aus der Stadt ins Dorf zurückkomme, schreit meine Nachbarin „Schubiger!" über den Weg, ohne „Herr" und immer gleich laut, ob die Holzfräse ihres schwerhörigen Mannes läuft oder nicht. Ich winke erschrocken. Zu ihrem Gruß gehört dann die Frage: „Soo, bringen Sie schönes Wetter?" Ich wusste lange
5 nicht, was ich darauf antworten sollte. Jetzt rufe ich lachend zurück, mit einem Blick gegen Westen: „Ja, wenn's nur anhält!"

So viel habe ich unterdessen gelernt. Bin ich aber dabei, den Garten umzustechen, und sie ruft herüber: „Soo, suchen Sie Gold?" oder „Soo, verlochen Sie eine Katze?" was soll ich dann entgegnen? „Nein, Ostereier" oder „nein, ein
10 Kamel?" Ich finde keine Wendung, die der ihren gerecht wird. Wenn sie vor

zwölf mit dem Motorrad vom Einkaufen kommt und ich mich erkundige: „Soo, gibt's etwas Gutes?" erwidert sie: „Nichts, gar nichts. Nur die Füße unter dem Tisch."

Um mich zu rüsten, lege ich nun eine Sammlung von Grußformeln an. Ich
15 freue mich auf den Augenblick, in dem ich ihr mit einem Kopfverband oder Gipsbein begegne und ihre Frage: „Soo, sind Sie aus dem Bett gefallen?" schlagfertig mit „Nein, man hat mich hinausgeworfen" beantworten kann. Ungeduldig warte ich auf einen Schwartenriss[1] oder Beinbruch.

Quelle: Franz Hohler und Jürg Schubiger: Hin- und Hergeschichten, Nagel & Kimche, Zürich 1986

Worterklärung:
1 Schwartenriss: Kopfplatzwunde

1. Inhalt und Thema des Textes

Wie bei einem Sachtext muss auch bei einem literarischen Text zunächst der Inhalt gesichert werden. Dazu gehören die **handelnden Figuren**, der **Handlungsort**, die **Handlungszeit** und der **Handlungsverlauf**. Anschließend kannst du das **Thema** des Textes bestimmen.

Merke dir!

- Kläre bei jedem literarischen Text zunächst die **W-Fragen**:
  - **Wer** (ist an dem Geschehen beteiligt)?
  - **Wo** (findet das Geschehen statt)?
  - **Wann** (findet das Geschehen statt)?
  - **Was** (geschieht)?
  - **Warum** (geschieht das)?
- Bestimme anschließend das **Thema** des Textes:
  - Auf welches **Problem** oder welche Besonderheit weist der Text hin?
  - Mit welchem Gedanken/welcher **Fragestellung** beschäftigt sich der Text?

Übung 12 Welche der folgenden Aussagen über den Inhalt der Geschichte treffen zu, welche nicht? Kreuze entsprechend an.

	richtig	falsch
a) Im Text werden Verhaltensweisen von Stadtbewohnern beschrieben.	☐	☐
b) Der Erzähler heißt mit Nachnamen Schubiger.	☐	☐
c) Der Erzähler beschreibt, wie er mit seinen Verwandten spricht, wenn er aus der Stadt ins Dorf zurückkommt.	☐	☐
d) Der Erzähler möchte gerne genauso schlagfertig sein wie seine Nachbarin.	☐	☐

Übung 13 Worum geht es in dem Text? Bestimme das Thema.

2. Erzählperspektive

Der Autor trifft eine Entscheidung über die Erzählperspektive, also darüber, **wer** die Geschichte **erzählt**.

Merke dir!
- Der **Ich-Erzähler** schildert das Geschehen aus Sicht der Hauptperson. Er kennt die Gedanken und Gefühle der Hauptfigur, aber nichts darüber hinaus.
- Der **personale Erzähler** schlüpft in eine oder mehrere Figuren und erzählt das Geschehen aus deren Perspektive, aber nicht in der Ich-, sondern in der **Er-Form**. Er sieht, hört oder weiß nicht mehr, als diese Figuren.
- Der **auktoriale Erzähler** ist der **allwissende Erzähler**. Er erzählt das Geschehen ebenfalls in der **Er-Form**, aber aus einer größeren Distanz heraus. Er kennt die Handlungen und Gedanken aller Figuren. Er weiß z. B. Dinge, die die Hauptfigur (noch) nicht ahnen kann.

Übung 14 Welche Erzählperspektive liegt in der Geschichte „Grüßen" vor?

Die Geschichte hat einen ...

☐ Ich-Erzähler.

☐ personalen Erzähler.

☐ auktorialen Erzähler.

3. Zeitgestaltung

Der Autor kann die Zeit in seiner Geschichte dehnen oder straffen. So kann z. B. das Geschehen eines Tages auf über tausend Seiten beschrieben werden (Zeitdehnung) oder auch eine Erzählung über mehrere Generationen auf wenigen Seiten Platz finden (Zeitstraffung).

Merke dir!
- Als **Erzählzeit** wird die Zeitspanne bezeichnet, die der Leser braucht, um die Geschichte zu lesen.
- Als **erzählte Zeit** bezeichnet man den Zeitraum, über den sich die Geschichte inhaltlich erstreckt. Die Geschichte kann z. B. eine Stunde, einen Tag oder auch das ganze Leben der Hauptfigur umfassen.

Übung 15 Welche der folgenden Aussagen trifft auf die Geschichte „Grüßen" zu? Kreuze entsprechend an.

☐ Die Erzählzeit ist deutlich länger als die erzählte Zeit.

☐ Die Erzählzeit ist deutlich kürzer als die erzählte Zeit.

☐ Die Erzählzeit ist fast so lang wie die erzählte Zeit.

☐ Über die erzählte Zeit erfährt der Leser nichts.

Basiswissen – Leseverstehen

4. Sprachlich-stilistische Gestaltungsmittel und ihre Wirkung

Bedeutung und Wirkung eines Textes hängen eng mit der **Art und Weise** zusammen, **wie** der Erzähler seine Geschichte erzählt.

Merke dir!

> Der Autor kann z. B. ...
> - **Informationen vorenthalten**, um Spannung oder Verwirrung zu erzeugen.
> - **Ironie** verwenden, um das Gegenteil des Gesagten zu betonen.
> - über die **Wortwahl** und den **Satzbau** eine bestimmte Wirkung erzielen.
> - **sprachliche Bilder** verwenden (z. B. bildhafter Vergleich, Metapher, Personifikation).

Übung 16

Erkläre, inwiefern man in den Zeilen 1 bis 3 erkennen kann, dass der Erzähler sich über das Verhalten der Nachbarin ein wenig lustig macht.

_____

_____

_____

Übung 17

In Zeile 14 verwendet der Autor ein sprachliches Bild: „Um mich zu **rüsten**, lege ich nun eine Sammlung von Grußformeln an." Erkläre diese Metapher.

_____

_____

_____

_____

5. Textsorte

Wenn du die Textsorte sicher bestimmen kannst, hilft dir das, die Absicht des Autors besser zu verstehen.

Übung 18

Um welche Textsorte handelt es? Kreuze an.

Es handelt sich um ...

☐ einen Bericht.

☐ ein Theaterstück.

☐ ein Gedicht.

☐ eine Erzählung.

Basiswissen – Leseverstehen

6. Textdeutung

Die Deutung eines Textes ist wie ein Puzzle: Alle einzelnen Teilergebnisse werden zusammengefügt und bilden am Ende ein **Gesamtergebnis**.

Merke dir!

> Nachdem du die vielen Einzelaspekte genau untersucht hast, kannst du eine **übergeordnete Deutung** des Textes vornehmen, indem du dich fragst:
> - Was kann der Text **zeigen** und **verdeutlichen**?
> - Inwiefern regt er zum **Nachdenken** an?
> - Welcher Bezug besteht zur **Überschrift**?

Übung 19

Der Erzähler wartet ungeduldig darauf, wegen einer Verletzung einen Kopfverband oder Gips tragen zu können. Aus welchem Grund?

Der Erzähler freut sich darauf, …

☐ auf eine Frage seiner Nachbarin mit einer geplanten Antwort endlich schlagfertig und lustig zu reagieren.

☐ der Nachbarin durch seine geplante Antwort endlich eins auswischen zu können.

☐ dass die Frau ihn dann endlich in Ruhe lassen wird, weil sie versteht, dass er nicht zu Späßen aufgelegt ist.

☐ weil sie ihn dann endlich ernsthaft fragen muss, was passiert ist.

Übung 20

Finde zu den Textdeutungen in der linken Tabellenspalte ein passendes Zitat aus dem Text. Notiere es in der rechten Spalte.

Deutung	Zitat
Das Besondere an den kurzen Wortwechseln zwischen dem Ich-Erzähler und der Nachbarin besteht darin, dass im Gespräch nicht das gesagt wird, was eigentlich gemeint ist.	
Der Ich-Erzähler fühlt sich durch die besonderen Begrüßungen der Nachbarin herausgefordert, ähnlich verrückte Antworten zu geben.	

Übung 21　　Lies die Kurzgeschichte „Streuselschnecke" von Julia Franck und bearbeite anschließend die Aufgaben.

Julia Franck: Streuselschnecke

1　Der Anruf kam, als ich vierzehn war.

Ich wohnte seit einem Jahr nicht mehr bei meiner Mutter und meinen Schwestern, sondern bei Freunden in Berlin. Eine fremde Stimme meldete sich, der Mann nannte seinen Namen, sagte mir, er lebe in Berlin, und fragte, ob ich ihn kennen-
5　lernen wolle. Ich zögerte, ich war mir nicht sicher. Zwar hatte ich schon viel über solche Treffen gehört und mir oft vorgestellt, wie so etwas wäre, aber als es soweit war, empfand ich eher Unbehagen.

Wir verabredeten uns. Er trug Jeans, Jacke und Hose. Ich hatte mich geschminkt. Er führte mich ins Café Richter am Hindemithplatz und wir gingen ins
10　Kino, ein Film von Rohmer. Unsympathisch war er nicht, eher schüchtern. Er nahm mich mit ins Restaurant und stellte mich seinen Freunden vor. Ein feines, ironisches[1] Lächeln zog er zwischen sich und die anderen Menschen. Ich ahnte, was das Lächeln verriet.

Einige Male durfte ich ihn bei seiner
15　Arbeit besuchen. Er schrieb Drehbücher und führte Regie bei Filmen. Ich fragte mich, ob er mir Geld geben würde, wenn wir uns treffen, aber er gab mir keins, und ich traute mich nicht, danach zu fragen.
20　Schlimm war das nicht, schließlich kannte ich ihn kaum, was sollte ich da schon verlangen? Außerdem konnte ich für mich selbst sorgen, ich ging zur Schule und putzen und arbeitete als Kindermädchen.
25　Bald würde ich alt genug sein, um als Kellnerin zu arbeiten, und vielleicht wurde ja auch noch eines Tages etwas Richtiges aus mir.

Zwei Jahre später, der Mann und ich
30　waren uns immer noch etwas fremd, sagte er mir, er sei krank. Er starb ein Jahr lang, ich besuchte ihn im Krankenhaus und fragte, was er sich wünsche. Er sagte mir, er habe Angst vor dem Tod und wolle es so schnell wie möglich hinter sich bringen. Er fragte mich, ob ich ihm Mor-
35　phium besorgen könne. Ich dachte nach, ich hatte einige Freunde, die Drogen nahmen, aber keinen, der sich mit Morphium auskannte. Auch war ich mir nicht sicher, ob die im Krankenhaus herausfinden wollten und würden, woher es kam. Ich vergaß seine Bitte.

Manchmal brachte ich ihm Blumen. Er fragte nach dem Morphium, und ich
40　fragte ihn, ob er sich Kuchen wünsche, schließlich wusste ich, wie gerne er Torte aß. Er sagte, die einfachen Dinge seien ihm jetzt die liebsten – er wolle nur Streuselschnecken, nichts sonst. Ich ging nach Hause und buk Streuselschnecken, zwei Bleche voll. Sie waren noch warm, als ich sie ins Krankenhaus brachte. Er sagte, er hätte gerne mit mir gelebt, es zumindest gern versucht, er habe immer
45　gedacht, dafür sei noch Zeit, eines Tages – aber jetzt sei es zu spät. Kurz nach meinem siebzehnten Geburtstag war er tot.

Meine kleine Schwester kam nach Berlin, wir gingen gemeinsam zur Beerdigung. Meine Mutter kam nicht. Ich nehme an, sie war mit anderem beschäftigt, außerdem hatte sie meinen Vater zu wenig gekannt und nicht geliebt.

Quelle: Julia Franck, Bauchlandung. Geschichten zum Anfassen, S. Fischer Verlag, Frankfurt am Main 2000

Worterklärung:
1 Ironie: feiner, verdeckter Spott

1. Sind die folgenden Informationen über die Erzählerin richtig oder nicht? Kreuze an.

   Sie …   richtig   falsch

   a) lebt bei ihrer Mutter.   ☐   ☐
   b) hat mehrere Schwestern.   ☐   ☐
   c) ist 16, als der Vater ihr sagt, dass er krank sei. ☐ ☐
   d) sorgt für ihr eigenes Einkommen.   ☐   ☐
   e) geht allein zur Beerdigung ihres Vaters.   ☐   ☐

2. Warum möchte der Vater seine Tochter sehen? Kreuze an.

   Er möchte sie …

   ☐ vor seinem Tod noch einmal sehen.
   ☐ seinen Arbeitskollegen vorstellen.
   ☐ nach vielen Jahren kennenlernen.
   ☐ mit etwas Geld unterstützen.

3. Welche Erzählperspektive liegt vor? _____

4. Bereits in den ersten Sätzen der Geschichte (Z. 1–7) wird deutlich, dass die Erzählerin ihren Vater bis zu seinem Anruf noch nicht kannte. Belege diese Aussage mit einer passenden Textstelle.

   _____

5. Der Text lässt sich in vier Handlungsschritte einteilen. Ergänze die fehlenden.

Zeilen	Handlungsschritt
8-28	*Kennenlernen und erste Annäherungen zwischen Vater und Tochter*
47-49	*Beerdigung des Vaters*

Basiswissen – Leseverstehen

6. Hat sich zwischen Vater und Tochter eine liebevolle Beziehung entwickelt oder nicht? Begründe deine Meinung anhand des Textes.

☐ Ja, es hat sich eine liebevolle Beziehung entwickelt.

☐ Nein, es hat sich keine liebevolle Beziehung entwickelt.

Begründung:

_____

_____

_____

_____

_____

7. Untersuche die sprachliche Gestaltung des folgenden Textzitats, indem du es mit der veränderten Fassung in der rechten Spalte vergleichst. Erkläre, was dir an der Gestaltung des Originaltextes auffällt und wie er dadurch wirkt.

Zitat aus dem Originaltext	Veränderte Textstelle
Zwei Jahre später, der Mann und ich waren uns immer noch etwas fremd, sagte er mir, er sei krank. Er starb ein Jahr lang, ich besuchte ihn im Krankenhaus und fragte, was er sich wünsche. (Z. 29 ff.)	Und dann kam die schreckliche Nachricht: Zwei Jahre später, mein Vater und ich waren uns leider immer noch etwas fremd, sagte er mir todtraurig, dass er schwer krank sei. Ich war fassungslos und am Boden zerstört. Er starb sehr qualvoll und litt ein Jahr lang, darum besuchte ich ihn im Krankenhaus. Immer fragte ich ihn, was er sich wünsche, um ihm wenigstens kleine Freuden bereiten zu können.

a) Sprachliche Gestaltung des Originalzitats (Stichworte genügen):

_____

_____

b) Wirkung:

Die Darstellung wirkt _____

_____.

8. Wie nennt die Erzählerin „den Mann" ganz am Schluss der Geschichte? Schreibe das Wort heraus.

_____

9. Der Titel „Streuselschnecke" hat eine besondere Bedeutung für die Gesamtaussage des Textes. Kreuze die Erklärung an, die am besten passt. Begründe deine Wahl.

   Die Streuselschnecke steht ...

   ☐ dafür, dass man sich die Beziehungen zwischen Menschen nicht „backen" kann, wie man sie sich wünscht.

   ☐ für die verdrehte Beziehung zwischen Vater und Tochter.

   ☐ für die gewünschte „einfache", „normale" Liebe zwischen Vater und Tochter.

   ☐ dafür, dass die Tochter sich für kurze Zeit aus ihrem „Schneckenhaus" bewegen konnte.

   Begründung:

   _____
   _____
   _____
   _____

10. Der Text „Streuselschnecke" weist typische Merkmale einer Kurzgeschichte auf. Ordne folgende Merkmale einer Kurzgeschichte durch Pfeile dem Text „Streuselschnecke" zu.

Merkmale einer Kurzgeschichte	Kurzgeschichte „Streuselschnecke"
a geringer Umfang	A Der Text beginnt ohne weitere Erklärungen mit dem Hinweis auf den Anruf.
b unmittelbarer Einstieg (keine Einleitung)	B Die Figuren sind eine Jugendliche, die zur Schule geht und nebenbei arbeitet, sowie ihr kranker Vater.
c Handlung und Figuren aus dem Alltag, keine außergewöhnlichen Charaktere	C Der Leser erfährt – ganz zum Schluss –, dass es sich um den Vater der Ich-Erzählerin handelt.
d Darstellung entscheidender Augenblicke im Leben eines Menschen	D Der Leser erfährt nicht, wie es der Tochter nach der Beerdigung geht und wie sie mit dieser Erfahrung umgeht.
e unerwartete Wendung als Höhepunkt der Geschichte	E Der Text umfasst ca. 1 Seite.
f offener Schluss (Anregung zum Nachdenken)	F Es geht um die schwierige Annäherung zwischen Tochter und Vater, der zudem tödlich erkrankt ist.

Gedichte

Gedichte erkennst du schon äußerlich daran, dass sie in **Versen** und **Strophen** angeordnet sind. Häufig **reimen** sich einige Verse am Ende. Auch ist bei vielen Gedichten ein festes **Versmaß** (Metrum) zu erkennen, d. h., man erkennt beim Vortragen eine Art „Takt" (regelmäßiger Wechsel von betonten und unbetonten Silben). Moderne Gedichte sind oft freier gestaltet: ohne Reime und ohne erkennbares Versmaß.

In einem Gedicht gibt es entweder einen **lyrischen Sprecher** oder ein **lyrisches Ich**. Ein lyrisches Ich erkennst du am Personalpronomen „ich" oder „wir". In vielen Gedichten fallen auch **sprachliche Bilder** ins Auge.

Merke dir!

- Besonders häufig gibt es diese **Reimarten**:
  - **Paarreim** (aabb: *Haus – Maus – finden – binden*)
  - **Kreuzreim** (abab: *rot – sehen – Not – gehen*)
  - **umarmender Reim** (abba: *leise – Schimmer – immer – Reise*)

  Gedichte, die keine Reime aufweisen, bezeichnet man als **reimlos**.

- Die wichtigsten **sprachlichen Bilder** sind:
  - **bildhafte Vergleiche** (*Die Stadt erschien der jungen Frau wie ein Dschungel.*)
  - **Metaphern** (*Der Dschungel der Großstadt erschreckte die junge Frau.*)
  - **Personifikationen** (*Die Großstadt keuchte und brüllte.*)

Tipp: Wenn ein Gedicht eine geordnete Form hat, drückt das in der Regel Harmonie und Ruhe aus. „Ungeordnet" gestaltete Gedichte, also reimlose Gedichte ohne erkennbares Metrum, wirken vom Klang her eher unruhig, manchmal auch kühl. Überlege stets, ob die **Form zum Inhalt passt**. Wenn dies nicht der Fall ist, hat das einen Grund, dem du nachgehen solltest!

Übung 22 Lies das Gedicht „Für Einen" von Mascha Kaléko und beantworte anschließend die Fragen.

Quelle: Mascha Kaléko: Für Einen. Aus: Das lyrische Stenogrammheft. © 1978 Rowohlt Taschenbuch Verlag, Reinbek

Mascha Kaléko: Für Einen

1 Die Andern sind das weite Meer.
  Du aber bist der Hafen.
  So glaube mir: Kannst ruhig schlafen,
  Ich steuere immer wieder her.

5 Denn all die Stürme, die mich trafen,
  Sie ließen meine Segel leer.
  Die Andern sind das bunte Meer,
  Du aber bist der Hafen.

  Du bist der Leuchtturm. Letztes Ziel.
10 Kannst Liebster, ruhig schlafen.
  Die Andern ... das ist Wellen-Spiel.

  Du aber bist der Hafen.

Basiswissen – Leseverstehen

1. Wer spricht in dem Gedicht?

    Das lyrische Ich ist …

    ☐ ein Schiffskapitän.

    ☐ Mascha Kaléko.

    ☐ die Bewohnerin einer Hafenstadt.

    ☐ eine unbekannte Person.

    Mascha Kaléko (1907–1975)

2. Wen spricht das lyrische Ich an?

    ☐ den Leser

    ☐ sich selbst

    ☐ die geliebte Person

    ☐ andere Menschen

3. Wie sind Situation und Stimmung des lyrischen Ichs?

    Das lyrische Ich …

    ☐ befindet sich auf hoher See und hat Angst.

    ☐ denkt zärtlich an den geliebten Menschen.

    ☐ ist unglücklich verliebt.

    ☐ ist eifersüchtig, weil die geliebte Person oft andere Menschen kennenlernt.

4. Was ist das Thema des Gedichts?

    In dem Gedicht „Für Einen" geht es um …

    ☐ die Erlebnisse und Begegnungen während einer Schiffsfahrt.

    ☐ die unerschütterliche Liebe des lyrischen Ichs, die sich trotz Begegnungen mit anderen Menschen nur auf eine geliebte Person bezieht.

    ☐ die Schwierigkeiten des lyrischen Ichs, dauerhaft eine feste Liebesbeziehung mit einem Menschen zu führen.

    ☐ die Risiken von Schiffsfahrten auf hoher See.

5. Welche Reimart liegt in den ersten beiden Strophen vor?

    ☐ Paarreim

    ☐ Kreuzreim

    ☐ umarmender Reim

6. In der zweiten Strophe heißt es: „Die Andern sind das bunte Meer". (V. 7) Ersetze das sprachliche Bild, indem du ein passendes Adjektiv findest.

    Die Andern sind _____.

7. In Vers 9 heißt es: „Letztes Ziel." Was bedeutet das? Kreuze an.

    ☐ Die Ellipse betont, dass es für das lyrische Ich nur ein einziges Ziel gibt: den geliebten Menschen.

    ☐ Der Vergleich zeigt, dass der geliebte Mensch für das lyrische Ich wie ein sicheres Ziel am Ende einer Seefahrt steht.

8. Im Gedicht wiederholen sich dreimal die Versanfänge: „Die Andern sind ..." (bzw. Die Andern ... das ist) und „Du aber bist ...".

    Leon sagt: „Die Wiederholungen in dem Gedicht wirken etwas langweilig. Dadurch wird deutlich, dass die Beziehung zu der geliebten Person auch etwas langweilig ist."

    Stimmst du Leon zu oder nicht? Begründe deine Meinung.

    Ich stimme Leon ...

    ☐ zu.

    ☐ nicht zu.

    Begründung:

    _____

    _____

    _____

    _____

9. Der letzte Vers steht allein. Welche Wirkung wird dadurch erzielt?

    _____

    _____

10. Das Gedicht heißt „Für Einen". Was bedeutet dieser Titel? Kreuze an.

    Das lyrische Ich ...

    ☐ möchte „für einen" Moment über seine Beziehung nachdenken.

    ☐ würde „für einen" geliebten Menschen alles hergeben, wenn es diese Person kennenlernen würde.

    ☐ empfindet nur „für einen" Menschen wahre Liebe.

    ☐ ist nicht bereit, nur „für einen" Menschen auf Abenteuer zu verzichten.

Übung 23 Lies das Gedicht „Die Zeit fährt Auto" von Erich Kästner und bearbeite anschließend die Aufgaben.

Erich Kästner: Die Zeit fährt Auto

1 Die Städte wachsen. Und die Kurse[1] steigen.
Wenn jemand Geld hat, hat er auch Kredit.
Die Konten reden. Die Bilanzen[2] schweigen.
Die Menschen sperren aus[3]. Die Menschen streiken.
5 Der Globus dreht sich. Und wir drehn uns mit.

Die Zeit fährt Auto. Doch kein Mensch kann lenken.
Das Leben fliegt wie ein Gehöft[4] vorbei.
Minister sprechen oft vom Steuersenken.
Wer weiß, ob sie im Ernste daran denken?
10 Der Globus dreht sich und geht nicht entzwei.

Die Käufer kaufen. Und die Händler werben.
Das Geld kursiert[5], als sei das seine Pflicht.
Fabriken wachsen. Und Fabriken sterben.
Was gestern war, geht heute schon in Scherben.
15 Der Globus dreht sich. Doch man sieht es nicht.

Quelle: Erich Kästner: Herz auf Taille, Atrium Verlag, Zürich 1985

Worterklärungen:
1 Kurse: Aktienkurse an den Börsen. Steigende Kurse einer Firma deuten an, dass diese viel Gewinn macht.
2 Bilanz: Abrechnung einer Firma, die zeigt, wie hoch oder niedrig der Gewinn ist.
3 Aussperrung: Bei einem Streik werden die Menschen, die dennoch arbeiten wollen, von den Streikenden ausgesperrt, um sie an der Arbeit zu hindern.
4 Gehöft: ein bebautes ländliches Grundstück, das – wie ein Bauernhof – von mehreren Menschen, die dort auch leben, bewirtschaftet wird.
5 kursieren: umlaufen, im Umlauf sein

1. Welche der folgenden Aussagen passt am besten zum Inhalt des Gedichts? Kreuze eine Antwort an.

   ☐ Großstädte sind sehr gefährlich, weil dort ein hohes Verkehrsaufkommen ist.

   ☐ Die Städte werden besonders vom Wirtschaftsleben, also von Handel und Geld, bestimmt.

   ☐ In den Großstädten leben die Menschen anonym aneinander vorbei.

   ☐ Das Leben in den Städten ist sehr ungesund, da es dort viele Fabriken und Autos gibt.

2. Jede Strophe des Gedichts besteht aus fünf Versen.

   a) Klammere in der 2. Strophe einen Vers ein, sodass ein klarer Kreuzreim erkennbar wird.

   b) Klammere in der 3. Strophe einen Vers ein, sodass ein umarmender/ umschließender Reim entsteht.

3. Im Folgenden findest du einige Zitate aus dem Gedicht „Die Zeit fährt Auto". Ordne die Buchstaben vor den Zitaten dem jeweils passenden Gestaltungsmittel zu.

Hier Buchstaben eintragen ↓	Sprachliches Gestaltungsmittel
	Vergleich
	Wiederholung
	Personifikation

A *Die Zeit fährt Auto.* (V. 6)

B *Das Leben fliegt wie ein Gehöft vorbei.* (V. 7)

C *Der Globus dreht sich.* (V. 5, 10, 15)

D *Die Konten reden.* (V. 3)

E *Die Bilanzen schweigen.* (V. 3)

4. Untersuche den Satzbau des Gedichts. Welche der folgenden Aussagen treffen zu und welche nicht? Kreuze an.

   richtig   falsch

   a) Die Sätze sind überwiegend lang. ☐ ☐

   b) Viele Sätze haben einen immer gleichen Satzbau. ☐ ☐

   c) Die Sätze sind überwiegend verschachtelt. ☐ ☐

   d) Die Sätze sind überwiegend kurz. ☐ ☐

5. Streiche deiner Meinung nach Falsches durch. Ergänze dann den Satz:

   Der Satzbau passt *sehr gut / nicht sehr gut* zum Inhalt des Gedichts, weil

   _____

   _____.

6. Der Sprecher äußert in dem Gedicht indirekt eine Kritik an Politikern. Nenne die Textstelle und kreuze an, was er kritisiert.

   Der Sprecher kritisiert in den Versen _____ an den Politikern, dass sie ...

   ☐ viel zu viel Geld verdienen.

   ☐ ihre Versprechen häufig nicht einhalten.

   ☐ sich für die Probleme der Menschen nicht interessieren.

   ☐ oft so reden, dass man sie nicht verstehen kann.

7. Warum verwendet der Autor folgende Verben: *wachsen, steigen, fliegen, drehen, fahren*? Ergänze die folgenden Sätze.

   Die Verben kommen alle aus dem Bereich der _____.

   Damit will der Autor zum Ausdruck bringen, dass

   _____

   _____.

Basiswissen – Leseverstehen

8. Welche Stimmung wird in dem Gedicht am ehesten deutlich?
   Eine Stimmung, die …
   ☐ Unsicherheit ausdrückt.
   ☐ Langeweile ausdrückt.
   ☐ Fröhlichkeit ausdrückt.
   ☐ Trauer ausdrückt.

9. In dem Gedicht heißt es mehrmals „Der Globus dreht sich." Warum wird der Vers wiederholt? Kreuze an.

   Durch die Wiederholung soll betont werden, dass …
   ☐ die Erde sich um die Sonne dreht.
   ☐ die Zeit immer schneller vergeht.
   ☐ die Zeit niemals stillsteht.
   ☐ die Erde trotz Katastrophen nicht zu zerstören ist.

10. In Vers 14 heißt es: „Was gestern war, geht heute schon in Scherben."
    Welches der folgenden Sprichwörter passt am besten zu diesem Satz? Kreuze an.
    ☐ Wer zu spät kommt, den bestraft das Leben.
    ☐ Was du heute kannst besorgen, das verschiebe nicht auf morgen.
    ☐ Wie gewonnen, so zerronnen.
    ☐ Zeit ist Geld.

11. Der Titel des Gedichts lautet: „Die Zeit fährt Auto". Erkläre das Sprachbild. Wähle dazu aus den Satzbausteinen die passenden aus und trage sie in die Lücken ein.

    > die Gefahr von Unfällen – die Reisefreude der Menschen – die Schnelligkeit im Leben der Menschen – den Zeitdruck bei der Arbeit – die Bedrohung durch Umweltverschmutzung – die unaufhörlich voranschreitenden Entwicklungen

    a) Die Zeit steht für …
       _____.

    b) Das Auto steht für …
       _____.

Kompetenzbereich: Zuhören

Beim Hörverstehen sollst du zeigen, dass du **allein durch Zuhören** die entscheidenden Informationen erfasst. Der Text wird dir in der Regel nur einmal vorgelesen (oder vorgespielt). Während des Zuhörens kannst du dir Notizen machen. Anschließend musst du zu dem, was du gehört hast, einige Aufgaben bearbeiten.

Merke dir!

- Höre **konzentriert** zu. Schreibe wichtige Informationen **stichwortartig** auf. Versuche nicht, so viel wie möglich mitzuschreiben. Denn je mehr du schreibst, desto weniger kannst du dich aufs Zuhören konzentrieren.
- Orientiere dich beim Lösen der Aufgaben **nicht** an dem, was du ohnehin schon über das Thema **weißt**, sondern an dem, was du in dem Hörbeitrag **hörst**.
- Frage dich beim Zuhören auch, welche **Sprecher** zu Wort kommen. Sind es Fachleute? Oder sind es Betroffene? Was teilen sie mit? Geben sie dem Hörer Ratschläge? Oder bringen sie in erster Linie ihre Gefühle zum Ausdruck?
- Achte beim Vorspielen einer Radiosendung auch auf **Hintergrundgeräusche**. Sie geben dir einen Eindruck über den Schauplatz des Geschehens und über die Atmosphäre dort. Diese spielen für das Verständnis auch eine Rolle.
- Es kann sein, dass du in einem Radiobeitrag zwischendurch Äußerungen in einer **anderen Sprache** hörst. Lass dich dadurch nicht verunsichern! Du kannst davon ausgehen, dass es nicht lange dauert, bis die Worte **übersetzt** werden.
- Beim Hörverstehen ist es sehr wichtig, dass du dich **nicht ablenken** lässt. Schließe die Augen oder schau nur auf das Blatt, auf dem du dir Notizen machst.

Tipp: Oft werden dir beim Hörverstehen geschlossene Aufgaben vorgelegt, z. B. Multiple-Choice-Aufgaben. Wenn du dir beim Auswählen der richtigen Antwort unsicher bist, arbeite nach dem **Ausschlussverfahren:** Sondere erst einmal alle Auswahlantworten aus, die nicht infrage kommen. Auf diese Weise kannst du dich der richtigen Lösung gut annähern.

Basiswissen – Zuhören

Übung 1
Track 1

In dem Beitrag „Nicht auf den Mund geschaut" geht es um die Frage, wie gut es Menschen gelingt, am Gesichtsausdruck einer Person deren Gefühle abzulesen. Höre den Beitrag und bearbeite dann die Aufgaben.

Hinweis: Du kannst dir während des Zuhörens auf einem extra Blatt Notizen machen.

1. Was denkt man über den Zusammenhang von Gefühlen und dem Gesichtsausdruck?

	richtig	falsch
a) Grundlegende Gefühle wie Freude, Überraschung, Wut, Angst, Ekel oder Traurigkeit kennen alle Menschen auf der Welt.	☐	☐
b) Menschen drücken ihre Gefühle auf ähnliche Weise im Gesicht aus.	☐	☐
c) Menschen können Gefühle anderer in deren Gesicht richtig ablesen.	☐	☐
d) Asiaten zeigen Gefühle anders als Menschen aus westlichen Kulturen.	☐	☐

2. Wie wurde das Experiment durchgeführt? Welche Aussagen sind richtig, welche falsch?

	richtig	falsch
a) Die Testpersonen stammten zur Hälfte aus westlichen Kulturen und zur Hälfte aus asiatischen Kulturen.	☐	☐
b) Die Teilnehmer sollten miteinander reden und sich dabei gegenseitig beobachten.	☐	☐
c) Den Teilnehmern wurden Fotos gezeigt, auf denen Personen mit unterschiedlichen Gesichtsausdrücken gezeigt wurden.	☐	☐
d) Die Teilnehmer sollten von den Gesichtsausdrücken die passenden Gefühle ablesen.	☐	☐
e) Die eine Gruppe der Teilnehmer sollte nur auf die Augen achten, die andere nur auf den Mund.	☐	☐

3. Worauf schauen Asiaten hauptsächlich, um Gefühlsausdrücke zu deuten?
   ☐ Augen ☐ Mund ☐ Augen und Mund

4. Worauf schauen Europäer hauptsächlich, um Gefühlsausdrücke zu deuten?
   ☐ Augen ☐ Mund ☐ Augen und Mund

5. Welche Gefühle wurden von Asiaten oft verwechselt? Kreuze alle richtigen Antworten an.
   ☐ Angst und Überraschung   ☐ Wut und Ekel
   ☐ Angst und Traurigkeit   ☐ Freude und Wut

Basiswissen – Zuhören

Übung 2

🎧 Track 2

Höre den Beitrag „Cybermobbing" und bearbeite anschließend die Aufgaben.

✏ *Hinweis:* Du kannst dir während des Zuhörens auf einem extra Blatt Notizen machen.

1. In dem Beitrag geht es darum, wie …
   - ☐ gefährlich das Internet sein kann, wenn man sich nicht auskennt.
   - ☐ Cybermobbing entstehen kann, wenn man zu viele Computerspiele spielt.
   - ☐ man spielerisch erlernen kann, sich vor Cybermobbing zu schützen.
   - ☐ man Cybermobbing verhindern kann, ohne sich selbst in Gefahr zu bringen.

2. In dem Beitrag heißt es, dass …
   - ☐ jeder fünfte Schüler bereits selbst Cybermobbing betrieben hat.
   - ☐ mehr als jeder fünfte Fall von Cybermobbing aufgeklärt wird.
   - ☐ mehr als jeder fünfte Schüler bereits Erfahrung mit Cybermobbing gemacht hat.
   - ☐ jeder fünfte Fall von Cybermobbing besonders schwerwiegend ist.

3. In dem Beitrag wird ein Produkt vorgestellt, welches?
   Es handelt sich um ein …
   - ☐ Gesellschaftsspiel
   - ☐ Computerspiel
   - ☐ Kartenspiel
   - ☐ Rollenspiel

4. Ab welchem Alter wird das Spiel empfohlen?

---

5. Welche Aussagen sind laut Hörtext richtig, welche falsch?

   In dem Spiel geht es um …

		richtig	falsch
a)	Jakob, der gemobbt wird.	☐	☐
b)	Jakob, der einer gemobbten Freundin hilft.	☐	☐
c)	Jakobs Gespräch mit einem Lehrer.	☐	☐
d)	einen Unbekannten, der Profilfotos einer Mitschülerin ins Netz stellt.	☐	☐
e)	einen Unbekannten, der den Account einer Mitschülerin hackt und Lügen über sie verbreitet.	☐	☐
f)	unbekannte Hacker, die Jakobs Account knacken.	☐	☐

6. Was kann man laut Beitrag aus dem Spiel lernen?
   Man lernt, …

	richtig	falsch
a) wie Soziale Netzwerke funktionieren.	☐	☐
b) wie man sich in Sozialen Netzwerken verhält.	☐	☐
c) dass Pseudonyme und Nicknames wichtig sind.	☐	☐
d) dass man nicht mit Unbekannten chatten sollte.	☐	☐
e) wie ein sicheres Passwort aussieht.	☐	☐
f) wie man sich gegen Beleidigungen im Internet wehren kann.	☐	☐

7. Wie lautet der Titel des Spiels?
   ☐ Jakob und die Cyber-Mobber
   ☐ Jakob und die Cyberfalle
   ☐ Jakob und die Cyber-Mights
   ☐ Jakob und die Cyberattacken

8. Bei diesem Beitrag handelt es sich um …
   ☐ einen Verbrauchertipp.
   ☐ eine Nachrichtensendung.
   ☐ eine Reportage.
   ☐ eine Spielanleitung.

Basiswissen – Zuhören

Übung 3

Track 3

In dem Beitrag „Der Floh" wird erzählt, wie es einem Grafen gelingt, ein Postfräulein zu belehren. Höre dir den Beitrag an und löse die Aufgaben.

Hinweis: Du kannst dir während des Zuhörens auf einem extra Blatt Notizen machen.

Worterklärungen:
1 Departement du Gard: Bezirk in Südfrankreich
2 Nimes: Stadt in Südfrankreich
3 Pont du Gard: Brücke in Südfrankreich
4 Indiskretion: ungeniertes Ausplaudern von Informationen über andere

1. Welches Problem gibt es mit dem Verhalten eines Postfräuleins?

   _____

2. Warum wird nichts gegen ihr Verhalten unternommen?
   ☐ Als Staatsdienerin ist sie unkündbar.
   ☐ Sie ist schon älter und wird deshalb geschont.
   ☐ Es ist nicht üblich, dagegen vorzugehen.
   ☐ Man möchte die Dame nicht kränken.

3. Welche der folgenden Aussagen ist **falsch**?
   ☐ Der Graf bestellt einen Gerichtsvollzieher zu sich.
   ☐ Er schreibt einen Brief an einen Freund.
   ☐ Er legt einen Floh in den Brief.
   ☐ Er klebt den Brief in Gegenwart des Gerichtsvollziehers zu.
   ☐ Er schickt den Brief ab.

4. Warum bekommt der Freund des Grafen einen Brief, in dem ein Floh steckt?

   _____

Übung 4

Track 4

In dem Beitrag „Parkplatz auf Lebenszeit" wird erzählt, welchen Weg ein Mann einschlägt, um sein Parkplatz-Problem zu lösen. Höre dir den Beitrag an und löse dann die Aufgaben.

Hinweis: Du kannst dir während des Zuhörens auf einem extra Blatt Notizen machen.

1. Warum fährt der Mann um die halbe Welt? Nenne den Grund.
   _____
   _____

2. Wie lange dauert seine Fahrt?
   Sie dauert …
   ☐ einen Monat.
   ☐ zwei Monate.
   ☐ drei Monate.
   ☐ vier Monate.

3. Welche freudige Überraschung erlebt er bei seiner Rückkehr?
   _____
   _____

4. Was ändert sich für ihn nach seiner Rückkehr?
   _____
   _____

5. Warum setzt er sich nach seiner Rückkehr manchmal in sein Auto?
   ☐ Er will prüfen, ob das Auto noch funktioniert.
   ☐ Er will das Autofahren nicht verlernen.
   ☐ Er will einen Ausflug machen.
   ☐ Er überlegt, ob er mit dem Auto fahren soll.

6. Über wessen Verhalten wird dem Leser auch etwas erzählt?
   Kreuze die passende Aussage an.
   Erzählt wird etwas über das Verhalten …
   ☐ der Familie.
   ☐ des Chefs.
   ☐ der Kollegen.
   ☐ anderer Autofahrer.

Kompetenzbereich: Schreiben

Im Kompetenzbereich Schreiben geht es um deine Fähigkeit, einen eigenen Text zu verfassen, der sowohl **inhaltlich** als auch **formal** überzeugt.
Es ist auch möglich, dass du einen vorgegebenen Text **überarbeiten** musst.
In VERA 8 wird oft erwartet, dass du einen **informativen** und/oder einen **argumentativen** Text verfassen kannst. Wenn du die folgenden Hinweise beachtest, wird dir jede Schreibaufgabe gut gelingen.

Merke dir!

> **Die acht Schritte zum gelungenen Text**
> 1. **Das Thema genau erfassen:** Mache dir klar, zu welchem Thema du einen Text schreiben sollst.
> 2. **Den Anlass, die Absicht und den Adressaten berücksichtigen:** Finde heraus, aus welchem Anlass und aus wessen Sicht du den Text schreiben sollst. Überlege, welche Absicht bzw. welches Ziel du mit dem Text verfolgen sollst. Frage dich auch, an wen sich der Text richtet.
> 3. **Ideen sammeln und ordnen:** Notiere deine Ideen stichwortartig. Überlege anschließend, welche Ideen du verwenden möchtest und in welche Reihenfolge du sie bringen willst.
> 4. **Den Text klar und strukturiert aufbauen:** Gliedere jeden Text in Einleitung, Hauptteil und Schluss. Bilde innerhalb des Hauptteils sinnvolle Absätze, damit der Leser deinen Gedankengang nachvollziehen kann.
> 5. **Die Textsorte beachten:** Überlege, welche Merkmale die geforderte Textsorte (z. B. Brief, Kommentar) hat.
> 6. **Sprachlich vielfältig und genau gestalten:** Formuliere abwechslungsreich und treffend.
> 7. **Die Schreibregeln beachten:** Beachte unbedingt die Regeln der Rechtschreibung, der Zeichensetzung und der Grammatik.
> 8. **Den Text überarbeiten:** Lies deinen Text abschließend mindestens noch zweimal durch. Frage dich bei jedem Satz: *Versteht der Leser das?* Wenn du Bedenken hast, nimm dir die Zeit, den entsprechenden Satz zu verbessern.

Tipp: Lege dir eine kurze **Liste** mit folgenden Stichwörtern an (s. u.). Notiere hinter jedem Stichwort in ein bis zwei Wörtern die entsprechenden Informationen aus der Aufgabenstellung. So kannst du sicher sein, dass du nichts vergisst.

- *Thema:*
- *Anlass:*
- *Verfasser:*
- *Adressat:*
- *Absicht / Ziel:*
- *Situation:*
- *Textsorte:*

Basiswissen – Schreiben

Einen informativen Text schreiben

Ein informativer Text dient dazu, dem Leser über ein **Thema** wichtige **Kenntnisse** zu vermitteln. Der Verfasser muss sich deshalb zunächst genügend Wissen zum Thema aneignen, z. B. durch **Recherchen** im Internet, in Zeitungen usw. Für deinen Text musst du dann die entscheidenden **Informationen auswählen**, sie geschickt **anordnen** und verständlich **darstellen**.
In der Prüfung bekommst du das Informationsmaterial fertig vorgelegt. Dabei kann es sich um einen oder mehrere kleine Texte handeln, die du **sichten** und **auswerten** musst, oder auch um stichwortartige Informationen, die du für deinen informativen Text verwenden sollst.

Folgendes solltest du beim Verfassen eines informativen Textes beachten:
- Schreibe **sachlich** und **neutral**. Persönliche Wertungen und Kommentare äußerst du nicht.
- Achte darauf, **eigene Worte** zu verwenden. Umgangssprachliche Ausdrücke solltest du aber vermeiden. Schreibe immer in der **Standardsprache**.
- Schreibe im **Präsens**.

Merke dir!

> Ein informativer Text hat folgenden Aufbau:
> - In der **Einleitung** stellst du das **Thema** vor: *Um was geht es? Worüber willst du informieren?*
> - Im **Hauptteil** gehst du auf Einzelheiten ein. Wenn dir Informationen vorgegeben sind, musst du sie unbedingt verwenden. Gestalte deinen Text so, dass du Zusammengehöriges in einem **Absatz** präsentierst.
> - Am **Schluss** formulierst du ein Ergebnis. Hier kannst du z. B. noch einmal das Wichtigste kurz zusammenfassen.

Tipp: Gliedere deinen Text durch Absätze. Auf diese Weise verdeutlichst du **Aufbau und Gedankengang** des Textes. Absätze helfen dem Leser, sich zu orientieren und den Text zu verstehen.

Lies die folgende Aufgabenstellung gründlich. Führe anschließend die acht Schritte zum gelungenen Text durch. Stelle dir Folgendes vor:

Eure Klasse hat sich für einen Schulausflug in das Eisstadion „Tuxenmark" entschieden. Dort wollt ihr zusammen mit zwei Lehrkräften einen Vormittag lang Schlittschuh laufen. Als Klassensprecher/in hast du die Aufgabe übernommen, die Eltern in einem Brief über euren Ausflug zu informieren. Dem Flyer des Eisstadions kannst du wichtige Informationen entnehmen. Andere Informationen, z. B. Treffpunkt, Abfahrtszeit etc., musst du selbst ergänzen.

Verfasse den Brief an die Eltern, indem du ...
- *eine informative Einleitung verfasst (Anlass?),*
- *wichtige Informationen über den zeitlichen Rahmen, das Eisstadion und die Kosten darlegst,*
- *einen knappen zusammenfassenden Schluss schreibst.*

1. Schritt: Das Thema erfassen

Übung 1

Bestimme das Thema. Stelle dir die Fragen: *Worum geht es? Worüber soll der Brief informieren?*

Thema: _____

2. Schritt: Den Anlass, die Absicht und den Adressaten berücksichtigen

Übung 2

Nenne den Anlass, den Verfasser, den Adressaten sowie die Schreibabsicht.

Anlass: _____

Verfasser: _____

Adressat (Leser): _____

Schreibabsicht/-ziel: _____

Basiswissen – Schreiben

3. Schritt: Ideen sammeln und ordnen

Übung 3

Fertige unbedingt eine Stoffsammlung bzw. Stoffordnung an, bevor du mit dem Schreiben beginnst. Wähle die Form, die dir am meisten liegt: Setze entweder das **Cluster** oder die **Mindmap** fort.

Bringe deine Stichworte anschließend in eine sinnvolle Reihenfolge, indem du sie nummerierst.

Tipp: Lass den Klassenausflug vor deinem inneren Auge ablaufen, so fallen dir die Punkte, über die die Eltern informiert werden müssen, leicht ein.

*In einem **Cluster** sammelst du deine Ideen erst einmal ganz ungeordnet.*

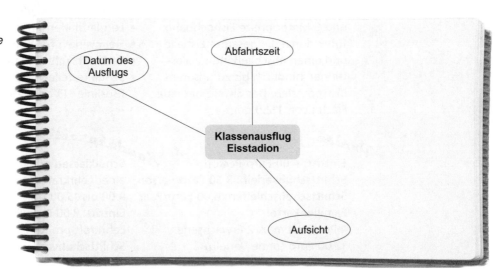

*In einer **Mindmap** bringst du deine Stichworte von Anfang an in eine gewisse Ordnung.*

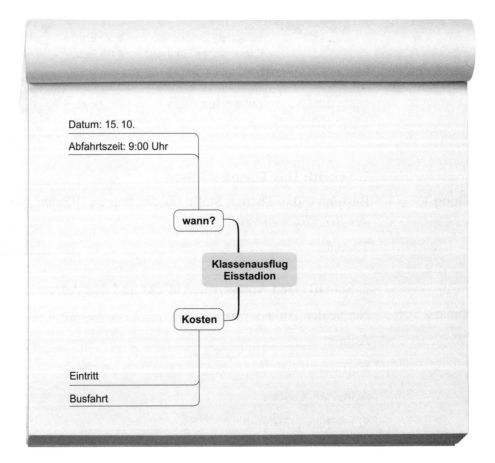

4. Schritt: Den Text klar und strukturiert aufbauen

Übung 4

Erstelle nun deinen Schreibplan (Gliederung). Dein Text wird für einen Leser besser verständlich, wenn du ihn gut **strukturierst**. Gliedere deinen Text immer in Einleitung, Hauptteil und Schluss. Bilde innerhalb des Hauptteils sinnvolle Absätze.

Trage deine Stichpunkte in die Tabelle ein. Ergänze noch fehlende Informationen.

Tipp: Wenn der Platz nicht ausreicht, nimm ein eigenes Blatt hinzu.

Schreibplan

Einleitung
• ...
• ...

Hauptteil
• ...
• ...
• ...

Schluss
• ...
• ...

5. Schritt: Die Textsorte beachten

Übung 5

Bei einer Schreibaufgabe wird in der Regel eine bestimmte Textsorte verlangt. Berücksichtige deren **Merkmale** und **Aufbau**.

Überlege, welche Merkmale du bei einem formalen Brief beachten musst. Halte sie stichwortartig fest.

Tipp: Wenn du unsicher bist, kannst du die Merkmale eines formalen Briefes zunächst noch einmal nachlesen (vgl. S. 72).

_____

_____

_____

6. Schritt: Sprachlich vielfältig und genau gestalten

Ein Text kann nur überzeugen, wenn er auch sprachlich gelungen ist. Dafür musst du abwechslungsreich und treffend formulieren.

Merke dir!

- **Verwende treffende Wörter und Formulierungen:** Prüfe, ob deine Wortwahl zur Textsorte und zum Thema passt, und ob sie trifft, was du zum Ausdruck bringen willst.
- **Gestalte deinen Text sprachlich angemessen und einheitlich:** Vermische nicht unterschiedliche Stile (z. B. sachliche Sprache und Umgangssprache).
- **Schreibe abwechslungsreich:** Das betrifft sowohl die Wörter als auch den Satzbau. Vermeide Wortwiederholungen in kurzen Abständen. Wechsle zwischen kürzeren und längeren Sätzen. Variiere deine Satzanfänge, beginne z. B. nicht immer mit dem Subjekt.
- **Verknüpfe deine Sätze sinnvoll und schlüssig:** Achte darauf, dass die Sätze einen inneren Zusammenhang bilden und nicht unverbunden nebeneinanderstehen.
- **Vermeide Schachtelsätze:** Verzichte auf zu lange Sätze, die der Leser mehrmals lesen muss, um sie zu verstehen.

Übung 6

Lukas, Klassensprecher der 8f, hat einen Brief entworfen. Sein Klassenlehrer hat Textstellen, die verbessert werden müssen, unterstrichen und nummeriert.
Prüfe den folgenden Auszug aus dem Brief: Gegen welche der Regeln A bis E wird hier jeweils besonders deutlich verstoßen? Trage die Buchstaben in die rechte Spalte der Tabelle ein.

A Verwende treffende Wörter und Formulierungen.
B Gestalte deinen Text sprachlich einheitlich. Vermische z. B. nicht Standardsprache und Umgangssprache.
C Schreibe abwechslungsreich: Vermeide Wortwiederholungen kurz hintereinander und achte darauf, dass der Satzbau wechselt.
D Verknüpfe deine Sätze sinnvoll und schlüssig.
E Vermeide Schachtelsätze.

Hallo[1] Eltern,	Nr. 1: B
(…) Übernächste Woche gehen wir ins Eisstadion[2].	Nr. 2: ___
Wir wollen uns um 8.45 Uhr vor der Schule treffen	___
und von dort gemeinsam um 9.00 Uhr abfahren – das	___
wird echt cool[3]!	Nr. 3: ___
Im Eisstadion kann man auch Schlittschuhe bekom-	___
men[4]. Wer eigene Schlittschuhe hat, sollte sie mit-	Nr. 4: ___

bringen, aber[5] das Ausleihen kostet etwas.

Im Eisstadion wird es kalt sein, deshalb sollten im Eisstadion[6] alle Schülerinnen und Schüler warme Kleidung tragen.

Dort gibt es auch leckere Kleinigkeiten zum Essen, wenn man keine eigene Verpflegung mitbringen möchte, die man für wenig Geld kaufen kann, z. B. Pommes Frites für 1,70 Euro oder Spaghetti für 5,50 Euro.[7] Man kann auch eigene Speisen und Getränke mitbringen. Diese kann man aber nicht im Bistro zu sich nehmen, man kann[8] sie nur in der kalten Eishalle verzehren.

Die Eishalle hat eine 200 Meter lange und sechs Meter breite Eishochbahn. Sie hat ein Untergeschoss mit mehr als 1 500 qm Eisfläche. Man hat[9] sehr viel Platz zum Schlittschuhlaufen.

Das ist echt supertoll[10] und wir werden als Klassengemeinschaft sicher krass[11] viel Spaß haben. (…)

Lukas Meier, Klasse 8 f

Nr. 5: ___

Nr. 6: ___

Nr. 7: ___

Nr. 8: ___

Nr. 9: ___

Nr. 10: ___

Nr. 11: ___

7. Schritt: Die Schreibregeln beachten

Übung 7

Schreibe nun den formalen Brief an die Eltern (→ Heft). Berücksichtige dabei deine Vorarbeiten. Achte auf einen korrekten Satzbau sowie die Einhaltung der Regeln zur Rechtschreibung, Zeichensetzung und Grammatik.

Hinweis: Verwende den folgenden Briefkopf.

Friedrich-Schiller-Gymnasium
Klasse 8 f
Gartenstraße 7
12345 Freibergen

An die Eltern der Klasse 8 f

8. Schritt: Den Text überarbeiten

Lies deinen Text abschließend mindestens noch **zweimal** durch. Versuche, **in Gedanken laut** zu lesen, so merkst du am besten, wo eine Formulierung inhaltlich oder sprachlich noch nicht ganz gelungen ist.

Grundsätzlich gilt: Alles, was dir beim nochmaligen Durchlesen deines Textes fehlerhaft oder holprig erscheint, solltest du **korrigieren**.

Merke dir!

- Überprüfe deinen Text im ersten Lesedurchgang noch einmal hinsichtlich der **inhaltlichen Aspekte:**
  - Hast du alle Stichpunkte deines Schreibplans berücksichtigt?
  - Wird dem Leser sofort klar, worum es geht und warum du den Text schreibst?
  - Ist dein Gedankengang bzw. die Darstellung deiner Informationen nachvollziehbar?
- Überprüfe im zweiten Lesedurchgang die **formalen Aspekte:**
  - Merkmale der Textsorte
  - Absätze
  - Wortwahl und Formulierungen
  - Rechtschreibung und Zeichensetzung
  - Satzbau und Satzverknüpfungen

Tipp: Wenn du nur wenige Wörter korrigieren möchtest, streichst du diese mit dem Lineal durch und schreibst die **verbesserte Version darüber**.
Wenn du längere Textabschnitte ändern musst, streichst du sie mit **Lineal** durch und versiehst sie mit einer **Nummer**. Die verbesserte Version schreibst du unter Angabe der Nummer auf ein **extra Blatt**.

Übung 8

Überarbeite die folgenden Sätze aus Lukas' Brief an die Eltern. Streiche Ausdrucksmängel und Rechtschreibfehler durch und korrigiere sie am Rand. Fehlende Kommas trägst du direkt in den Text ein.

(…) Die Klasse hat mit Großer Mehrheit für einen Ausflug in die Eishalle nach Tuxenmark gestimmt. Weil wenn man Schlittschuhlaufen geht, verstärkt das die Klassengemeinschaft. Herr Dehner unser Klassenlehrer und Frau Zimmermann unsere Deutschlehrerin haben sich Beide bereit erklärt uns zu begleiten. Für die Eishalle in Tuxenmark haben wir uns entschieden weil die Eishalle in Tuxenmark eine ganz Besondere attraktion bietet. (…)

Basiswissen – Schreiben

Eine besondere Form des informativen Textes ist der Bericht.

Bericht

Einen Bericht schreibt man, um jemandem **Informationen** über den **Ablauf** eines bestimmten Vorgangs zu vermitteln. Oftmals ist ein Bericht Teil eines formalen Briefs, beispielsweise an eine Versicherung. Die meisten Texte, die in Zeitungen zu lesen sind, gehören auch zur Textsorte Bericht.

Merke dir!

- Mit jedem Bericht solltest du Antworten auf diese sechs **W-Fragen** geben:
  1. **Was** für ein Ereignis hat sich zugetragen?
  2. **Wann** ist das Ereignis geschehen?
  3. **Wo** hat sich das Ereignis abgespielt?
  4. **Wer** war beteiligt?
  5. **Wie** ist es zu dem Ereignis gekommen?
  6. **Welche Folgen** hat das Ereignis?

  Die ersten vier W-Fragen beantwortest du gleich am Anfang. Stelle die Antworten in einem oder zwei Sätzen zusammenfassend dar. Anschließend gehst du auf **wichtige Einzelheiten** ein; damit beantwortest du die **Wie-Frage**. Am Schluss nennst du die Folgen.
- Die Darstellung ist **sachlich** und **knapp**, aber trotzdem **lückenlos**.
- In Berichten verwendest du grundsätzlich das **Präteritum**.

Übung 9

Ein Polizeibeamter hat einen Verkehrsunfall aufgenommen und muss nun einen Unfallbericht dazu schreiben. Schreibe diesen Unfallbericht (→ Heft).

Tipp: Sortiere zuerst mithilfe der W-Fragen die Informationen auf dem Notizzettel. Bringe sie dann in eine passende Reihenfolge. Denke daran, dass in einem Bericht immer die wichtigste Information ganz am Anfang steht.

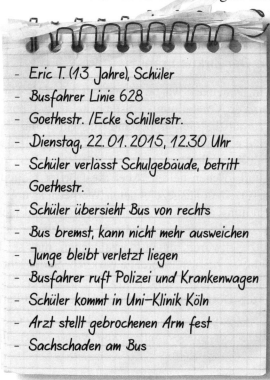

- Eric T. (13 Jahre), Schüler
- Busfahrer Linie 628
- Goethestr. /Ecke Schillerstr.
- Dienstag, 22.01.2015, 12.30 Uhr
- Schüler verlässt Schulgebäude, betritt Goethestr.
- Schüler übersieht Bus von rechts
- Bus bremst, kann nicht mehr ausweichen
- Junge bleibt verletzt liegen
- Busfahrer ruft Polizei und Krankenwagen
- Schüler kommt in Uni-Klinik Köln
- Arzt stellt gebrochenen Arm fest
- Sachschaden am Bus

Auch die Inhaltsangabe ist eine besondere Form des informativen Textes.

Inhaltsangabe

Eine Inhaltsangabe informiert über den **Inhalt eines Textes**. Ähnlich wie ein Bericht muss auch eine Inhaltsangabe die **W-Fragen** (*Wer? Was? Wann? Wo? Wie?*) beantworten. Zusätzlich gibt sie noch einige Informationen über den Text und den Verfasser.

Merke dir!

- In die **Einleitung** einer jeden Inhaltsangabe gehören Informationen über …
  - die **Textsorte** (z. B. Kurzgeschichte oder Gedicht),
  - den **Titel** des Textes und
  - den **Autor**.

  Zugleich gibst du einen **Überblick über die Handlung**. Das ist die Antwort auf die **Was-Frage**. (Evtl. werden dabei auch schon die ersten drei W-Fragen mit beantwortet: *Wer? Wo? Wann?*)
- Im Hauptteil informierst du über den **Ablauf des Geschehens**. Das ist die Antwort auf die **Wie-Frage**: *Wie kommt es dazu?*
- Runde deine Inhaltsangabe mit einem **zusammenfassenden Satz** ab. So kannst du am **Schluss** ein Ergebnis formulieren (z. B. indem du sagst, welches Ende die im Text dargestellte Handlung nimmt).
- Schreibe **nüchtern**, **sachlich** und **knapp**. Wörtliche Rede gehört nicht in eine Inhaltsangabe.
- Schreibe im **Präsens**. Bei Vorzeitigkeit verwendest du das **Perfekt**.

Tipp: Wenn du in der Inhaltsangabe darstellen willst, was eine Person gesagt hat, verwendest du die indirekte Rede.

Übung 10 Verfasse eine Inhaltsangabe zu der Erzählung „Der Zirkus brennt" von Joseph Ratzinger (→ Heft).

Joseph Ratzinger: Der Zirkus brennt

1 Ein Reisezirkus in Dänemark war in Brand geraten. Der Direktor schickte den Clown, der schon zur Vorstellung gerüstet war, in das benachbarte Dorf, um Hilfe zu holen, zumal die Gefahr bestand, dass über die abgeernteten, ausgetrockneten Felder das Feuer auch auf das Dorf übergreifen würde. Der Clown
5 eilte in das Dorf und bat die Bewohner, sie möchten eiligst zu dem brennenden Zirkus kommen und löschen helfen. Aber die Dörfler hielten das Geschrei des Clowns lediglich für einen ausgezeichneten Werbetrick, um sie möglichst zahlreich in die Vorstellung zu locken; sie applaudierten und lachten Tränen. Dem Clown war mehr zum Weinen als zum Lachen zumute; er versuchte vergebens,
10 die Menschen zu beschwören, ihnen klarzumachen, dies sei keine Verstellung, kein Trick, es sei bitterer Ernst, es brenne wirklich. Sein Flehen steigerte nur das Gelächter, man fand, er spiele seine Rolle ausgezeichnet, bis schließlich in der Tat das Feuer auf das Dorf übergriff und jede Hilfe zu spät kam […].

Quelle: Joseph Ratzinger: Der Zirkus brennt. In: Ders.: Einführung in das Christentum. Vorlesungen über das apostolische Glaubensbekenntnis, 7. Auflage, Kösel Verlag, München 1968.

Einen argumentativen Text verfassen

Argumentieren spielt in deinem täglichen Leben eine wichtige Rolle. Wenn du deine Eltern davon überzeugen willst, dass dein Taschengeld erhöht werden sollte, oder wenn in der Klasse über das Ziel einer Klassenfahrt entschieden wird, werden Argumente ausgetauscht, um dem anderen die eigene Meinung darzulegen.

Ziel einer **schriftlichen Stellungnahme** ist es, den Leser von der **eigenen Meinung** zu einem Thema zu überzeugen. Um dieses Ziel zu erreichen, muss man **überzeugende Argumente** anführen.

Merke dir!

> Gute Argumente sind das A und O eines argumentativen Textes. Man unterscheidet zwischen **Pro- und Kontra-Argumenten**. Pro-Argumente unterstützen eine Meinung, während Kontra-Argumente ihr widersprechen.
>
> Jedes Argument besteht aus zwei Teilen:
> 1. einer **These/Behauptung** und
> 2. einer **Begründung**.
>
> Die Begründung ist immer dann überzeugend, wenn sie ausführlich ist und keine Fragen offen lässt. Du solltest auch versuchen, ein passendes **Beispiel** anzuführen, um deine Aussagen zu veranschaulichen.
> Achte außerdem darauf, dass du dich **sachlich** ausdrückst.

Beispiel:
Ist es richtig, wenn Schüler am Nachmittag einen Nebenjob annehmen?
Zu dieser Frage könnte ein **Pro-Argument** so aussehen:

These / Behauptung	Es ist für Schüler vorteilhaft, wenn sie nachmittags einen Nebenjob annehmen.
Begründung Veranschaulichung durch **Beispiele** und weitere Erläuterungen zur Begründung	Denn so verdienen sie eigenes Geld. Wenn sie sich davon hin und wieder etwas Neues kaufen, z. B. ein Kleidungsstück oder eine CD, dann können sie sich nicht nur über ihre Einkäufe freuen, sondern auch voller Stolz sagen: „Das habe ich mir erarbeitet!" Jugendliche, die kein eigenes Geld verdienen, kennen dieses Gefühl nicht.

Tipp: Wenn dir kein **passendes Beispiel** einfällt, um die Begründung in einem Argument zu veranschaulichen, kannst du dir auch eines **ausdenken**. Vielleicht gehst du einfach von dir selbst aus, z. B.: *Ich würde mir gern durch einen Nebenjob ein wenig Geld verdienen. Das würde ich sparen, um mir davon später meinen Führerschein zu finanzieren.*

Basiswissen – Schreiben

Merke dir!

Eine **Stellungnahme** hat folgenden Aufbau:
- In der **Einleitung** …
  - nennst du das **Thema**, zu dem du deine Stellungnahme verfasst. Dabei kannst du auf die Aktualität und Bedeutung des Themas eingehen oder auch eine Definition oder persönliche Erfahrung zum Thema voranstellen. Wecke die Aufmerksamkeit des Lesers!
  - machst du außerdem direkt deutlich, welche **Meinung** (Pro- oder Kontraseite) du zu dem Thema vertrittst.
- Im **Hauptteil** führst du zwei oder drei **überzeugende Argumente** aus, die du anschaulich mit Beispielen untermauern musst. Überlege dir die Reihenfolge deiner Argumente genau. Es kann z. B. besonders wirksam sein, das überzeugendste Argument als Letztes zu nennen.
- Am **Schluss** bekräftigst du noch einmal deine Meinung. Formuliere ein **Fazit**. Du kannst auch eine Forderung erheben, die sich aus deiner Argumentation ergibt, einen Ausblick geben oder einen Appell an die Leser richten.

Tipp: Es kann geschickt sein, den Hauptteil mit einem **Gegenargument** zu beginnen: Sage zunächst, dass man zu dem Thema auch eine andere Meinung vertreten kann als du *(Zwar …)*. Anschließend führst du deine Argumente aus *(Aber …)*. So wirkt deine Stellungnahme besonders überzeugend.

Jetzt lernst du eine **argumentative Schreibaufgabe** kennen, wie sie dir in der Vergleichsarbeit begegnen kann. Die folgenden Übungsaufgaben helfen dir, die Schreibaufgabe schrittweise zu bearbeiten. Später kannst du die **acht Schritte zum gelungenen Text** (vgl. S. 55) – mit leichten Anpassungen – auf alle anderen argumentativen Schreibaufgaben übertragen.

Schreibe eine Stellungnahme zu folgendem Thema (→ Heft):

Sind Anstandsregeln altmodisch oder zeitlos? In einigen Schulen wird „richtiges Benehmen" in speziellen Kursen an ein oder zwei Schultagen unterrichtet. An der Goethe-Schule wird ebenfalls darüber diskutiert, ob es in Zukunft an einem Schulvormittag einen Pflicht-Benimmkurs für alle achten Klassen geben soll. Die Schülervertretung bittet die Schüler um eine Stellungnahme, damit sie sich ein Meinungsbild verschaffen kann.

Basiswissen – Schreiben

1. Schritt: Das Thema erfassen

Übung 11   Bestimme das Thema. Stelle dir die Frage: *Worum geht es?*

Thema: _____

2. Schritt: Den Anlass, die Absicht und den Adressaten berücksichtigen

Übung 12   Nenne den Anlass, den Verfasser, den Adressaten (Leser) sowie die Schreibabsicht bzw. das Schreibziel.

Anlass: _____

Verfasser: _____

Adressat: _____

Schreibabsicht/-ziel: _____

3. Schritt: Argumente sammeln und ordnen

Übung 13   Erstelle immer eine Stoffsammlung bzw. Stoffordnung, bevor du mit dem Schreiben beginnst. Sammle deine Argumente in Form eines **Clusters**, einer **Mindmap** (vgl. S. 58) oder einer **Tabelle**. Bringe deine Stichworte anschließend in eine sinnvolle Reihenfolge, indem du sie nummerierst.

Tipp: In einer Tabelle lassen sich besonders gut gegensätzliche Argumente gegenüberstellen. Aber denke daran: In einer Stellungnahme musst du dich für eine Position entscheiden.

Pro-Argumente (für einen Pflicht-Benimmkurs)	Kontra-Argumente (gegen einen Pflicht-Benimmkurs)
• …	• …

4. Schritt: Die Textsorte beachten

Die Stellungnahme ist das argumentative „Grundgerüst". Wenn du eine Stellungnahme z. B. in Form eines Leserbriefs oder einer Reklamation verfassen sollst, musst du die Merkmale der jeweiligen Textsorte beachten. Einen Überblick über die wichtigsten Textsorten, die zum Schreiben einer Stellungnahme auffordern, findest du auf S. 72.

5. Schritt: Den Text klar und strukturiert aufbauen

Übung 14 Gliedere deine Stellungnahme in **Einleitung**, **Hauptteil** und **Schluss**. Bilde innerhalb des Hauptteils sinnvolle Absätze.
Folgende Sätze stammen aus der Stellungnahme eines Schülers. Ordne die Sätze der Einleitung (**E**), dem Hauptteil (**H**) oder dem Schluss (**S**) zu.

Auszug aus der Stellungnahme eines Schülers	E, H, S
Ich möchte abschließend noch einmal betonen, dass ich einen Pflicht-Benimmkurs für überflüssig halte. Denn ich denke, dass es wichtigere Dinge gibt, die wir in der Schule lernen sollten.	
Ein weiteres wichtiges Argument gegen einen Pflicht-Benimmkurs ist der Stundenausfall für den anderen Fachunterricht. Denn wenn wir an zwei Schulvormittagen keinen regulären Unterricht haben, fehlen diese Stunden im Halbjahr.	
Darüber hinaus darf nicht vergessen werden, dass die meisten von uns sich wirklich anständig benehmen können. Das wird daran deutlich, dass es nur wenige Beschwerden über unsere Klasse gibt.	
Sind Anstandsregeln altmodisch oder zeitlos? Diese Frage wird zurzeit an unserer Schule diskutiert.	

Übung 15 Gestalte selbst eines deiner Argumente aus und trage es in das folgende Schema ein:

These / Behauptung	
Begründung	
Veranschaulichung durch Beispiel(e)	

6. Schritt: Sprachlich vielfältig und genau gestalten

Ob deine Argumentation überzeugen kann, hängt auch davon ab, ob dein Text sprachlich gelungen ist oder nicht.

Merke dir!

- Es ist wichtig, **abwechslungsreich** zu formulieren, damit der Leser nicht das Interesse verliert, deiner Argumentation zu folgen.
- Ebenso wichtig ist es, die Argumente **treffend und genau** zu formulieren, um so zu überzeugen und Einwände zu vermeiden.
- Der Leser kann deinen Argumenten nur folgen, wenn du deine Sätze **sinnvoll und schlüssig** verknüpfst.

Tipp: Achte darauf, deine Argumente miteinander zu **verknüpfen**. Folgende Formulierungen helfen dir dabei: *Zunächst einmal ... Hinzu kommt, dass ... Darüber hinaus ... Nicht nur ..., sondern auch ... Als weiterer Grund ist ... zu nennen ... Im Übrigen sollte man nicht vergessen, dass ... Ein weiterer Vorteil/Nachteil ist ... Außerdem muss man einwenden, dass ... Dafür/dagegen spricht, dass...*

Zur besonderen **Betonung** von Argumenten kannst du folgende Formulierungen verwenden: *Ich möchte hervorheben, dass ... Besonders wichtig erscheint mir aber ... Man darf auch nicht übersehen, dass ... Weitaus wichtiger ist aber noch ... Entscheidend ist (jedoch) ...*

Übung 16

Pia aus der 8f hat eine Stellungnahme geschrieben. Sie hat einen Mitschüler gebeten, ihren Text zu korrigieren. Der Mitschüler hat problematische Passagen unterstrichen.
Prüfe den folgenden Auszug aus der Stellungnahme. Gegen welche der folgenden Regeln A bis E hat Pia hier jeweils besonders deutlich verstoßen?

A Verwende treffende Wörter und Formulierungen.
B Gestalte deinen Text sprachlich einheitlich. Vermische z. B. nicht Standardsprache und Umgangssprache.
C Schreibe abwechslungsreich: Vermeide Wortwiederholungen kurz hintereinander und achte darauf, dass der Satzbau wechselt.
D Verknüpfe deine Sätze sinnvoll und schlüssig.
E Vermeide Schachtelsätze.

(...) Zugegeben: Ein Kurs für <u>Benimmregeln</u> klingt sicher streng und altmodisch. Aber ohne <u>Benimmregeln</u>[1] benehmen sich viele oft <u>voll schräg</u>[2]. Das sollte sich ändern. Benimmregeln fördern einen besseren Umgang <u>untereinander</u>[3]. Wir lernen, uns besser zu verstehen und uns <u>einheitlich zu verhalten</u>[4].	Nr. 1: Nr. 2: Nr. 3: Nr. 4:

Es wäre doch z. B. schön, wenn man künftig keine Tür mehr an den Kopf geknallt⁵ bekäme, weil jeder rücksichtsvoll handelt und die Tür für die nachfolgende Person kurz aufhält.

Natürlich kann ich verstehen, dass einige behaupten, ein Kurs für Benimmregeln würde sich nicht sofort auf unsere Schulgemeinschaft auswirken. Denn Benimmregeln⁶ sind ja nur Regeln. Die nicht alle einhalten.⁷ Aber wie oft entsteht Streit, weil jemand bescheuert angemacht⁸ wird. Mit vernünftigen Anstandsregeln könnte man höflicher und rücksichtsvoller miteinander umgehen und auch die Aggression unter den Schülern würde sicher etwas zurückgehen, wenn wir mit der Zeit immer mehr darauf achten, die Regeln einzuhalten, auch wenn das nicht immer sofort klappen wird⁹.

Es käme meiner Meinung nach auf einen Versuch an, den man ausprobieren könnte, wenn man etwas unternehmen möchte, die Schulgemeinschaft zu verbessern¹⁰. (...)

Nr. 5: ___
Nr. 6: ___
Nr. 7: ___
Nr. 8: ___
Nr. 9: ___
Nr. 10: ___

7. Schritt: Die Schreibregeln beachten

Übung 17 Schreibe nun die Stellungnahme (→ Heft). Berücksichtige dabei deine Vorarbeiten. Achte auf einen korrekten Satzbau sowie die Einhaltung der Regeln zur Rechtschreibung, Zeichensetzung und Grammatik.

8. Schritt: Den Text überarbeiten

Überprüfe deinen Text, indem du ihn mindestens noch **zweimal** durchliest. Achte darauf, wo eine Formulierung **inhaltlich** oder **sprachlich** noch nicht ganz gelungen ist.

Denke daran: Du kannst andere nur überzeugen, wenn sie deinen **Gedankengang** wirklich nachvollziehen und verstehen können.

Basiswissen – Schreiben

Merke dir!

- Im ersten Lesedurchgang überprüfst du deinen Text noch einmal mit Blick auf deine **Argumente**:
  - Ist deine **Position** klar erkennbar?
  - Sind deine Argumente **vollständig** (These/Behauptung, Begründung, Beispiel)?
  - Sind deine Argumente **sinnvoll** miteinander **verknüpft**?
- Im zweiten Lesedurchgang überprüfst du die **formalen Aspekte**:
  - Hast du die Merkmale der **Textsorte** eingehalten?
  - Ist dein Text in **Absätze** gegliedert?
  - Hast du die **Rechtschreibung** und **Zeichensetzung** beachtet?
  - Ist dein **Satzbau** abwechslungsreich gestaltet?

Tipp: Vermeide bei Korrekturen unsaubere Streichungen. Benutze immer ein **Lineal**. Notiere größere Verbesserungen auf einem **extra Blatt** und **nummeriere** sie deutlich.

Übung 18

Auch Lars hat eine Stellungnahme zum Thema „Benimmregeln" geschrieben. Überarbeite die folgenden Sätze aus seiner Stellungnahme. Streiche Rechtschreibfehler und Ausdrucksmängel durch und korrigiere sie am Rand. Fehlende Kommas trägst du direkt in den Text ein.

(…) Zunächst möchte ich betonen, das aus meiner Sicht Viele Schüler einen Benimmkurs vertragen könnten. Denn heutzutage erlebt man es oft das Schüler kaum Rücksicht auf einander nehmen. Viele Schüler drengln sich zum Beispiel jeden Tag am Milchkiosk vor. Wenn man sie darauf anspricht reagieren sie gleich ziehmlich aggro. Ein Benimmkurs könnte zeigen, wie man sich freundlich höflich und rücksichtsvoll verhällt. Ausserdem käme man auf diese weise auch mit Mitschülern darüber ins Gespräch, in welchen Situationen wir uns an unserer Schule besser benehmen könnten. Deshalb bin ich grundsetzlich für einen Benimmkurs. (…)

Häufig wirst du in VERA 8 aufgefordert, eine Stellungnahme in Form einer bestimmten Textsorte zu schreiben. Hier findest du eine Übersicht über die wichtigsten Textsorten, die zum Schreiben einer Stellungnahme auffordern.

Vorrangiges Ziel/ Anliegen	Sprachliche Besonderheiten	Aufbau/formale Besonderheiten
Kommentar		
Mitteilung eines klaren Standpunktes Lesern gegenüber, in Printmedien, Internet etc.	ein Kommentar kann ernsthaft sein, angriffslustig, sachlich, emotional; er kann Wortspiele, Vergleiche, Gegensätze, Übertreibungen enthalten	**Einleitung:** Nennung des Themas und der eigenen Position **Hauptteil:** Ausführung der Argumente und Beispiele, ggf. Entkräftung von Gegenargumenten **Schluss:** kurzes Fazit, evtl. Wiederholung des wichtigsten Arguments
Leserbrief		
Mitteilung eines klaren Standpunktes in Briefform, adressiert an die Redaktion einer Zeitung/Zeitschrift etc.; der Autor möchte zu einem aktuellen Thema seine Meinung kundtun	Leserbriefe sind meist sachlich und neutral geschrieben, können aber auch angriffslustig und emotional verfasst sein	**Briefform:** Briefkopf (dein Name und deine Anschrift; darunter Anschrift des Empfängers), Datum, Betreffzeile, formale Anrede (Sehr geehrte xy-Redaktion), Grußformel und Unterschrift **Einleitung:** Formulierung des Anliegens/Themas **Hauptteil:** Darstellung der eigenen Position, Ausführung der Argumente **Schluss:** Fazit
Rezension		
kritische Besprechung z. B. eines Buches oder eines Films in Zeitung, Zeitschrift, Internet; die Rezension kann positiv oder negativ ausfallen; der Leser kann sich mithilfe der Rezension eine eigene Meinung über das Buch etc. bilden	beschreibende und wertende Sprache (treffende Adjektive)	**Einleitung:** kurze Vorstellung des Gegenstandes der Rezension **Hauptteil:** Ausführung der Argumente und Wertungen **Schluss:** Fazit mit oder ohne Seh-/Leseempfehlung
Formaler Brief		
Brief, in dem ein Anliegen, z. B. eine Bitte oder Beschwerde, vorgetragen wird; Adressat kann ein Unternehmen, die Schule etc. sein	höflich, sachlich, Standardsprache, appellativer oder neutraler Stil, abhängig vom jeweiligen Schreibziel	**Briefform** (siehe Leserbrief) **Einleitung:** Anlass des Schreibens nennen **Hauptteil:** Anliegen ausführlich erläutern **Schluss:** kurzes Fazit

Kompetenzbereich:
Sprache und Sprachgebrauch untersuchen

In diesem Kompetenzbereich wird dein **grammatisches Fachwissen**, aber auch deine **Ausdrucksfähigkeit** geprüft. Dafür musst du auf jeden Fall die nötigen Fachbegriffe beherrschen. Es geht um die „Bausteine" der Sprache, also um **Wörter**, **Satzglieder** und **Sätze**.
Du solltest in VERA 8 z. B. in der Lage sein, ...
- Wörter den entsprechenden Wortarten zuzuordnen.
- Wortformen zu erkennen und zu bilden.
- Sätze in ihre Bestandteile zu zerlegen und diese zu bestimmen.
- zwischen den verschiedenen Satzarten zu unterscheiden.

Es ist außerdem wichtig, dass du erkennst, wie Wörter, Satzglieder und Sätze in einem Text aufeinander bezogen sind, denn der Bezug zwischen ihnen ist entscheidend für den Sinn. Das folgende Kapitel hilft dir, diese Zusammenhänge zu durchschauen.

Wortarten erkennen

Die Wörter der deutschen Sprache werden aufgrund ihrer Merkmale in Gruppen eingeteilt. Diese Gruppen werden als Wortarten bezeichnet.

Basiswissen – Sprache und Sprachgebrauch

Veränderbare (flektierbare) Wörter – eine Übersicht

Wortarten und ihre Aufgabe	Beispiele	Änderungen bei
Nomen (Hauptwörter) bezeichnen Personen oder Sachen (auch gedachte Personen oder Sachen).	*Tisch, Stuhl, Blume, Freude, Idee, Wut*	• **Singular** (Einzahl) – **Plural** (Mehrzahl): *der Freund – die Freunde; die Tür – die Türen* • **Kasus** (1. Fall Nominativ – 2. Fall Genitiv – 3. Fall Dativ – 4. Fall Akkusativ): *der Freund – des Freundes – dem Freund – den Freund*
Verben (Tätigkeitswörter) sagen, was jemand (oder etwas) tut. **Finite** Verbformen drücken die Kategorien Modus, Tempus und Genus sowie auch Person und Numerus aus. **Infinite** Verbformen drücken die Kategorien der Person und des Numerus nicht aus.	*lachen, schlafen, schreiben, liegen, ankommen, lieben, kommen*	• Mit einer **Personalendung** wird das Verb an das Subjekt (Person/Sache, die etwas tut) angepasst: *ich lache – du lachst – er lacht – wir lachen – ihr lacht – sie lachen* • **Tempora** (Zeitformen: Präsens – Präteritum – Perfekt – Plusquamperfekt – Futur I – Futur II): *wir lachen – wir lachten – wir haben gelacht – wir hatten gelacht – wir werden lachen – wir werden gelacht haben* • **Genus Verbi** (Aktiv – Passiv): *er liebt – er wird geliebt* • **Modus** (Indikativ – Konjunktiv I – Konjunktiv II – Imperativ): *sie kommt* („Tatsachenform") – *er sagte, sie komme* („Möglichkeitsform", bei indirekter Rede) – *sie käme / würde kommen* (wenn sie könnte, sie kann aber nicht: „Unmöglichkeitsform") – *komm!* („Befehlsform")
Adjektive (Wiewörter) sagen, **wie** jemand (oder etwas) ist oder wie jemand (oder etwas) handelt.	*groß, schlank, freundlich, zornig, hell, bunt, laut*	• **Steigerung** (Grundform / Positiv – Komparativ – Superlativ): *groß – größer – am größten* • **Geschlecht** (männlich – weiblich – sächlich): *ein großer Hut – eine große Frau – ein großes Haus* • **Kasus** (Nominativ – Genitiv – Dativ – Akkusativ): *der große Hut – des großen Hutes – dem großen Hut – den großen Hut*
Artikel (Begleiter) bestimmen das grammatische Geschlecht, sind **Begleiter** von Nomen.	bestimmt: *der, die, das* unbestimmt: *ein, eine*	• **Singular – Plural**: *der Mann – die Männer* • **Kasus** (Nominativ, Genitiv, Dativ, Akkusativ): *der Mann – des Mannes – dem Mann – den Mann* *ein Mann – eines Mannes – einem Mann – einen Mann*
Pronomen (Fürwörter) sind **Stellvertreter** oder **Begleiter** eines Nomens.	Personalpronomen: *ich, du, er, sie* Possessivpronomen: *mein, dein, sein* Demonstrativpronomen: *dieser, diese* Indefinitpronomen: *jemand, etwas, einige*	• **Singular – Plural**: *mein Hund – meine Hunde* • **Kasus** (Nominativ – Genitiv – Dativ – Akkusativ): *mein Sohn – meines Sohnes – meinem Sohn – meinen Sohn* *ich – meiner – mir – mich*
Zahlwörter sagen aus, **wie viel(e)** es von etwas gibt.	bestimmte Zahlwörter: *zwei, zehn, hundert* unbestimmte Zahlwörter: *viel, wenig, einige, alle, etwas* Ordnungszahlen: *erste, zweite, dritte*	• **Steigerung**: *wenig Geld – weniger Geld – am wenigsten Geld* • **Reihenfolge**: *zwei Männer – der zweite Mann*

Nicht veränderbare (unflektierbare) Wörter – eine Übersicht

Wortarten und ihre Aufgabe	Beispiele	Sie bleiben immer gleich, z. B. bei
Präpositionen (Verhältniswörter) sagen, **in welchem Verhältnis** zwei Sachen (oder Personen) zueinander stehen.	**örtlich:** *an, auf, in, aus, unter, über, neben, zwischen* Der Teppich liegt **auf** dem Boden. Der Besen steht **hinter** der Tür. **andere „Verhältnisse":** *bei, mit, für, gegen, ohne* Er kauft einen Ring **für** seine Freundin. Das Glück ist **auf** unserer Seite.	• Der Hund sitzt **vor** der Tür. • T kommt **vor** U. • Der Film beginnt kurz **vor** acht Uhr. • Der Unfall geschah **vor** drei Tagen. • Du solltest **vor** allem pünktlich sein. • Er sprach **vor** vielen Leuten.
Konjunktionen (Bindewörter) können **Wörter**, **Wortgruppen** oder **Sätze** miteinander verbinden. **Nebenordnende** Konjunktionen verbinden gleichrangige Wörter und Sätze. **Unterordnende** Konjunktionen leiten Nebensätze ein.	*aber, denn, jedoch, doch, oder, sondern, und* *als, dass, sodass, obwohl, sobald, bevor, trotzdem, während, weil, seit, wenn, nachdem*	• Ich hätte gerne Nudeln **oder** Pizza (Verbindung von Wörtern). • Er kam nach Hause **und** las die Zeitung (Verbindung von Satzgruppen). • Zur Party kamen viele Gäste, **denn** wir hatten allen Freunden Bescheid gesagt (Verbindung von Sätzen).
Adverbien (Umstandswörter) geben in einem Satz ergänzende Informationen, z. B. über den **Ort** (lokal): wo?, die **Zeit** (temporal): wann?, wie lange?, die **Art und Weise** (modal): wie?, **Grund** (kausal): warum?	**Ort:** *oben, unten, vorn, hinten, dort, hier* **Zeit:** *heute, gestern, abends, nachts, bald* **Art und Weise:** *gern, ungern, insgeheim, nebenbei, anstandslos* **Grund:** *deshalb, daher, nämlich, deswegen*	• Das Kind geht **hier** zur Schule. • Peter isst **abends** Pizza. • Ich habe mir den Film **gern** angesehen. • Der Film hat mir **deshalb** gut gefallen.
Partikel geben eine Art **ergänzenden Kommentar** (sie können z. B. verstärken, abschwächen oder verneinen).	*sehr, äußerst, ganz, sogar, einigermaßen, recht, nur, nicht, bloß, besonders, eben, ziemlich*	• Das ist aber **ziemlich** langweilig. • Wie konnte das **bloß** passieren? • Er hatte **sehr** viele Freunde gefunden. • Das war ein **sehr** schöner Abend.

Basiswissen – Sprache und Sprachgebrauch

Übung 1 Ergänze die Fachbegriffe aus dem Kasten. Wenn du unsicher bist, hilft dir die Übersicht auf S. 74/75.

> Adverbien – Präpositionen – Kasus – Tempus – Genus – Komparativ – Numerus – konjugieren – Modus – Superlativ – Pronomen – Konjunktionen – nebenordnende – unterordnende – Genus Verbi

- Nomen haben ein _____ (maskulin, feminin, neutral) und einen _____ (Singular, Plural). Im Satz stehen Nomen in einem bestimmten _____ (Nominativ, Genitiv, Dativ, Akkusativ).
- Verben lassen sich als einzige Wortart _____ (beugen) und nach _____ (Zeitform), _____ (Indikativ, Konjunktiv, Imperativ) und _____ (Aktiv, Passiv) verändern.
- Adjektive nennen Eigenschaften und Merkmale von Lebewesen, Dingen, Sachverhalten oder Vorgängen. Sie lassen sich von der Grundform aus in _____ und _____ steigern.
- _____ (Fürwörter) sind Stellvertreter oder Begleiter von Nomen. Mit ihrer Hilfe lassen sich Wiederholungen vermeiden und somit der sprachliche Ausdruck verbessern.
- Wörter oder Sätze werden häufig durch _____ (Bindewörter) miteinander verbunden. Man unterteilt diese noch einmal in _____ (verbinden gleichrangige Wörter oder Sätze) und _____ (leiten Nebensätze ein) Konjunktionen.
- Beziehungen und Verhältnisse zwischen Lebewesen, Gegenständen oder Sachverhalten werden durch _____ (Verhältniswörter) hergestellt. Manchmal verschmelzen sie mit dem Artikel (z. B. im = in dem).
- _____ zeigen in einem Satz an, unter welchen Umständen etwas geschieht, z. B. zu welcher Zeit oder an welchem Ort.

Übung 2 Jeweils drei Wörter in einer Reihe gehören zur selben Wortart, ein viertes hat sich „verirrt". Streiche es durch. Bestimme dann die Wortart.

Wortart	Beispielwörter
Nomen	~~segeln~~ – Fahne – Spaß – Wirklichkeit
	gründlich – leicht – vielleicht – lecker
	zwei – einige – etliche – meine
	mit – etwas – für – vom
	freundlich – setzen – rennen – malen
	ich – mein – eine – diese

Nomen

Nomen können in einem Satz unterschiedliche Formen haben. Sie können im **Singular** und im **Plural** stehen. Außerdem können sie vier verschiedene **Kasus** (Fälle) annehmen. Nomen kann man **deklinieren** (beugen).

Merke dir!
- Nomen können in vier verschiedenen **Kasus** stehen:
  - im **Nominativ:** wer oder was?
  - im **Genitiv:** wessen?
  - im **Dativ:** wem?
  - im **Akkusativ:** wen oder was?
- Nomen unterscheiden sich im **Genus:** Maskulinum/Femininum/Neutrum. Das Genus eines Nomens bestimmt man immer im Singular.
  Die Tische stehen schief. Tische → der Tisch → Maskulinum

Tipp: Innerhalb eines **Satzes** kann praktisch jedes Wort zu einem Nomen werden, wenn man es **wie ein Nomen verwendet**. Man nennt das **Nominalisierung**.
kochen → Das Kochen hat wirklich Spaß gemacht.

Übung 3 Trage die Nomen im richtigen Kasus in die Lücken ein.

a) Julia bringt _____ (*ihre Freundin*) Pia die vergessene Tasche nur, damit sie _____ (*Pia Bruder*) wiedersehen kann.

b) Sie bringt _____ (*der Bruder*) sogar ein kleines Geschenk mit, denn sie hat sich etwas in ihn verliebt.

c) _____ (*der Bruder*) interessiert Julias Besuch aber leider nicht.

d) Julia ist das egal. Wegen _____ (*dieser Flegel*) wird sie sich keine Gedanken mehr machen.

Übung 4 Bestimme die unterstrichenen Nomen nach Kasus, Numerus und Genus. Verwende die Fachbegriffe.

Thea will eine Fahrradtour machen und dem neuen Mitschüler einen Besuch abstatten. Dafür leiht sie sich das Rennrad der Nachbarn aus.

Thea: _____

Fahrradtour: _____

Mitschüler: _____

Besuch: _____

Rennrad: _____

Nachbarn: _____

Verben

Verben drücken eine Tätigkeit, ein Geschehen oder einen Zustand aus. Hauptaufgabe des Verbs ist es, das **Prädikat** eines Satzes zu bilden.

Merke dir!

- Es gibt **starke** und **schwache Verben**. Starke Verben wechseln den Stammvokal: s*i*ngen – s*a*ng – ges*u*ngen; tr*e*ffen – tr*a*f – getr*o*ffen
  Bei schwachen Verben bleibt der Stammvokal immer gleich:
  l*ie*ben – l*ie*bte – gel*ie*bt; gl*au*ben – m*a*chen – gem*a*cht
- Es gibt **trennbare Verben**, bei denen in bestimmten Zeitformen der erste Wortbaustein abgetrennt und ans **Satzende** geschoben wird:
  aufstehen → Ich *stehe* jeden Morgen um sieben Uhr *auf*.
  mitarbeiten → Wir *arbeiteten* an dem Projekt *mit*.
- **Hilfsverben:** haben, sein, werden
- **Modalverben:** dürfen, können, mögen, müssen, sollen, wollen

Tipp: Wenn du in einem Text die Verben unterstreichen oder herausschreiben sollst, darfst du nicht vergessen, den Wortteil, der ans **Satzende** gerutscht ist, mit zu unterstreichen bzw. herauszuschreiben.

Übung 5

Bestimme die Verben der folgenden Sätze. Trage die Verben zunächst in ihrer Grundform in die linke Spalte der Tabelle ein. Kreuze dann Zutreffendes an.

Ich will meiner Oma, die ich heute besuche, beim Kuchenbacken helfen. Oma weiht mich jedes Mal, wenn ich zu ihr komme, in ein neues Backrezept ein.

Verb in der Grundform	starkes Verb	schwaches Verb	trennbares Verb	Modalverb	Hilfsverb

Übung 6

Wähle aus den folgenden Verben **nur Modalverben** aus und setze sie in der richtigen Form in die Lücken ein. Verwende möglichst viele verschiedene Verben.

> dürfen – haben – können – mögen – müssen – sein – sollen – werden – wollen

Über unseren Turniersieg _____ wir uns wirklich freuen. Doch beim nächsten Spiel _____ wir nicht mehr so viele Gegentore kassieren. Wir _____ besonders bei den gegnerischen Angriffen aufpassen! Unser Team _____ jede Mannschaft besiegen, wenn wir wirklich gewinnen _____.

Die Tempora des Verbs

Verben können in einem Satz **sechs verschiedene Tempora** (Zeitformen) annehmen: Präsens, Perfekt, Präteritum, Plusquamperfekt, Futur I und Futur II. In welchem Tempus ein Verb steht, hängt davon ab, wann eine Handlung erfolgt und was ausgedrückt werden soll.

Merke dir!

- Das **Präsens** drückt in erster Linie etwas aus, das in der **Gegenwart** geschieht.
  Marias Freunde rufen.
- Das **Präteritum** drückt **Vergangenheit** aus: Eine Handlung ist bereits geschehen und abgeschlossen.
  Wir gewannen das Turnier.
- Das **Perfekt** (vollendete Gegenwart) drückt **Vorzeitigkeit** in Bezug auf das **Präsens** aus.
  Wir gehen jetzt nach draußen, der Regen hat aufgehört.
- Das **Plusquamperfekt** (vollendete Vergangenheit) drückt **Vorzeitigkeit** in Bezug auf das **Präteritum** aus.
  Wir gingen nach draußen, nachdem der Regen aufgehört hatte.
- Das **Futur I** drückt aus, dass eine Handlung in der **Zukunft** geschieht.
  Ich werde Montag in Urlaub fahren.
- Das **Futur II** drückt eine Art **Erwartung** oder **Vermutung** aus: Man vermutet, dass etwas in der Zwischenzeit **geschehen sein wird**.
  Mein Cousin wird sich über das Geschenk gefreut haben.

Tipp: Orientiere dich bezüglich der zusammengesetzten Tempora an den Hilfsverben: Beim Perfekt steht das Hilfsverb im Präsens (z. B. **hat** *gelesen*), beim Plusquamperfekt steht es im Präteritum (z. B. **hatte** *verloren*).

Übung 7 Bestimme die Tempora in den folgenden Sätzen.

	Tempus
Manch einer ist dümmer, als die Polizei erlaubt.	
Ein etwas unprofessioneller Dieb war in eine Villa in Minnesota/USA eingebrochen.	
Auf ihn wartet nun eine Haftstrafe von bis zu zehn Jahren.	
Er hatte sich bei seinem Einbruch über den PC des Eigentümers in Facebook eingeloggt, dann aber vergessen, sich wieder auszuloggen.	
Per Facebook schrieb der Bestohlene den Dieb an und forderte ihn zur Rückgabe des Diebesguts auf.	
Bei seiner Rückkehr in die Villa wurde der Einbrecher von der Polizei verhaftet.	
Auf Facebook wird er in Zukunft wohl verzichten müssen.	
Auch nach zehn Jahren Haft wird der Dieb seinen Ärger über so viel eigene Dummheit wohl nicht verschmerzt haben.	

Basiswissen – Sprache und Sprachgebrauch

Übung 8 Füge die Verben in Klammern im richtigen Tempus in die Lücken ein.

a) Heute war ein wichtiger Tag. Denn heute _____ das Fußballturnier gegen den 1. FC Ebershagen, unseren stärksten Konkurrenten, _____. *(stattfinden)*.

b) Die ganze Mannschaft _____ sich bereits wochenlang auf das Fußballspiel _____ *(freuen)*.

c) Das Spiel _____ *(beginnen)* pünktlich um 15.00 Uhr, nachdem wir uns bereits eine halbe Stunde aufgewärmt hatten.

d) Bei Spielanpfiff _____ *(sein)* ich immer sehr nervös.

e) Nachdem der Gegner das Führungstor _____ *(schießen)*, wurde ich noch nervöser.

f) Unser Trainer _____ jedoch keinen Moment den Glauben an den Sieg *(verlieren)*.

g) In der zweiten Halbzeit _____ sich endlich das Spiel. Wir _____ drei Tore und _____ *(wenden, schießen, gewinnen)*.

h) Im nächsten Spiel _____ wir genauso _____, sodass wir am Ende der Saison nicht _____ *(kämpfen, absteigen)*.

Übung 9 Welches Zeitverhältnis wird in folgenden Sätzen deutlich: Vergangenes (**V**), Gegenwärtiges (**G**) oder Zukünftiges (**Z**)? Kreuze an.

	V	G	Z
a) Es ist ganz schön spät.	☐	☐	☐
b) Mein Vater wird mir sicher schon eine SMS geschickt haben.	☐	☐	☐
c) Aber das Konzert war toll!	☐	☐	☐
d) Auch in zehn Jahren werde ich diesen Abend nicht vergessen haben.	☐	☐	☐
e) Julia wird ihre Absage bereuen.	☐	☐	☐
f) Zum nächsten Konzert kommt sie ganz sicher mit.	☐	☐	☐

Adjektive

Adjektive bezeichnen **Eigenschaften**. Sie können in einem Satz unterschiedliche Aufgaben erfüllen.

Merke dir!

- Adjektive können in einem Satz verschiedene **Funktionen** haben:
  - Als **Attribut** steht ein Adjektiv direkt vor dem zugehörigen Nomen. Es drückt aus, welche Eigenschaft einer Person oder Sache zugeschrieben wird:
    der *kleine* Junge – das *alte* Haus – die *schöne* Kuh
  - Zusammen mit dem Hilfsverb *sein* kann es **Teil des Prädikats** sein. Es drückt dann aus, wie eine Person oder Sache ist:
    Der Junge *ist klein*. – Das Haus *ist alt*. – Die Kuh *ist schön*.
  - Als **Adverb** bezieht es sich auf ein Verb. Es drückt dann aus, wie etwas getan wird oder geschieht:
    Der Junge *ruft laut*. – Das Haus *steht schief*. – Die Kuh *grast gemütlich*.
- Adjektive kann man steigern. Es gibt zwei Steigerungsformen: den **Komparativ** und den **Superlativ**. Die Grundform heißt **Positiv**.
  Niko ist *groß*. (Positiv) – Tim ist *größer* als Niko. (Komparativ) – Ben ist *am größten*. (Superlativ)

Übung 10

Unterstreiche in den folgenden Sätzen zunächst alle Adjektive.
Bestimme dann jeweils die Form des Adjektivs: Steht es im **Positiv**, im **Komparativ** oder im **Superlativ**?
Bestimme anschließend die Verwendungsweise: Wird es als **Attribut**, als **Prädikatsteil** oder als **Adverb** verwendet?

A. Manche Zufälle sind unglaublich.

B. Ein Einbrecher wollte ein älteres Ehepaar überfallen.

C. Der rüstige Rentner aber bemerkte den Einbrecher.

D. Der Hobbyboxer überrumpelte den frechen Verbrecher mit Leichtigkeit.

E. Er schlug ihn schneller zu Boden, als das ein Polizist geschafft hätte.

F. Als die Polizei eintraf, war sie ziemlich überrascht.

G. Der Beamte, der am lautesten lachte, nahm den Einbrecher fest.

	Form	Verwendungsweise
A		
B		
C		
D		
E		
F		
G		

Basiswissen – Sprache und Sprachgebrauch

Pronomen

Pronomen können **Begleiter** oder **Stellvertreter** sein. Einige Pronomen sind immer Stellvertreter. Andere Pronomen können Begleiter oder Stellvertreter sein. Außerdem gibt es Pronomen, die Begleiter und Stellvertreter sind.

Merke dir!

- Immer **Stellvertreter** sind ...
  - **Personalpronomen**
    Der Hund bellte. _Er_ (= der Hund) hatte den Postboten gehört.
  - **Relativpronomen**
    Ich kenne den Mann, _der_ (= der Mann) an der Bushaltestelle steht.
- **Stellvertreter oder Begleiter** sind ...
  - **Demonstrativpronomen**
    Begleiter: _dieser_ Junge, _jene_ Frau
    Stellvertreter: Ein Kunde beklagte sich über eine Verkäuferin. _Diese_ (= eine Verkäuferin) hatte ihn unfreundlich bedient.
  - **Indefinitpronomen**
    Begleiter: _einige_ Kinder, _viele_ Leute, _etwas_ Geld
    Stellvertreter: _Jugendliche bekommen ziemlich viel Taschengeld. Einige_ (= der Jugendlichen) verdienen sich nebenbei noch Geld dazu.
- **Stellvertreter und Begleiter** sind ...
  - **Possessivpronomen**
    Eva hat ein neues Auto. _Ihr_ (= Evas) Auto ist ein Elektroauto.

Tipp: Das Wort **das** kann auch stellvertretend für einen ganzen Satz stehen:
Du kommst spät. Das (gemeint: dass du spät kommst) ist schlecht.

Übung 11

Bestimme in den folgenden Sätzen die Pronomen.
Unterstreiche zunächst alle Pronomen und trage dann in die rechte Spalte ein, um welche Pronomen es sich handelt: Personalpronomen (**PP**), Relativpronomen (**RP**), Demonstrativpronomen (**DP**), Indefinitpronomen (**IP**) oder Possessivpronomen (**POP**). Gib außerdem an, ob es sich um einen Stellvertreter (**S**), Begleiter (**B**) oder beides (**S/B**) handelt.

	Pronomen	Begleiter/ Stellvertreter
Eva hat von ihren Eltern Geld zum Geburtstag geschenkt bekommen.		
Dieses Geld möchte sie für ein neues Kleidungsstück ausgeben.		
In der Stadt schaut sie sich einige Hosen an.		
Viele davon sind aber zu teuer, manche passen nicht.		
Ihre alte Hose sitzt eigentlich perfekt.		
Die Verkäuferin, die sie bedient, ist schon genervt.		
Doch sie versucht, freundlich zu bleiben.		

Basiswissen – Sprache und Sprachgebrauch

Präpositionen

Präpositionen, auch **Verhältniswörter** genannt, verbinden Wörter und Wortgruppen miteinander. Sie bezeichnen dabei ein lokales, temporales, modales oder kausales Verhältnis zwischen zwei Gegenständen, Personen oder Sachverhalten.

Merke dir!

- Man unterscheidet folgende Verhältnisse ...
  - **lokal** (räumliches Verhältnis): *auf den Baum, hinter dem Bus*
  - **temporal** (zeitliches Verhältnis): *bis nächste Woche, ab morgen*
  - **modal** (Art und Weise): *mit viel Aufwand, gegen den Willen von*
  - **kausal** (Grund): *wegen der Wärme, aus Angst*
- Präpositionen verlangen einen **bestimmten Kasus** für das Nomen, auf das sie sich beziehen.
  Gregor steht hinter dem Auto. (Präposition „hinter" verlangt den Dativ)

Tipp: Achte beim Gebrauch einer Präposition darauf, dass sie zum Nomen passt.

Übung 12 Füge in die Lücken eine passende Präposition aus dem Kasten ein. Passe den Kasus des zugehörigen Nomens und seines Begleiters an.

durch – mit – um – unter – von – während

a) Der Präsident wird _____ *(seine Minister)* begleitet.

b) Einen Bäcker finden Sie gleich hier _____ *(die Ecke)*.

c) Der Ball ist _____ *(der Tisch)* gerollt.

d) _____ *(der Regen)* bleiben wir im Haus.

e) Gerda, warum schaust du _____ *(das Schlüsselloch)*?

f) Herr Bergmann geht schon wieder _____ *(seine Frau)* ins Kino.

Übung 13 a) Erkläre den folgenden Hinweis aus einem Grammatikbuch:

durch, Präp. mit Akk.

_____

_____

b) Formuliere einen kurzen Satz mit der Präposition „durch". Wende dabei die Vorgabe aus dem Grammatikbuch an.

_____

_____

Satzglieder bestimmen

Um den Aufbau eines Satzes genauer zu untersuchen, muss man seine Satzglieder näher bestimmen. Man unterscheidet vier Satzglieder: **Subjekt**, **Prädikat**, **Objekt** und **adverbiale Bestimmung** (auch **Adverbial** genannt). Ein vollständiger Satz besteht mindestens aus einem Subjekt und einem Prädikat.

Merke dir!

- **Subjekt:** Das Subjekt ist der „Täter" im Satz, also die Person oder Sache, die **handelt**. Das Subjekt steht immer im Nominativ.
  Tim legt das Spiel ins Regal. – Wer oder was legt das Spiel ins Regal? Tim

- **Prädikat:** Das Prädikat nennt die **Handlung**. Es besteht aus einem oder mehreren **Verben**. Das finite (gebeugte) Verb steht in der Regel an zweiter Satzgliedstelle.
  Jenny isst Kuchen. – Was tut Jenny? Sie isst Kuchen.

- **Objekt:** Das Objekt bezeichnet die Person oder Sache, mit der etwas **geschieht**.
  - **Genitivobjekt:** Kommt im Deutschen nur noch selten vor.
    Das ist das Auto meines Bruders. – Wessen Auto ist das? Das Auto meines Bruders.
  - **Dativobjekt:** *Can hat Pia buntes Papier geschenkt. – Wem hat Can buntes Papier geschenkt? Pia*
  - **Akkusativobjekt:** *Can hat Pia buntes Papier geschenkt. – Wen oder was hat Can Pia geschenkt? Can hat Pia buntes Papier geschenkt.*
  - **Präpositionalobjekt:** Ein Präpositionalobjekt ist immer mit einer Präposition verbunden. *Pia möchte mit Can Papierdrachen basteln. – Mit wem möchte Pia Papierdrachen basteln? Mit Can.*

- **Adverbiale Bestimmungen:** Adverbiale Bestimmungen geben zusätzliche Auskünfte, und zwar über …
  - den **Ort** (Lokaladverbial): Wo? Wohin? Woher?
    Der Bus fährt nach Köln. – Wohin fährt der Bus? Nach Köln.
  - die **Zeit** (Temporaladverbial): Wann? Seit wann? Bis wann? Wie lange?
    Sarah lebt seit zwei Jahren in Hamburg. – Seit wann lebt Sarah in Hamburg? Seit zwei Jahren.
  - die **Art und Weise** (Modaladverbial): Wie?
    Eva lief laut lachend los. – Wie lief Eva los? Laut lachend.
  - den **Grund** (Kausaladverbial): Warum?
    Wegen des schlechten Wetters fällt die Schule aus. – Warum fällt die Schule aus? Wegen des schlechen Wetters.
  - den **Zweck** (Finaladverbial): Wozu? Zu welchem Zweck?
    Zum Geburtstag wollte er etwas Besonderes schenken. – Wozu/zu welchem Zweck wollte er etwas Besonderes schenken? Zum Geburtstag.
  - die **Bedingung** (Konditionaladverbial): Unter welcher Bedingung?
    Hier kann man mit etwas Glück toll einkaufen. – Unter welcher Bedingung kann man hier toll einkaufen? Mit etwas Glück.

Tipp: Mithilfe der **Umstellprobe** kannst du die einzelnen Satzglieder ermitteln. Bilde aus dem vorhandenen Satz neue Sätze, indem du die Teile des Satzes umstellst. Die Wörter, die auch bei der Umstellung **zusammenbleiben müssen**, gehören zu einem Satzglied.

Die Zwillinge Simon und Lena feiern heute ihren Geburtstag.
→ *Heute / feiern / die Zwillinge Simon und Lena / ihren Geburtstag.*
→ *Ihren Geburtstag / feiern / heute / die Zwillinge Simon und Lena.*

Übung 14 Bestimme die Satzglieder der beiden Beispielsätze. Ordne jedem Satzglied den passenden Buchstaben aus dem Kasten zu.

Buchstaben	Beispielsätze
	Die Geschwister Mira und Joscha
	fahren
	zum Aufbessern ihrer Spanischkenntnisse
	mit einer Jugendgruppe
	nach Spanien.

	Wegen ihrer guten Noten in den übrigen Fächern
	hatten
	die Eltern
	ihnen
	diese Fahrt
	erlaubt.

A Finaladverbial
B Kausaladverbial
C Dativobjekt
D Subjekt
E Prädikat
F Lokaladverbial
G Akkusativobjekt
H Präpositionalobjekt

Übung 15 Mira schreibt gleich nach der Ankunft am Urlaubsort ihrer besten Freundin in aller Eile eine kurze SMS. Forme diese SMS in einen Text, der aus ganzen Sätzen besteht, um. Dein Text soll folgende Satzglieder mindestens einmal enthalten:

- Subjekt
- Prädikat
- Dativobjekt
- Akkusativobjekt
- Präpositionalobjekt
- Lokaladverbial

Dafür kannst du den Text leicht verändern.

> Hi Luzie, war Stau, aber sind gut angekommen, Hotel super, netter Service, ein tolles Zimmer mit Joscha. Jetzt geht's zum Strand, chillen und baden. Melde mich morgen per Mail – liebe Grüße: Mira

Basiswissen – Sprache und Sprachgebrauch

_____
_____
_____
_____
_____
_____
_____
_____
_____
_____
_____

Übung 16   In dem folgenden Text gibt es fünf unvollständige Hauptsätze.

Der Hund rennt los, sprintet an seinem Herrchen vorbei, das Herrchen stürmt hinterher, greift nach der Leine, bekommt sie nicht zu fassen, wirft sich auf den Hund, erwischt ihn endlich am Schwanz. Sagt das Herrchen: „Für den Sprint gibt's eine Extrawurst!"

a) Welches Satzglied fehlt in den unvollständigen Hauptsätzen?

_____

b) Warum kann das fehlende Satzglied weggelassen werden?

_____
_____

c) Im letzten Satz des Textes weist der Satzbau des redeeinleitenden Satzes *(Sagt das Herrchen: ...)* eine Besonderheit auf. Welche?

_____

Übung 17   Unterstreiche in den folgenden Sätzen das Prädikat. Denke daran, dass Prädikate auch mehrteilig sein können.

a) Der Hund wird ab sofort immer angeleint.

b) Er wäre dem Herrchen beinahe entwischt.

c) Das Herrchen hätte bei der Verfolgung fast eine rote Ampel übersehen.

d) Hund und Herrchen sind nach dem Sprint völlig erschöpft.

e) Nach dem Sprint ist der Hund besonders hungrig gewesen.

f) Ohne Leine würde er sofort wieder loslaufen.

Sätze verbinden

Zwischen zwei aufeinanderfolgenden Sätzen gibt es in der Regel einen **Zusammenhang**. Diesen Zusammenhang kann man deutlich machen, indem man die Sätze durch eine **Konjunktion** oder ein **Konjunktionaladverb** verbindet.

Merke dir!

Folgende Zusammenhänge können durch eine Konjunktion oder ein Adverb angezeigt werden:

Zusammenhang	Fachbegriff	mögl. Konjunktionen	mögl. Adverbien
Aufzählung	additiv	*und*	*außerdem, auch*
Auswahl	alternativ	*oder*	–
Grund	kausal	*denn, weil, da*	*darum, deshalb, daher*
Einräumung	konzessiv	*obwohl, obgleich*	*trotzdem, allerdings*
Gegensatz	adversativ	*aber, doch, sondern*	*dennoch, doch*
Zeit	temporal	*als, nachdem, seit*	*dann, anschließend*
Ort	lokal	–	*da, dort, dorthin*
Bedingung	konditional	*(nur) wenn, falls*	*ansonsten, sonst*
Art und Weise	modal	*indem, dadurch dass*	*dadurch*
Zweck	final	*damit*	*dafür, deshalb*
Folge	konsekutiv	*dass, sodass*	*folglich, also, so*

Tipp: **Adverbien** erkennst du so: Wenn sie am Satzanfang stehen, folgt unmittelbar danach das gebeugte Verb. Sie können ihre Position im Satz aber auch verändern.

*Das Wetter war schlecht, **trotzdem** <u>wollten</u> die Schüler nicht auf den Ausflug verzichten.*

*Das Wetter war schlecht; die Schüler wollten **trotzdem** nicht auf den Ausflug verzichten.*

Übung 18

Verbinde die folgenden Satzpaare durch eine passende Konjunktion oder ein passendes Adverb. Ändere, wenn nötig, die Reihenfolge der Sätze.

a) Es war schon spät in der Nacht. Der Junge wollte den spannenden Krimi zu Ende sehen.

b) Du arbeitest im Unterricht eifrig mit. Du kannst dich über eine gute Note freuen.

c) Mein Taschengeld reicht nicht. Ich muss mir einen Nebenjob suchen.

d) Es hat in der Nacht stundenlang geregnet. Die Straßen sind alle überschwemmt.

e) Du hast hart trainiert. Du hast nur einen der letzten Plätze belegt.

Übung 19 Welcher Zusammenhang kommt jeweils durch die fett gedruckten Konjunktionen und Adverbien zum Ausdruck? Verwende die Fachbegriffe: temporal, kausal etc.

Auf den Hund gekommen

Als eine 40-jährige Frau aus Lübeck mit ihrem Auto nach Berlin fahren wollte, wunderte sie sich nicht schlecht: **Kaum** näherte sie sich ihrem Auto, **da** lief ihr plötzlich ein Labrador vor das Fahrzeug. **Sobald** sie die Fahrertür geöffnet hatte, sprang der Hund hinein und ließ sich auf dem Beifahrersitz nieder. **Obwohl** sich die Frau alle Mühe gab, ihn wieder nach draußen zu befördern, konnte sie ihn nicht vom Sitz vertreiben. **Weil** sie keine andere Möglichkeit sah, nahm sie das Tier mit auf die Fahrt nach Berlin. **Dort** wandte sie sich an die Polizei. Die Beamten benachrichtigten **folglich** die Besitzerin des Hundes, die sie durch das Kennzeichen auf der Hundemarke ausfindig machen konnten. **Nun** wurde schnell eine Lösung gefunden: Die Tochter des Frauchens, die in Berlin lebt, holte den Labrador **sofort** von der Polizeiwache ab und nahm ihn mit zu sich nach Hause. **Später** brachte sie den Hund zurück zu ihrer Mutter nach Norddeutschland.

Zusammenhang:

Satzreihe und Satzgefüge unterscheiden

Hauptsätze, die aufeinanderfolgen, bezeichnet man als **Satzreihe**. Haupt- und Nebensätze bilden **Satzgefüge**.

Merke dir!

Satzreihe
- Zwei oder mehrere **Hauptsätze**, die aufeinanderfolgen, bezeichnet man als Satzreihe: *Das Mädchen freut sich, der Junge lacht herzhaft.*
- Auch **Konjunktionen** können Hauptsätze zu einer Satzreihe verbinden: *Der Junge lacht herzhaft, denn das Mädchen freut sich über seinen Besuch.*
- Konjunktionen, die Hauptsätze miteinander verbinden, nennt man **nebenordnende** Konjunktionen.

Satzgefüge
- Ist ein **Hauptsatz mit einem Nebensatz** verbunden, handelt es sich um ein Satzgefüge. Nebensätze werden meist durch eine Konjunktion eingeleitet.
- Konjunktionen, die Haupt- und Nebensatz verbinden, nennt man **unterordnende** Konjunktionen. Im Nebensatz steht das gebeugte Verb am Ende des Satzes: *Der Junge lacht herzhaft, weil das Mädchen sich über seinen Besuch freut.*
- Ein Nebensatz kann am **Anfang**, in der **Mitte** oder am **Ende** eines Gesamtsatzes stehen und wird durch Komma vom Hauptsatz abgetrennt:
  Weil das Mädchen sich freut, lacht der Junge herzhaft.
  Der Junge lacht herzhaft, weil das Mädchen sich freut.
  Der Junge lacht, weil das Mädchen sich freut, herzhaft.

Tipp: Eine **Satzreihe** mit Konjunktion erkennst du so: Wenn du die Konjunktion entfernst, bleiben zwei vollständige Hauptsätze übrig. Die Reihenfolge der Wörter bleibt **unverändert**.
Tim streichelt seinen Hund gern, ~~denn~~ er hat ganz weiches Fell.

Wenn du bei einem **Satzgefüge** die Konjunktion entfernst, **ändert** sich die Reihenfolge der Wörter.
Yvi streichelt ihren Hund gern, weil er ganz weiches Fell hat. (HS + NS)
Yvi streichelt ihren Hund gern, ~~weil~~ er hat ganz weiches Fell. (HS + NS)

Übung 20 Unterstreiche alle gebeugten Verben und bestimme die Satzkonstruktion: Satzreihe oder Satzgefüge. Trage die Buchstaben passend in die Tabelle ein.

A. Die Jury von DSDS ist sehr kritisch, sie erkennt die Stärken und Schwächen der Teilnehmer sofort.

B. Für einige Teilnehmer ist der Traum schnell vorbei, weil sie bei den Zuschauern keine Begeisterung hervorrufen können.

C. Die Show geht weiter, viele Tränen werden noch fließen.

D. Obwohl alle Sänger sich weiterhin Hoffnung machen dürfen, gibt es bereits klare Favoriten.

E. Wenn der Sieger feststeht, erwartet ihn eine große Tournee.

F. Die anderen Teilnehmer stehen dann nicht mehr im Rampenlicht, sodass höchstens die Erinnerung bleibt.

	Hier Buchstaben eintragen ↓
Satzgefüge	
Satzreihe	

Übung 21 Füge folgende Sätze zu sinnvollen Satzreihen zusammen. Verwende dabei die folgenden nebenordnenden Konjunktionen: *und – denn – aber – oder – doch*. Setze jeweils das Komma und beachte die Groß- und Kleinschreibung.

Hauptsatz 1	**Hauptsatz 2**
Ich lerne aus der Vergangenheit.	Ich lebe in der Gegenwart.
Du kannst dein Leben lang träumen.	Du kannst deinen Traum leben.
Manchmal habe ich eine Lösung	Sie passt nicht immer zum Problem.
Das Leben schwerzunehmen ist leicht.	Das Leben leichtzunehmen ist schwer.
Es gibt kein Rezept für die Liebe.	Jeder verwendet unterschiedliche Zutaten.

Basiswissen – Sprache und Sprachgebrauch

Übung 22 Wandle die Satzreihen in sinnvolle Satzgefüge um. Wähle dazu aus den folgenden unterordnenden Konjunktionen die passende aus.

als – bis – da – damit – dass/sodass – indem – nachdem – obwohl – seitdem – sobald – während – weil – wenn

a) Das Anbellen von Personen muss man einem Hund abgewöhnen, aus dem niedlichen Jagdspiel des Welpen kann sich schnell Ernsteres entwickeln.

b) Die angebellte Person bekommt Angst und rennt los, aus dem Bellen kann sich nun eine ernstgemeinte Jagdszene entwickeln.

c) Das Herrchen schimpft mit dem Hund, der Hund versteht es als gemeinsames Bellen, es spornt ihn noch mehr an.

d) Das Kommando „Platz" hilft meist, es unterbricht sofort alle Unruhe.

Übung 23 Bestimme die Satzformen der folgenden Sätze. Trage die Buchstaben für die Satzformen in die rechte Spalte der Tabelle ein.

Satzformen	Beispielsätze	Buchstaben
A Hauptsatz B Satzreihe C Satzgefüge D unvollständiger Satz (ohne Subjekt und/oder Prädikat)	Der Hund springt aufgeregt durch den Park.	
	Hasso, hierher! Platz!	
	Obwohl der Hundebesitzer ihn immer wieder auffordert, bleibt der Hund nicht sitzen.	
	Einen Hund zu lieben ist einfach, einen Hund zu führen ist schwer.	

Basiswissen – Sprache und Sprachgebrauch

Relativsätze

Relativsätze sind eine besondere **Art von Nebensätzen**. Sie geben **nachträglich** Zusatzauskünfte über etwas (oder jemanden), von dem gerade die Rede gewesen ist. Ein Relativsatz beginnt mit einem **Relativpronomen** (*der, die, das; welcher, welche, welches*).

Merke dir!

- Relativsätze sind dem Hauptsatz **nachgestellt** oder in ihn **eingeschoben**.
  Du solltest das Kleid kaufen, das dir am besten gefällt.
  Du solltest das Kleid, das dir am besten gefällt, kaufen.

- Bei einigen Relativsätzen steht vor dem Relativpronomen eine **Präposition**.
  Wir klettern wieder auf den Berg, auf den wir schon letztes Jahr geklettert sind.

- Einige Relativsätze beginnen mit dem Pronomen **was**. Sie beziehen sich auf einen ganzen Satz zurück.
  Nora hatte im Mathetest eine Eins geschrieben, was sie sehr verwunderte.

Tipp: Wenn du Relativsätze klar erkennst, kannst du auch *das* und *dass* unterscheiden:

- Das Wort *das* ist in einem Relativsatz ein **Relativpronomen**. Es weist auf etwas Vorhergehendes **zurück**.
  *Kauf dir das Kleid, **das** dir am besten gefällt.*

- Das Wort *dass* ist eine **Konjunktion**. Sie leitet den nachfolgenden Nebensatz ein und weist daher stets **voraus**.
  *Lucie vergaß, **dass** sie pünktlich sein wollte.*

Übung 24

Füge die Sätze in Klammern an der mit * gekennzeichneten Stelle als Relativsatz in den Hauptsatz ein. Denke daran, die eingeschobenen Relativsätze vorne und hinten durch Kommas vom Hauptsatz abzutrennen.

a) Ängstliche Menschen * riechen für einen Hund nach jagdbarem Wild.
   (Sie stoßen das Hormon Adrenalin in hoher Konzentration aus.)

b) Natürlich sollte man einen Hund * niemals stören. *(Er frisst.)*

c) Denn eine Störung * kann er nicht kampflos hinnehmen. *(Er sieht sie als Angriff auf sein Futter.)*

_____

_____

_____

d) Am besten machen Menschen * einen weiten Bogen um Hunde. *(Sie haben Angst vor Hunden.)*

_____

_____

_____

Übung 25 Füge in den folgenden Sätzen entweder die Konjunktion *dass* oder das Relativpronomen *das* ein.
Unterstreiche anschließend den Satzteil, auf den sich das Relativpronomen bezieht.

Hinweis: Denke daran, dass ein Nebensatz auch am Anfang eines Satzgefüges stehen kann.

a) _____ Hunde aufgrund ihrer hohen Intelligenz und Treue ideale Helfer für Menschen mit körperlichen Behinderungen sein können, ist bekannt.

b) Das Beispiel, _____ den meisten bekannt sein dürfte, ist der Blindenhund.

c) Für körperlich behinderte Menschen ist es ein enormer Vorteil, _____ Assistenzhunde Türen, Schränke oder Schubladen öffnen können.

d) Das Zusammenleben mit einem Assistenzhund, _____ dem behinderten Menschen mehr Unabhängigkeit und Selbstständigkeit bietet, fördert aber auch das Kontakteknüpfen, weil es nicht selten vorkommt, _____ Menschen gerade über Hunde ins Gespräch kommen.

e) Gute Ausbilder sorgen dafür, _____ die Hunde das Aufgabenfeld, _____ sehr viele unterschiedliche Einzelaufgaben umfasst, am Ende der Ausbildung perfekt beherrschen. Denn in manchen Situationen kann dies sogar über Leben und Tod von Menschen entscheiden.

Basiswissen – Sprache und Sprachgebrauch

Aktiv und Passiv

Es gibt zwei Möglichkeiten über eine Handlung zu informieren: Mit dem **Aktiv** sagt man aus, was eine Person (oder Sache) **tut**. Mit dem **Passiv** sagt man aus, was mit einer Person (oder Sache) **getan wird**. Wenn die Aussage im Aktiv formuliert ist, ist die aktiv handelnde Person/Sache das Subjekt. Bei einer Aussage im Passiv ist die Person/Sache, mit der etwas passiert, das Subjekt. Man bezeichnet Aktiv und Passiv als **Genus Verbi**.

Merke dir!

- Das **Aktiv** ist gewissermaßen die „Normalform" einer Aussage:
  Das Geburtstagskind packt die Geschenke aus.

- Man bildet das **Passiv** mit dem konjugierten Hilfsverb **werden** und dem **Partizip Perfekt** des Vollverbs:
  Das Geschenk wird vom Geburtstagskind ausgepackt. (Präsens)
  Das Geschenk wurde vom Geburtstagskind ausgepackt. (Präteritum)
  Das Geschenk ist vom Geburtstagskind ausgepackt worden. (Perfekt)
  Das Geschenk war vom Geburtstagskind ausgepackt worden. (Plusquamperfekt)
  Das Geschenk wird vom Geburtstagskind ausgepackt werden. (Futur I)

- Ist die Aussage im **Aktiv** formuliert, ist die **handelnde Person** (oder Sache) das **Subjekt**. Bei einer Aussage im **Passiv** ist die Person (oder Sache), **mit der etwas passiert**, das **Subjekt**. Die handelnde Person (oder Sache) muss gar nicht mehr unbedingt erwähnt werden.
  Das Geburtstagskind zündet die Kerzen an.
  Die Kerzen werden (vom Geburtstagskind) angezündet.

- Bei der Umformung ins Passiv wird das **Akkusativobjekt** *(wen oder was?)* zum **Subjekt** des Passivsatzes *(wer oder was?)*. Das ehemalige Subjekt wird zum Objekt.
  Das Geburtstagskind kauft die Getränke. → Aktiv
     Subjekt   Akkusativobjekt

  Die Getränke werden vom Geburtstagskind gekauft. → Passiv
   Subjekt   Präpositionalobjekt

Tipp: Verwende das **Passiv nur gelegentlich**, denn es klingt umständlich und steif.

Übung 26

Welche der folgenden Sätze stehen im Aktiv bzw. im Passiv? Kreuze an.

                                                                                                Aktiv   Passiv

a) Leon mixt einen Fruchtcocktail aus Maracuja- und Ananassaft, Kokoscreme, Mangosirup, Sahne, Limette und Minze. ☐ ☐

b) Dazu schüttelt er zunächst alle Zutaten (ohne Limette) mit den Eiswürfeln im Shaker. ☐ ☐

c) Anschließend wird das Mixgetränk durch ein Sieb in ein Glas mit zerstoßenem Eis gegossen. ☐ ☐

d) Nun wird die Limette über dem Drink ausgepresst. ☐ ☐

e) Zum Schluss dekoriert Leon das Glas mit frischer Minze. ☐ ☐

f) Der Cocktail wird selbstverständlich mit Trinkhalm serviert. ☐ ☐

Übung 27

Formuliere den folgenden Text vom Aktiv ins Passiv um. Achte darauf, dass du die Tempusform der Verben nicht veränderst. Schreibe das Tempus jeweils in Klammern hinter den Satz. (→ Heft)

„Cock" und „tail" übersetzt man mit „Hahn" und „Schwanz". Später hat man deshalb die Wortschöpfung „Cocktail" häufig mit einem bunten Hahnenschwanz in Verbindung gebracht. William T. Boothby verwendete bereits 1891 ein entsprechendes Titelbild für sein Mix-Buch *American Bar-Tender* (siehe Bild links). Zur Herleitung des Namens haben Cocktail-Experten verschiedene Theorien aufgestellt. Ted Haigh vermutet zum Beispiel Folgendes: Die Menschen tranken früher den Cocktail immer morgens. Man hat dann die Wirkung des Getränks als besonders stark empfunden – wie den lauten morgendlichen Weckruf eines Hahns.

Tipp: Unterstreiche jeweils das Prädikat im Satz. Wenn du unsicher bist, wie die Tempusform ins Passiv umgewandelt wird, sieh dir den Merkkasten auf S. 94 noch einmal an.

Merke dir!

> Man unterscheidet **zwei Formen** des Passivs: das Vorgangspassiv und das Zustandspassiv.
> - Beim **Vorgangspassiv** steht die **Handlung** im Vordergrund. Es wird mit den konjugierten Formen von *werden* und dem **Partizip Perfekt des Vollverbs** gebildet.
>   *Es wird Kuchen gegessen.* → Vorgang
> - Das **Zustandspassiv** betont das **Ergebnis** und wird mit den konjugierten Formen von *sein* und dem **Partizip Perfekt des Vollverbs** gebildet.
>   *Der Kuchen ist gegessen.* → Zustand

Tipp: Um zu entscheiden, ob es sich um ein Vorgangs- oder Zustandspassiv handelt, musst du dir also das **Hilfsverb** anschauen.

Übung 28

Vorgangspassiv oder Zustandspassiv?
Kreuze an.

	Vorgangspassiv	Zustandspassiv
a) Die Geburtstagsfeier ist eröffnet.	☐	☐
b) Die Geschenke werden überreicht.	☐	☐
c) Die Cocktails sind gemixt.	☐	☐
d) Der Tisch wird abgeräumt.	☐	☐
e) Die Feier ist beendet.	☐	☐

Indikativ und Konjunktiv

Indikativ und Konjunktiv sind **Aussageweisen**, die anzeigen, wie sicher oder wahrscheinlich eine Aussage ist. Der Fachbegriff für die Aussageweise ist **Modus**. Der **Indikativ** ist die „Tatsachenform". Mit ihr drückt der Sprecher (oder Schreiber) aus, dass seine Äußerung als **Tatsache** verstanden werden soll. Den **Konjunktiv** verwendet man für Situationen, die nicht real, sondern nur möglich sind („Möglichkeitsform"). Den **Konjunktiv I** benutzt man vor allem in der **indirekten Rede**. Damit zeigt man, dass man die Worte einer **anderen Person** – von denen man nicht weiß, ob sie wahr sind oder nicht – wiedergibt. Wer den **Konjunktiv II** verwendet, sagt damit aus, dass das, was er sagt oder denkt, nur in seiner Vorstellung existiert (z. B. Wünsche).

Merke dir!

- Der **Indikativ** ist die „Normalform", die überwiegend benutzt wird.
  Max spielt heute Lotto.

- Den **Konjunktiv I** bildet man aus dem **Stamm des Infinitivs** und den **Endungen** *-e, -est, -e, -en, -et, -en.*
  Max sagt, er spiele heute Lotto.

- In der **indirekten Rede** werden die Zeitformen der Vergangenheit mit den Hilfsverben **haben** oder **sein** und dem **Partizip Perfekt** gebildet.
  Max sagte: „Ich habe gestern den Lottoschein abgegeben. Deshalb war ich erst später zu Hause."
  → Indirekte Rede: *Max sagte, er habe gestern den Lottoschein abgegeben. Deshalb sei er erst später zu Hause gewesen.*

- Oft wird eine Wiedergabe in indirekter Rede durch einen **Begleitsatz** eingeleitet, gefolgt von der Konjunktion *dass*. Hier **kann** man auf den Konjunktiv verzichten und den Indikativ verwenden. Denn durch den Begleitsatz und die Konjunktion *dass* ist klar, dass die Äußerung einer anderen Person wiedergegeben wird.
  Die Lottozentrale sagt, dass sich der Gewinner noch nicht gemeldet hat.

- Der **Konjunktiv II** wird vom **Präteritum** abgeleitet. Die Endungen lauten wieder: *-e, -est, -e, -en, -et, -en.*
  gehen → ging → ginge; Ich wünschte, sie ginge ein Stück mit mir.

- Starke Verben mit **Stammvokal a, o** oder **u** werden **umgelautet**, d. h., der Vokal wird im Konjunktiv II zum Umlaut.
  haben → (er) hatte → (er) hätte; heben → (sie) hob → (sie) höbe

Tipp: Ist eine Form des Konjunktivs I mit der des Indikativs Präsens identisch, verwendet man **ersatzweise** den Konjunktiv II. Und wenn die Form des Konjunktivs II mit der des Indikativs Präteritum identisch ist (oder wenn sie allzu ungewöhnlich klingt), verwendet man die Formulierung mit *würde*.

Die Jungen sagten, sie laufen schneller als die Mädchen.
(Konjunktiv I ist identisch mit Indikativ Präsens)

→ **Ersatzform:** *Die Jungen sagten, sie liefen schneller als die Mädchen.*
(Konjunktiv II ist identisch mit Indikativ Präteritum)

→ **Ersatzform mit *würde*:** *Die Jungen sagten, sie würden schneller laufen als die Mädchen.*

Basiswissen – Sprache und Sprachgebrauch

Übung 29 Welche Sätze stehen im Indikativ und welche im Konjunktiv? Kreuze an.

Indikativ Konjunktiv

a) Wer aufmerksam die Presse verfolgt, findet dort erstaunlich viele Meldungen von Menschen, denen ein Lottogewinn nichts als Unglück gebracht hat. ☐ ☐

b) Erst kürzlich stand ein ehemaliger Lottogewinner vor Gericht, der verschiedene Banken überfallen hatte. ☐ ☐

c) Er habe so vertuschen wollen, dass von seinem Lottogewinn nichts mehr übrig gewesen sei. ☐ ☐

d) Nach Experteneinschätzung seien achtzig Prozent aller Lottogewinner bereits nach zwei Jahren wieder bei Null oder hätten sogar Schulden. ☐ ☐

e) Viele Lottogewinner träumen davon, durch einen Lottogewinn ein sorgenfreies Leben zu haben. ☐ ☐

f) Aber bereits nach einer kurzen Zeit des Hochgefühls wünschen sich viele ihre alten Lebensumstände zurück. ☐ ☐

Übung 30 In den folgenden Sätzen der indirekten Rede werden durchgehend Begleitsätze mit *dass* verwendet. Forme die Sätze mithilfe des Konjunktiv I oder einer Ersatzform um.

a) Professionelle Lottoberater empfehlen, dass man bei einem Lottogewinn erst einmal in Ruhe nachdenken soll.

Professionelle Lottoberater empfehlen, man solle bei einem Lottgewinn erst einmal in Ruhe nachdenken.

b) Sie sagen, dass es bei jedem hohen Lottogewinn zunächst eine Betreuung von der Lottozentrale gibt.

___

c) Sie betonen, dass der hohe Gewinn die Menschen oft überfordert.

___

d) Sie beschreiben, dass einige der überraschten Sieger sofort in Jubel ausbrechen und andere bleich und stumm auf den nächsten Stuhl sinken.

___

e) Sie raten, dass man über den Gewinn zunächst besser schweigen soll, denn auf diese Weise werden Probleme mit Verwandten oder Freunden vermieden.

f) Sie sagen, dass es besser ist, wenn man den Gewinn kleinredet und nicht sofort die ganze Summe verrät.

Übung 31 Bilde aus den Vorgaben Sätze im Konjunktiv II. Denke daran, dass du vielleicht auch die *würde*-Ersatzform verwenden musst.

Was würde Tim tun, wenn er …

a) mehr Zeit hätte? → öfter ins Kino gehen

b) mehr Geld hätte? → eine Reise machen

c) das Abitur hätte? → ein Studium beginnen

d) Bundeskanzler wäre? → den amerikanischen Präsidenten kennenlernen

e) einen Wunsch frei hätte? → einen Tag mit einem Fußballstar verbringen

Was würdest du tun? Denke dir etwas aus.

Tim	Was würdest du tun?
Er ginge öfter ins Kino.	*Ich führe öfter an die Nordsee.*

Über Sprachgebrauch nachdenken

Sprache verändert sich im Laufe der Zeit. Es entstehen neue Wörter, vorhandene Wörter können neue Bedeutungen erhalten, manche Wörter veralten oder verschwinden ganz aus dem Sprachgebrauch.
Der **Gebrauch von Sprache** hängt immer auch mit der **Sprechabsicht** und dem **Adressaten** zusammen.

Merke dir!

Es gibt **unterschiedliche Varianten** der deutschen Sprache:

- **Standardsprache:** (auch: **Hochdeutsch**)
  - Sie wird in der Schule gelehrt und in Zeitungen und Büchern verwendet.
  - Vor allem im Schriftlichen orientiert man sich an der Standardsprache.
  - Ihre Regeln findet man in Wörterbüchern und Grammatiken.
- **Umgangssprache:**
  - Sie wird im Alltag benutzt, vor allem im mündlichen Sprachgebrauch.
  - Sie zeichnet sich durch Vereinfachungen aus, z. B. durch verkürzte Sätze.
  - Häufig werden auch andere Wörter verwendet (z. B. *Glotze* statt *Fernseher*).
- **Jugendsprache:**
  - Jugendsprache entfernt sich am meisten von der Standardsprache und verstärkt die Merkmale der Umgangssprache.
  - Neben dem mündlichen Gebrauch wird Jugendsprache auch in **speziellen** Medien bzw. Schriftformen (z. B. E-Mail, Chat) verwendet.
  - Kennzeichen sind Wortneuschöpfungen, Umdeutungen von Wörtern, Abkürzungen, Wortverschmelzungen, Symbolsprache (z. B. Emoticons) und die Verwendung von Anglizismen.
- **Fachsprache:**
  - Sie unterscheidet sich vor allem durch Fachausdrücke von der Standardsprache.
  - In bestimmten Fachbereichen, z. B. Rechtswissenschaften oder Medizin, wird die Standardsprache durch Fachbegriffe ergänzt (z. B. *Influenza* für *Grippe*)
  - Auch im Fachbereich Deutsch gibt es Fachbegriffe (z. B. *auktorialer Erzähler*).

Tipp: Es macht einen Unterschied, ob du dich **mündlich** oder **schriftlich** äußerst. Im Mündlichen kannst du Umgangssprache verwenden, im Schriftlichen solltest du in der Regel die Standardsprache wählen. Je nach Textart, Medium oder Situation musst du immer darüber nachdenken, welcher Sprachstil **angemessen** ist.

Basiswissen – Sprache und Sprachgebrauch

Übung 32 Sind die folgenden Sätze in Standardsprache (**S**) oder Umgangssprache (**U**) formuliert? Schreibe die jeweils passende Abkürzung auf die Linie.

a) Unser Ausflug in die Eishalle war wirklich hammertoll. _____

b) Nachdem wir uns zunächst noch etwas stolpernd auf dem Eis bewegt hatten, gewannen wir zunehmend an Sicherheit. _____

c) Natürlich flogen die Anfänger immer wieder auf die Nase. _____

d) Wir halfen uns aber gegenseitig und kümmerten uns sofort um gestürzte Mitschüler. _____

e) Der Ausflug war für unsere Klassengemeinschaft super. _____

f) Hat Spaß gemacht! _____

Im Beispielsatz f fehlt ein Satzglied. Welches? _____

Übung 33

Hey Hanna, voll krass hier beim Eislaufen. ☺ Fliegen alle auf die Nase LOL nur ich natürlich nich :P Lass uns ma zusammen hingehen! Eintritt ok. Tobi macht heut Party, sein B-Day. Haste schon Geschenk? Treffen da, wo sonst auch? Antworte schnell!!! LG + kiss Frieda

Die SMS-Nachricht weist typische Kennzeichen des mündlichen Sprachgebrauchs und der SMS-Sprache auf.

a) Nenne für folgende Merkmale jeweils ein Beispiel aus dem Text:

- Verschmelzung von zwei Wörtern:
  _____

- Verkürzung von Wörtern:
  _____

- Abkürzungen:
  _____

- Wörter aus dem Englischen/ Anglizismen:
  _____

b) Nenne zwei weitere Auffälligkeiten aus dem Text, die für die SMS-Sprache typisch sind.

_____

_____

Kompetenzbereich: Rechtschreibung

In diesem Kompetenzbereich wird die **Rechtschreibung** getestet. Dafür musst du auf jeden Fall die nötigen Regeln beherrschen. Vor allem diese Probleme machen vielen Schreibern zu schaffen:
- Groß- und Kleinschreibung
- Getrennt- und Zusammenschreibung
- Die Wörter *das* und *dass* richtig verwenden
- Fremdwörter richtig schreiben
- Kommasetzung

Wenn du einige **Grundregeln** beherrschst, halten sich die Probleme aber in Grenzen. Und für Zweifelsfälle gibt es neben dem Wörterbuch **Rechtschreibstrategien**, die dir helfen herauszufinden, wie ein Wort richtig geschrieben wird.

Groß- und Kleinschreibung

Merke dir!

> Großgeschrieben werden:
> - **Nomen**
>   *Haus, Fluss, Freude, Mut*
> - **Eigennamen**
>   *Johann Wolfgang von Goethe, Vereinigte Staaten von Amerika, Erster Weltkrieg*
> - **Satzanfänge**
>   *Heute tagte der Schülerrat.*
> - das Anredepronomen ***Sie*** in allen seinen Formen
>   *Lieber Herr Rot, vielen Dank für Ihren Besuch, ich hoffe, Sie bald wiederzusehen.*
> - **Nominalisierungen**
>   In einem Satz kann praktisch jedes Wort zu einem Nomen werden. Nominalisiert werden kann ein Wort, indem man einen typischen Nomenbegleiter voranstellt.
>   *das Lodern der Flammen, viel Gutes, etwas Geheimnisvolles, das A und O*

Tipp: Achte auf die typischen **Nomensignale**:

- **Nomenbegleiter:**
  - Artikel (z. B. *der Hund, ein Gebell, das Laufen, die Umstände*)
  - Pronomen (z. B. *mein Füller, dein Zuspätkommen, dieses Bügelbrett*)
  - Präpositionen (z. B. *bei Rot, mit Gefühl, am Morgen, zum Essen*)
  - unbestimmte Mengenangaben (z. B. *viel Schönes, etwas Blaues*)

- **Nomenendungen:**
  Wörter, die auf *-heit, -keit, -nis, -ung, -tum, -schaft, -ion* enden, sind immer Nomen.

Basiswissen – Rechtschreibung

Übung 1 Lina hatte einen Fahrradunfall in der Schule. Nun muss sie einen Unfallbericht schreiben. Bevor sie diesen abgibt, bittet sie dich, die Groß- und Kleinschreibung zu überprüfen und zu korrigieren.
Streiche falsche Wörter durch und verbessere auf der Linie darunter.

Unfallbericht

Als ich um 7.45 Uhr mit dem fahrrad auf den Parkplatz des Erich-Fried-Gym-

_____

nasiums einbog, kam mir dort ein Auto mit viel zu Hoher Geschwindigkeit

_____

entgegen. Der Fahrer hatte mein klingeln vermutlich nicht bemerkt. Aber ich

_____

hatte sein wildes hupen gehört. Ich versuchte auszuweichen, was mir zum

_____

glück gelang. Dabei geriet ich aber ins taumeln und stürzte mit dem Rad zu

_____

boden. Das Auto hielt nicht einmal an, sondern brauste davon. Ich konnte

_____

mir aber gut merken, dass auf der Motorhaube die Flagge der vereinigten

_____

Staaten von Amerika abgebildet war. Von Hinten konnte ich noch erkennen,

_____

dass an der Rückscheibe ein Bild der Musikgruppe „fettes Brot" klebte. Das

_____

Kennzeichen des wagens konnte ich mir leider nicht merken.

_____

Übung 2 In den folgenden Sätzen sind Lina abermals Fehler bei der Groß- und Kleinschreibung unterlaufen. Gib an, warum die unterstrichenen Wörter großgeschrieben werden müssen. Orientiere dich am Merkkasten auf S. 101.

a) Liebes Sekretariat! Ich möchte sie bitten, mir mitzuteilen, ob ihnen mein Unfallbericht ausreicht oder ob sie noch mehr Informationen benötigen.

_____

b) Das verfassen eines Unfallberichts ist nicht einfach, ich war mir beim schreiben manchmal unsicher, ob alles verständlich ist.

_____

c) An meiner früheren Schule, der erich-kästner-grundschule, musste ich noch zusätzlich ein Formular ausfüllen.

d) Wenn ich in den nächsten tagen nichts mehr von Ihnen höre, wird wohl alles seine richtigkeit haben.

Merke dir!

- Bezeichnungen für **Tageszeiten** und **Wochentage** werden ...
  - **großgeschrieben**, wenn es sich um **Nomen** handelt. Beachte auch hier die Nomensignale:
    der Montag, am Dienstagabend, eines Morgens, des Nachts, in der Früh
  - **kleingeschrieben**, wenn es sich um **Zeitadverbien** handelt.
    heute, morgen, gestern, nachmittags, nachts, mittwochs, freitagmorgens
- Bei **zweiteiligen Tageszeiten** schreibt man die Adverbien klein und die Nomen groß.
  heute Abend, morgen Nacht, gestern Vormittag, übermorgen Nachmittag

Tipp: Aus Nomen können Zeitadverbien werden. Erkennbar ist das an dem angehängten s: *Freitag → freitags, Nacht → nachts*

Übung 3 Überprüfe die Schreibweise der Tageszeiten und Wochentage und korrigiere die Fehler. Streiche falsche Wörter durch und schreibe sie in der korrekten Schreibweise auf die Linien.

a) Diesen sonntag wird niemand so schnell vergessen.

b) Der HKC hat gestern nachmittag das Unmögliche geschafft.

c) Seit gestern ist der HKC in der Kreisliga.

d) Nach dem späten Siegtor wurde den ganzen Abend gefeiert.

e) Und auch am Tag danach sprachen die Fans von Morgens bis Abends von dem Aufstieg.

f) Die Fußballfans werden jetzt noch lieber jeden sonntagnachmittag auf dem Fußballplatz stehen.

Basiswissen – Rechtschreibung

Übung 4

Track 5

Gehe so vor: Höre dir das Lückendiktat an und füge dabei die fehlenden Wörter in die Lücken ein. Du brauchst dich nicht zu beeilen: **Jeder Satz wird zweimal vorgelesen**, und danach werden **die Wörter**, die du in die Lücken eintragen musst, noch einmal langsam **wiederholt**.
Schreibe sauber! Achte darauf, dass man klar erkennt, ob du ein Wort klein- oder großgeschrieben hast und ob zwei aufeinanderfolgende Wörter zusammen- oder getrennt geschrieben sind. Unleserlich geschriebene Wörter gelten als Fehler!

Ihr Urlaub im Bayerischen Wald

Möchten _____ lieber _____ als _____ _____ Alltag entfliehen – in eine Welt voller Romantik und _____?

Dann könnte _____ das folgende Angebot gefallen: _____ Wochenendtrip von _____ bis _____ ins Hotel „_____" im _____.

Hier finden _____ von _____ bis _____ Gelegenheit zum _____ und _____. Liebliche Täler wechseln sich ab mit rauer, zerklüfteter Berglandschaft. Unser ganz besonderes Highlight: Besuchen _____ am _____ mit unserem _____ Reisebus kostenlos den _____, den 1 456 Meter hohen „König des _____".

Mit uns erleben _____ etwas _____! Dieses _____ _____ gilt bis _____.

Getrennt- und Zusammenschreibung

Es ist nicht immer leicht zu unterscheiden, ob man Wörter getrennt oder zusammenschreibt. Bestimmte Hinweise helfen dir zu erkennen, ob es sich im jeweiligen Fall um eine **Wortgruppe** handelt, die getrennt geschrieben wird, oder um eine **Zusammensetzung**, die zusammengeschrieben werden muss.

Merke dir!

- Folgende Verbindungen schreibt man in der Regel **getrennt**:
  - **Verb + Verb**
    Ich muss noch lesen üben. Du könntest mich ausreden lassen.
  - **Nomen + Verb**
    Wir gehen heute Schlittschuh laufen. Lieber würde ich jedoch Ski fahren.
  - **Adjektiv + Verb**
    Timo hat laut geschrien.

    Aber: Erhält die Verbindung eine neue **übertragene Bedeutung**, schreibt man sie zusammen.
    Er ist in der Straßenbahn schwarzgefahren. Tom hat sich krankgelacht.
  - **Verbindungen mit dem Hilfsverb *sein***
    Sie möchte allein sein. Ihre Freundin will für sie da sein.

  Achtung: Wird eine der oben genannten Verbindungen zu einem **Nomen**, schreibt man sie **groß** und **zusammen**.
  Das Lesenüben macht mir Spaß. – Das Schlittschuhlaufen hat mir gefallen, obwohl das Skifahren meine Lieblingssportart ist. – Das Alleinsein macht ihr nichts aus.

- Folgende Verbindungen schreibt man in der Regel **zusammen**:
  - **Nomen + Nomen**
    Haustür, Montagabend, Tischnachbar
  - **Nomen + Adjektiv**
    jahrelang, haushoch, rabenschwarz
  - **Partikel + Verb**
    ankommen, aushalten, einkaufen

Tipp: Oft erkennt man auch an der **Aussprache**, ob es sich um eine Wortgruppe oder eine Zusammensetzung handelt. Hier hilft dir die Betonungsprobe:

Gute Redner können auch vor einem großen Publikum frei sprechen.
Betonung liegt auf beiden Wörtern → getrennt

Wir müssen den Angeklagten freisprechen.
Betonung liegt nur auf dem ersten Wort → zusammen

Basiswissen – Rechtschreibung

Übung 5 Trage die richtige Rechtschreibung ein und ordne die entsprechende Regel mithilfe einer Pfeilverbindung zu.

A	Bei Vokabeltests kann ich noch so viel _____ *(Angst?haben)*, man sieht es mir beim Mogeln nicht an.	**a**	Werden Verbindungen zu einem Nomen, schreibt man sie zusammen und groß.
B	Mit einem guten Spickzettel in der Tasche werden mir die Tests nicht _____ *(schwer?fallen)*.	**b**	Verbindungen mit dem Verb „sein" schreibt man immer getrennt.
C	Das _____ *(auswendig?lernen)* von Vokabeln fällt mir leichter, als die Vokabeln richtig zu schreiben.	**c**	Verbindungen aus Nomen + Verb schreibt man in der Regel getrennt.
D	In wenigen Wochen wird der Prüfungsstress endlich _____ *(vorbei?sein)* und ich werde nach England fahren.	**d**	Treffen zwei Verben aufeinander, schreibt man in der Regel getrennt.
E	Dort muss ich die Wörter ja nicht _____ *(schreiben?können)*, sondern vor allem richtig aussprechen und verstehen.	**e**	Adjektiv + Verb schreibt man zusammen, wenn sie zusammen eine neue, übertragene Bedeutung erhalten.

Übung 6 Streiche die falsche Schreibweise durch.

a) Du wirkst gestresst. Du solltest *kürzertreten/kürzer treten*.

b) Wir müssen die Tische unbedingt *richtigstellen/richtig stellen*.

c) Eine Fußballtaktik lautet: Den Gegner einfach *kaltstellen/kalt stellen*.

d) Mir wird die nächste Klassenarbeit sicher *leichtfallen/leicht fallen*.

e) Ich lasse mich auf diesen Termin nicht *festnageln/fest nageln*.

f) Den Freistoß muss man einfach *kürzertreten/kürzer treten*.

g) Ich muss meine Aussage von gestern *richtigstellen/richtig stellen*.

Wie ist es richtig: *das* oder *dass*?

Ob du ***das*** oder ***dass*** schreiben musst, hängt davon ab, ob es sich um einen **Artikel**, ein **Pronomen** oder um eine **Konjunktion** handelt.

Merke dir!

- Das Wort *das* ist entweder ...
  - ein **Artikel**:
    das Mädchen, das schöne Haus, das Vergnügen
  - ein **Demonstrativpronomen**:
    Das ist das Feld, auf dem wir gespielt haben.
  - ein **Relativpronomen**:
    Das Haus, das dort hinten steht, gehört meinem Onkel.
- Das Wort *dass* ist immer eine **Konjunktion**, die einen Nebensatz einleitet:
  Ich denke, dass wir bei dem schönen Wetter heute grillen sollten.

Tipp: Führe im Zweifel die Ersatzprobe durch: Wenn du *das/dass* durch *dies(es)*, *jenes* oder *welches* ersetzen kannst, handelt es sich um einen Artikel oder ein Pronomen und du schreibst *das*. Lässt es sich nicht ersetzen, handelt es sich um die Konjunktion *dass*.

Übung 7

Führe die Ersatzprobe durch. Streiche jeweils das falsche *das/dass* und schreibe in die rechte Spalte das passende Ersatzwort.
Wenn es kein Ersatzwort gibt, entwertest du die Spalte mit /.

	Ersatzwort
Das/Dass Wochenende hat mir sehr gefallen.	
Ich fand es schön, *das/dass* wir zu Hause geblieben sind.	
So konnten wir mal wieder einen „Schmökertag" einlegen, *das/dass* hat richtig Spaß gemacht.	
Das/dass mir Tante Sofie neulich den neuen Fantasyroman geschenkt hat, war ein Glücksfall.	
Ich hatte nicht erwartet, *das/dass* der Roman so spannend ist.	
Das/dass Buch, *das/dass* sie mir zuletzt geschenkt hatte, war ziemlich langweilig.	
Aber *das/dass* habe ich ihr natürlich nicht gesagt.	

Übung 8

das oder *dass*? Setze die fehlenden Buchstaben ein.

Da__ Thema im Biologieunterricht ist da__ Blutkreislaufsystem. Der Lehrer möchte unbedingt, da__ die Schüler alles genau verstehen. Darum fragt er: „Wenn ich mich auf den Kopf stelle, strömt mir immer mehr Blut hinein. Aber wenn ich mich auf die Füße stelle, passiert da__ nicht. Was meint ihr denn, warum da__ so ist?" Eine Schülerin glaubt, da__ sie da__ erklären kann: „Da__ liegt daran, da__ Ihre Füße nicht hohl sind."

Die Auslautverhärtung

Man kann nicht immer hören, welcher Buchstabe am Schluss eines Wortes oder einer Silbe geschrieben werden muss. Das gilt insbesondere für die Konsonanten **b/p**, **d/t** und **g/k**. Am Wortende (oder am Silbenende) klingen nämlich auch die „weichen" Buchstaben b, d und g „hart", also wie p, t und k. Das nennt man **Auslautverhärtung**.

Im Zweifel solltest du das **Wort verlängern**. Beim Verlängern eines Wortes rutscht der letzte Buchstabe in der Regel an den Anfang einer neuen Silbe – und dann kann man hören, welchen Buchstaben man schreiben muss.

Merke dir!

Es gibt verschiedene Möglichkeiten, Wörter zu verlängern:
- Bei **Nomen** bildest du den **Plural**.
  Zwerg – Zwer/ge, Hand – Hän/de
- Bei **Adjektiven** bildest du den **Komparativ**.
  bunt – bun/ter, rund – run/der
- Bei **Verben** bildest du den **Infinitiv**.
  liegt – lie/gen, parkt – par/ken
  Bei Verben endet die Präsensform der 3. Person Singular immer mit einem t.
  Das **t** ist die **Personalendung** für die 3. Person Singular im Präsens.
  er liegt – sie rennt – der Vogel fliegt

Tipp: Wenn eine Verlängerung nicht möglich ist, solltest du nach einem anderen Wort aus derselben **Wortfamilie** suchen, in dem der „kritische" Konsonant am Anfang einer Silbe steht:
Mut – mu/tig, Wut – wü/tend

Übung 9

Weise nach, dass diese Wörter am Wortende richtig geschrieben sind. Bilde eine Wortform, in der der „kritische" Konsonant am Silbenanfang steht.

Beispiel: gelb → gel-**b**er. Hier hört man deutlich das „b" am Anfang der Silbe.

	Nachweis		Nachweis
(der) Held		(er) klagt	
rund		stark	
(der) Wind		(der) Bescheid	
schlank		(es) staubt	
(er) fand		mild	
(der) Halt		(das) Gelenk	
(das Auto) hupt		(der) Anzug	
(der) Weg		(es) bewegt (sich)	

Basiswissen – Rechtschreibung

Den s-Laut richtig schreiben

Für den s-Laut gibt es drei verschiedene Schreibweisen: **s**, **ss** und **ß**. Wie der s-Laut geschrieben wird, hängt davon ab, ob er stimmhaft (weich) oder stimmlos (scharf) klingt, und davon, ob der vorangehende Vokal lang oder kurz gesprochen wird.

Merke dir!

- Der **stimmhafte s-Laut** wird immer mit **einfachem s** geschrieben.
  Sahne, blasen, rasen, Bluse
- Für den **stimmlosen s-Laut** gibt es drei Schreibweisen:
  - mit **ss**, wenn der s-Laut auf einen **kurzen, betonten Vokal** folgt.
    Fluss, Pass, Kuss, Schuss
  - mit **ß**, wenn der s-Laut auf einen **langen, betonten Vokal** oder **Diphtong** (Doppellaut) folgt.
    Fuß, fleißig, grüßen, Straße
  - mit **s**, wenn der stimmlose s-Laut am **Wortende** mithilfe der Verlängerungsprobe stimmhaft wird (am Wortende klingt ein s-Laut immer stimmlos, deshalb musst du in einem solchen Fall immer die Verlängerungsprobe machen).
    Gras → Gräser, Glas → Gläser, Maus → Mäuse

Tipp: Beachte, dass das Suffix -nis im Singular immer mit einfachem s geschrieben wird. Nur in der Pluralform verdoppelt es sich:
Erlebnis → Erlebnisse, Verhältnis → Verhältnisse

Übung 10 Lies den folgenden Text. Prüfe jeweils, welcher Fall (A–F) vorliegt. Trage den oder die richtigen Buchstaben in die Kästchen hinter den Sätzen ein und ergänze die richtigen s-Laute in den Wörtern.

A. kurzer, betonter Vokal vor stimmlosem s-Laut
B. langer, betonter Vokal vor stimmlosem s-Laut
C. Diphtong (Doppellaut) vor stimmlosem s-Laut
D. Endung *-nis*
E. stimmhafter s-Laut
F. stimmloser s-Laut am Wortende, der nach Verlängerung stimmhaft wird

Parkour – Jäger im Großstadt-Dschungel

a) __ogenannte Traceure schlagen sich beim Trendsport Parkour akrobatisch durch den Gro__stadt-Dschungel. _____

b) Eigentlich ist Parkour nichts anderes als ein äu__erst anspruchsvoller Lauf durch Stadt und Natur. _____

c) Jedes anspruchsvolle Hinderni__ mu__ überwunden werden. _____

d) Flie__ende Bewegungen werden vom Sportler verlangt. _____

e) In einer städtischen Umgebung werden Pfützen, Bänke, Terra__en und Blumenbeete ebenso wie Mauern, Garagen und unter Umständen auch einmal ein Hochhau__ übersprungen und überklettert. _____

Basiswissen – Rechtschreibung

Übung 11 — Lies die Fortsetzung des Textes über „Parkour – Jäger im Großstadt-Dschungel" und setze die richtigen s-Laute in den Text ein.

Au___er geeigneten Sportschuhen an den Fü___en bedarf es keiner weiteren Ausrü___tung. Die Sportart kann überall, wo es Hinderni___e zu überwinden gibt, au___geführt werden. Wie bei vielen anderen Sportarten auch, gibt es gewi___e Grundtechniken, welche der Traceur erlernt und für sich perfektioniert. Mit zunehmendem Training entdecken die Traceure ihr eigenes Körpergefühl und verbe___ern ihre Technik. Sie wollen ihren Spa___, gehen aber keine unnötigen Ri___iken ein, schlie___lich geht es bei Parkour um Kontrolle, nicht um Wagni___. Bei Wettkämpfen werden kün___tliche Hinderni___e aufgestellt, die der Traceur möglichst schnell und flü___ig überwinden mu___.

Fremdwörter richtig schreiben

Als **Fremdwort** bezeichnet man ein aus einer fremden Sprache übernommenes Wort, das sich **nicht** bzw. nicht grundlegend der deutschen Sprache **angepasst** hat und daher oft auch weiterhin als fremd empfunden wird, z. B. *Toleranz, Chanson, Wellness.* Zahlreiche Fremdwörter haben in der deutschen Sprache ihren festen Platz. Bei der Rechtschreibung können sie Probleme bereiten, da sie häufig Buchstabenkombinationen enthalten, die in der deutschen Sprache so nicht vorkommen.

In den vergangenen Jahrzehnten sind insbesondere Fremdwörter aus dem Englischen (Anglizismen) in die deutsche Sprache eingeflossen, z. B. *Software, Popsong, Shop.*

Merke dir!

- Bei der Erkennung und richtigen Schreibweise von Fremdwörtern solltest du vor allem auf die **Vor- und Nachsilben** achten.
  - Häufige **Präfixe** sind: **de-, dis-, in-, kon-:** Demoskopie, demokratisch, Disharmonie, diszipliniert, Inventur, Institut, Konzentration, konservieren
  - Häufige **Suffixe** sind: **-ion, -iv, -ik:** Aktion, Fusion, Komparativ, inklusiv, Symptomatik, Synthetik
- In Fremdwörtern kommen oft die **Buchstabenkombinationen th, ph** oder **rh** vor, z. B. Orthografie, Sympathie, Metapher, Strophe, Rhythmus, Rhetorik.
- Ein Hinweis auf ein Fremdwort ist auch die Kombination **ch** am Wortanfang sowie der Buchstabe **y**, z. B. Chemie, Chamäleon, Syntax, Symbol.
- Viele Wörter, die ursprünglich mit *ph* geschrieben wurden, können heute mit *f* geschrieben werden, dies gilt insbesondere für *graph* und *phon*: Geographie – Geografie, Mikrophon – Mikrofon, Photograph – Fotograf.
- Einige Fremdwörter müssen aber auch weiterhin mit *ph* geschrieben werden: Alphabet, Strophe, Katastrophe
- Viele Fremdwörter sind mittlerweile **eingedeutscht,** d. h. in der Schreibweise dem Deutschen angeglichen. In diesen Fällen sind beide Schreibungen korrekt, z. B. Spaghetti – Spagetti, Ketchup – Ketschup, Portemonnaie – Portmonee.

Tipp: Wenn du dir bei der Schreibweise eines Fremdwortes unsicher bist, sieh im Wörterbuch nach.

Basiswissen – Rechtschreibung

Übung 12 Erkläre, woran die folgenden Fremdwörter erkennbar sind und trage die Präfixe, Suffixe oder auffälligen Buchstaben bzw. Buchstabenkombinationen in die rechte Spalte ein.

Fremdwort	Erkennungsmerkmal
Triumph	
Kaution	
Charakter	
Philosophie	
Konfirmation	
Atmosphäre	
Hymne	

Übung 13 Streiche die jeweils falschen Schreibweisen durch.

Dicktat	Diktat	Dicktaat
Gymnastick	Gümnastik	Gymnastik
Rehbellion	Rebelljon	Rebellion
Äquator	Äkuator	Äkwator
Antiquitet	Antiquität	Anthiquität
Ollympiade	Olümpiade	Olympiade
impulsiev	impulsiv	impulsiew

Übung 14 Folgende Fremdwörter sind inzwischen eingedeutscht und können auch anders geschrieben werden. Schreibe die Wörter nach der deutschen Schreibweise. Versuche, nach Gehör zu schreiben.

a) Joghurt: _____

b) Delphin: _____

c) Mayonnaise: _____

d) Panther: _____

e) Thunfisch: _____

Umlaute richtig schreiben

Die Vokale **a**, **o** und **u** sind umlautfähig, d. h., sie können in einem Wort zu **ä**, **ö** oder **ü** werden. Ein Schreibproblem gibt es nur beim Umlaut **ä**, weil er sich genauso anhört wie der Vokal **e**. Um zu prüfen, ob du **ä** oder **e** schreiben musst, setzt du das Wort in die **Grundform**. Oder du suchst nach einem anderen Wort aus derselben **Wortfamilie**, in dem die richtige Schreibweise klar zu erkennen ist.

Merke dir!

- **Nomen**, die im **Plural** stehen, setzt du in den **Singular**. Meist wandelt sich der Umlaut **ä** dann in ein einfaches **a** zurück. Andernfalls schreibt man **e**.
  die Läden – der Laden, die Spenden – die Spende
- **Adjektive**, die im **Komparativ** oder **Superlativ** stehen, setzt du in den **Positiv**.
  (am) härtesten/härter – hart, (am) nettesten/netter – nett
- **Verben** setzt du in den **Infinitiv**. In den meisten Infinitiven wird der Umlaut **ä** wieder zum **a**. Wenn das nicht der Fall ist, schreibst du **e**.
  (der Hund) schläft – schlafen, aber: *(der Hund) bellt – bellen*
- Oder du suchst nach einem **anderen Wort aus derselben Wortfamilie**, bei dem man die richtige Schreibweise hören kann.
  Bäcker – backen, Wecker – wecken

Tipp: Schlage das Wort im Zweifel im **Wörterbuch** nach. Dort findest du sowohl die richtige Pluralform als auch Wörter aus derselben Wortfamilie.

Übung 15

Zeige, dass die Schreibweise (ä/e) der folgenden Wörter richtig ist. Finde zum Beweis eine andere Wortform oder ein anderes Wort aus derselben Wortfamilie.

Hinweis: Wenn du in der Wortfamilie ein Wort mit a findest, schreibt sich das Wort mit ä. Findest du kein verwandtes Wort mit a, dann schreibt sich das Wort in der Regel mit e.

	Nachweis		Nachweis
Gebläse		Nässe	
Stechmücke		Gefängnis	
versteckt		fester	
Bäcker		strecken	
heller		Rätsel	
Ränder		lästig	
Härte		Flecken	
Mächte		Säfte	
Berge		Herzen	
Ängste		lächeln	
schlechter		kläglich	

Kommas richtig setzen

Das Komma markiert in einem Text **Sinneinheiten**. Richtig gesetzte Kommas helfen dem Leser, den Text auf Anhieb richtig zu verstehen.

Merke dir!

> Das **Komma** trennt ...
>
> - die einzelnen **Glieder einer Aufzählung**, sofern sie nicht durch die Konjunktion *und* oder *oder* miteinander verbunden sind. Auch Sätze kann man aufzählen.
>   *Die Sonne schien, ein leiser Wind wehte, die Vögel sangen.*
> - **Sätze:**
>   - **Hauptsätze (Satzreihen)**, wenn sie nicht durch Punkt oder Semikolon voneinander getrennt werden.
>   *Piet spielt Fußball, er ist der beste Spieler seiner Mannschaft.*
>   - **Hauptsatz + Nebensatz (Satzgefüge)**. Nebensätze werden immer vom zugehörigen Hauptsatz durch Komma getrennt. Wenn sie in einen Hauptsatz eingeschoben sind, werden sie vorn und hinten durch ein Komma getrennt.
>   *Piet wird bei jedem Spiel eingesetzt, weil er der beste Stürmer ist.*
>   *Piet, der als bester Stürmer seiner Mannschaft gilt, wird bei jedem Spiel eingesetzt.*
> - **Gegensätze**. Das Komma steht jeweils vor Konjunktionen, die einen Gegensatz zum Ausdruck bringen (*aber, sondern, doch*).
>   *Er war nicht klug, aber reich.*
> - **nachträgliche Einschübe, Zusätze oder nachgeschobene Erklärungen**.
>   *Sie hatte ihren Onkel, einen berühmten Maler, lange nicht gesehen.*
> - **erweiterte Infinitive**, die mit einem bestimmten Wort beginnen, z. B. *um* (... *zu*), oder auf die im vorangestellten Hauptsatz hingewiesen wird.
>   *Mir fehlt aber leider die Zeit, um dich zu besuchen.*
>   *Ich bitte dich darum, zu mir zu kommen.*

Übung 16 Begründe die Kommasetzungen. Überlege, welcher Fall (A–F) vorliegt, und trage jeweils den passenden Buchstaben auf der Linie ein.

A. Aufzählung   D. erweiterter Infinitiv
B. Satzreihe   E. Gegensatz
C. Satzgefüge   F. Einschub/Zusatz/Erklärung

Weltumrundungen

a) Bei einer Weltumrundung werden alle Längengrade des Globus zu Fuß, mit dem Fahrrad, dem Auto, dem Schiff, dem Flugzeug, dem Ballon oder dem Raumfahrzeug überquert. _____

b) Bereits zu Beginn des 16. Jahrhunderts segelte ein Schiff, die berühmte „Victoria", unter der Leitung des Portugiesen Ferdinand Magellan um die Welt. _____

c) Obwohl er den Großteil der Weltumsegelung mutig anführte, erlebte er sie selbst nicht mehr. _____

d) Er starb aber nicht während der Fahrt, sondern bei Kämpfen mit Einheimischen.

e) Eine Gruppe von Piloten der amerikanischen Armee umrundete 1924 mit Flugzeugen erstmals in Etappen die Welt, sie erreichten nach 175 Tagen den Zielort.

f) Diese Flugzeuge waren zusätzlich mit Schwimmern ausgestattet, um auch Wasserlandungen durchführen zu können.

Übung 17 Lies den Text „Weltumrundungen" weiter und setze alle Kommas ein.

Bertrand Piccard ein Franzose und sein britischer Copilot Brian Jones umrundeten 1999 als erste Menschen die Erde in einem Heißluftballon. Die Ballonfahrer setzten nachdem sie 19 Tage unterwegs gewesen waren mit einer Bilderbuchlandung den Schlusspunkt ihrer Expedition. Sie waren sogar noch weiter als nötig gefahren weil die Wetterbedingungen für eine Landung zunächst zu gefährlich waren.

Im Jahr 2002 gelang Steve Fossett die erste Allein-Nonstop-Weltumrundung in einem Ballon obwohl er zuvor bei fünf gescheiterten Anläufen erfahren musste dass eine solche Herausforderung allein kaum zu schaffen war. Kurz vor der Landung musste Fosset während der Fahrt aus dem Ballonkorb klettern um ein Feuer zu löschen. Sein Versuch die Welt allein zu umrunden wäre also beinahe gescheitert. Aber Fosset verwirklichte sich seinen Traum.

Jessica Watson eine australische Seglerin wurde international bekannt weil sie als bis dahin jüngste Seglerin ohne Zwischenstopp die Welt umsegelte. Sie erreichte am 15. Mai 2010 nach fast 23 000 zu-

Jessica Watsons Segelschiff „Pink Lady"

rückgelegten Seemeilen und 210 Tagen auf See drei Tage vor ihrem 17. Geburtstag den Ausgangspunkt ihrer Weltumsegelung im Hafen von Sydney.

Basiswissen – Rechtschreibung

Übung 18 Verbinde folgende Sätze so, dass du die geforderte Regel beachtest.
Du kannst, wenn nötig, Konjunktionen ergänzen.

a) *Trenne einen Einschub durch Kommas ab.*
Jessica Watson wollte die Welt allein umsegeln. Die Australierin war 16 Jahre alt.

_____

_____

b) *Trenne Hauptsatz und Nebensatz durch ein Komma voneinander ab.*
Ihre Eltern standen voll hinter dem Vorhaben der Tochter.
Es hatte sehr viel Kritik gegeben.

_____

_____

c) *Trenne einen eingeschobenen Nebensatz durch Kommas ab.*
Ein erster Versuch ist nach 24 Stunden abgebrochen worden.
Sie war mit einem Frachter kollidiert.

_____

_____

d) *Trenne die wörtliche Rede vom Redebegleitsatz durch Kommas ab.*
„Ich habe jede Menge Erfahrung. Viele Leute wissen das aber offenbar nicht." Das sagte sie vor ihrem zweiten Versuch in einem Interview.

_____

_____

_____

e) *Trenne Aufzählungen durch Kommas.*
Sie verabschiedete sich herzlich von Freunden und Verwandten.
Sie verabschiedete sich von ihren Eltern.

_____

_____

f) *Trenne die Infinitivgruppe, die mit „um" eingeleitet wird, durch Komma.*
Sie brauchte zunächst eine ruhige Fahrt.
Sie musste sich mit dem Boot vertraut machen.

_____

_____

Lückendiktat

Gehe so vor: Höre dir das Lückendiktat an und füge dabei die fehlenden Wörter in die Lücken ein. Du brauchst dich nicht zu beeilen: **Jeder Satz wird zweimal vorgelesen**, und danach werden **die Wörter**, die du in die Lücken eintragen musst, noch einmal langsam **wiederholt**.
Schreibe sauber! Achte darauf, dass man klar erkennt, ob du ein Wort klein- oder großgeschrieben hast und ob zwei aufeinanderfolgende Wörter zusammen- oder getrennt geschrieben sind. Unleserlich geschriebene Wörter gelten als Fehler!

Übung 19

Track 6

Liebe Oma,

ganz herzliche _____ aus Lingen. _____ komme ich dazu, dir zu schreiben. Von Mama und Papa habe ich gehört, _____ du _____ warst, weil ich nicht auf deiner Geburtstagsfeier _____. Seitdem habe ich wirklich ein schlechtes Gewissen. Um _____ zu sein: _____ hätte _____ gedacht, _____ du mich _____. _____ war ja die ganze Familie da. Ich dachte, du hättest an diesem Nachmittag _____ sowieso nichts von mir gehabt, denn du _____ dich ja um all die anderen Gäste kümmern. Darum habe ich dich am _____ auch _____ angerufen, um dir zu gratulieren. Wenn ich _____ hätte, _____ dich mein _____ traurig macht, wäre ich natürlich nicht mit meinem Freund _____. Es war aber _____ dem frühen _____ so _____ Wetter, dass wir beide _____ sofort an einen _____ zum _____ gefahren sind. Ich habe nicht darüber nachgedacht, wie wichtig dir mein Besuch sein könnte. Aber Papa hat mich daran erinnert, _____ wir schon _____ unserer Kindheit immer auf deinem Geburtstag waren. Bitte _____ mein Verhalten! Im nächsten Jahr komme ich _____ wieder zu deiner Feier. Dann werde ich mir für dich etwas ganz _____ einfallen lassen. Und natürlich werde ich auch einen _____ Kuchen _____.
Alles _____ für dich und liebe _____,
dein Enkel Felix

Übungsaufgaben im Stil von VERA 8

Kompetenzbereich: Leseverstehen

Es folgen jetzt **fünf Aufgaben** zum **Leseverstehen**.
- Im Folgenden findest du verschiedene Texte. Lies dir die Texte und die Arbeitsanweisungen durch.
- Bearbeite dann die Aufgaben zu jedem Text.
- Schreibe deine Antworten nur in die dafür vorgesehenen Felder.

Du hast dafür **40 Minuten** Zeit.

Aufgabe 1: Wofür interessieren sich Jugendliche?

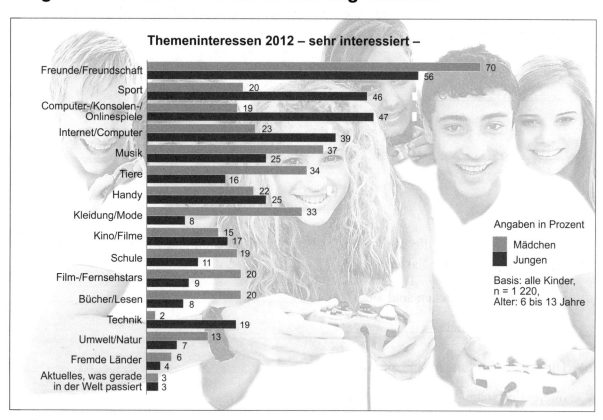

Quelle: Medienpädagogischer Forschungsverbund Südwest / KIM-Studie 2012

1.1

Mit welchem Thema beschäftigt sich das Diagramm?

1.2

Wie viele Personen wurden befragt und wie alt sind die Befragten?

1.3

Wie lautet die Quelle der Umfrage?

_____

1.4

Aus welchem Jahr stammen die Umfrageergebnisse?

_____

1.5

Nenne in der richtigen Reihenfolge die drei Themen, an denen die meisten Mädchen bzw. Jungen sehr interessiert sind.

Mädchen	Jungen
1. _____	1. _____
2. _____	2. _____
3. _____	3. _____

1.6

An welchem Thema sind die wenigsten der befragten Mädchen und Jungen sehr interessiert? Ergänze die angefangenen Sätze.

a) Die wenigsten Mädchen sind am Thema „_____"

 interessiert, nämlich _____ Prozent.

b) Die wenigsten Jungen sind am Thema „_____"

 interessiert, nämlich _____ Prozent.

1.7

Was kann man insgesamt zur Interessenlage der Mädchen und Jungen sagen? Kreuze an.

Jungen und Mädchen haben insgesamt gesehen ...

☐ sehr ähnliche Interessen.

☐ unterschiedliche Interessen.

Aufgabe 2: Musik-Downloads

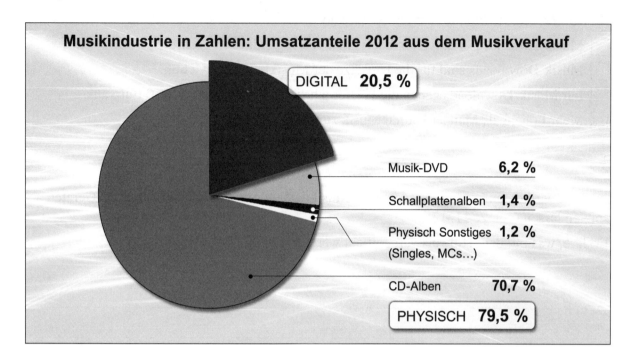

Quelle: Stina Müssener, Britta Lürßen, Andreas Leisdon, Florian Drücke: Musikindustrie in Zahlen 2012, Bundesverband Musikindustrie e. V.; media control/GfK Panel Services. Im Internet unter: http://www.musikindustrie.de/branchendaten

Starke Nachfrage nach Musik-Downloads

Berlin, 1. Mai 2013 – Der Kauf von Musik zum Download liegt im Trend. Jeder vierte Bundesbürger (26 Prozent) lädt kostenpflichtige Musikdateien im Web herunter, etwa als MP3-Datei. 16 Prozent der Kunden von Download-Shops kaufen regelmäßig Musik online. Das entspricht knapp 3 Millionen Deutschen. Das ist das Ergebnis einer repräsentativen Umfrage im Auftrag des Hightech-Verbands BITKOM. Die virtuellen Plattenläden sind vor allem bei Männern beliebt: Jeder dritte (34 Prozent) kauft Musikdateien im Netz. Dagegen nutzt nur jede fünfte Frau Download-Shops (18 Prozent). „Das Geschäft mit Musik-Downloads und -Streams ist aus der Nische herausgekommen und sorgt inzwischen für nennenswerte Umsätze der Musikindustrie", sagt Dr. Christian P. Illek vom BITKOM-Hauptvorstand. Musikdateien lassen sich mittlerweile auf nahezu jedem Gerät abspielen: auf klassischen MP3-Playern, Smartphones und Tablet-Computern sowie immer mehr Stereoanlagen und Autoradios."

Im Schnitt geben die Käufer von Musikdateien 7,50 Euro pro Monat aus. Die Ausgaben pro Nutzer variieren dabei stark. Jeder dritte von ihnen (32 Prozent) bezahlt zwischen drei und fünf Euro pro Monat. Zwischen sechs und zehn Euro gibt jeder fünfte Kunde der Shops aus. Für mehr als zehn Euro pro Monat lädt jeder siebte Käufer (15 Prozent) Musik herunter. Illek: „Das Digitalgeschäft wird für die Musikindustrie künftig ähnlich wichtig wie der Verkauf von CDs und Musik-DVDs."

Methodik: Im Auftrag des BITKOM hat das Meinungsforschungsinstitut Forsa 1 003 Internetnutzer ab 14 Jahren in Deutschland befragt. Die Daten sind repräsentativ.

Quelle: http://www.bitkom.org/files/documents/BITKOM-Presseinfo_Musik-Downloads_01_05_2013.pdf

2.1

Welche Aussage trifft laut Text zu? Kreuze an.

☐ Musik-Downloads werden am häufigsten von Jugendlichen getätigt.

☐ Musik-Downloads sind für die Umsätze der Musikindustrie wichtig.

☐ Für Musik-Downloads geben die Käufer jährlich durchschnittlich 7,50 Euro aus.

☐ Mehr Frauen als Männer kaufen Musik zum Downloaden.

2.2

Im Text wird darauf verwiesen, dass sich Musikdateien mittlerweile auf fast allen Geräten abspielen lassen (vgl. Z. 11–13).

Erkläre, was mit dem Hinweis verdeutlicht werden soll.

_____

_____

_____

_____

2.3

Ergänze die folgenden Sätze:

_____ der Bundesbürger laden kostenpflichtige Musikdateien aus dem Netz herunter. 34 Prozent der Musik-Downloads werden von _____ getätigt. 15 Prozent der Kunden geben für Musik-Downloads _____ monatlich aus.

2.4

Welche Aussage kann man aus der Grafik herauslesen? Kreuze an.

☐ Die Nachfrage nach Musik-Downloads steigt stetig.

☐ Die Umsätze aus Musik-DVD-Verkäufen sind rückläufig.

☐ Die CD sorgt für den größten Umsatz im Musikgeschäft.

☐ Die Schallplatte sorgt für nennenswerte Umsätze im Musikgeschäft.

2.5

Welche Absicht verfolgt der Autor des Textes in erster Linie?

Er möchte den Leser ...

☐ unterhalten.   ☐ belehren.

☐ informieren.   ☐ instruieren.

2.6

Kreuze an, ob die jeweilige Information nur im Text,
nur in der Grafik oder in Text und Grafik zu finden ist.

	nur im Text	nur in der Grafik	in Text und Grafik
a) Wer lädt kostenpflichtige Musik im Netz herunter?	☐	☐	☐
b) Wer wurde befragt?	☐	☐	☐
c) Wie hoch ist der Anteil der digitalen Musik-Downloads am Gesamtumsatz der Musikindustrie?	☐	☐	☐
d) Welche Rolle spielen Musik-CDs für den Umsatz?	☐	☐	☐

2.7

In Zeile 5 ist die Rede von einer „repräsentativen Umfrage".

Es handelt sich also um eine Umfrage, …

☐ die ganz aktuell ist.

☐ deren Ergebnis verallgemeinerbar ist.

☐ die nur Jugendliche berücksichtigt, die sich mit Medien auskennen.

☐ die alle zwei Jahre wiederholt wird.

Übungsaufgaben im Stil von VERA 8 – Leseverstehen

Aufgabe 3: Judith

Der folgende Text ist ein Kapitel aus dem Jugendroman „Zebraland" von Marlene Röder. Der Roman handelt von einer Gruppe Jugendlicher, die gemeinsam ein Musikfestival besuchen. Auf dem Weg dorthin fahren sie mit dem Auto ein Mädchen an. Da es keine Zeugen gibt, beschließt die Gruppe, den Unfall zu verschweigen, um Schwierigkeiten aus dem Weg zu gehen. Das stellt ihre Freundschaft auf eine harte Probe. Im Rückblick erzählen die beteiligten Personen abwechselnd von dem Geschehen.

Marlene Röder: Judith

1 „Judith, deine Freunde sind da, um dich abzuholen!", ruft meine Mutter vom Erdgeschoss herauf.

Sie sind pünktlich. Sogar fünf Minuten zu früh. Die meisten Menschen achten nicht auf solche Details, aber mir sind sie sehr wichtig. Es ist wichtig, sich auf
5 andere verlassen zu können. Und auf Phil kann ich mich zu hundert Prozent verlassen.

„Jaaa, komme schon!" Ich spucke den letzten Rest Zahnpastaschaum aus, spüle nach und werfe einen Blick in den Spiegel: lange Beine, lange Nase, die mein Vater als stolze Adlernase bezeichnet.

10 „Ein Zinken", murmle ich resigniert. „Ein Hexenzinken. Was soll's." Ich lächle meinem Spiegelbild flüchtig zu, dann poltere ich die Treppe hinunter.

Meine Mutter steht unten am Treppenaufgang: „Kannst du nicht wie andere Menschen in normalem Tempo laufen?", fragt sie kopfschüttelnd. „Immer musst du rennen! Du wirst noch zu deiner eigenen Beerdigung gerannt kommen!"

15 Eine andere Mutter hätte ihre Tochter vielleicht zum Abschied gedrückt, wenn sie ein paar Tage wegfährt. Aber zwischen uns ist das nicht so.

„Tschüss, bis übermorgen", sage ich, aber ich spreche ins Leere. Meine Mutter hat sich schon abgewandt. In mir zieht sich etwas zusammen.

Da sehe ich zum Glück Phil, der draußen an der Gartenpforte steht und mir zu-
20 winkt. Und in mir wird alles weit und leicht. Wie beim Laufen, wenn ich im richtigen Rhythmus bin. Nein, das ist besser als Laufen.

Ich winke zurück. Dann schnappe ich mir die Isomatte und den Rucksack und stürme zur Haustür hinaus.

„Hey, Hexe", sagt Phil, als ich bei ihm ankomme, und er lächelt.

25 Ich tue so, als sei ich beleidigt, dass er mich so nennt. Dabei mag ich das eigentlich. Weil es an unsere gemeinsame Geschichte erinnert.

„Hey, Phil", antworte ich. Gemeinsam laufen wir zu dem alten weißen Mercedes hinüber, der am Straßenrand wartet. Anouk, Phils Freundin, sitzt am Steuer.

Phil öffnet den Kofferraum des Wagens. „Cool, dass du zwei Tage Festival mit
30 uns noch auf deiner aktuellen To-do-Liste unterbringen konntest", meint er und grinst sein typisches Philipp-Grinsen, bei dem nur ein Mundwinkel spöttisch hochgezogen ist. Ständig macht er sich über meine Listen lustig.

„Die helfen mir den Überblick zu behalten. Wichtiges von Unwichtigem zu trennen", verteidige ich mich.

35 „Super, Hexe", sagt er ironisch und verstaut meine Isomatte im Kofferraum.

Dabei war die Sache mit den Listen eigentlich sein Einfall. Wir waren damals vierzehn und hatten uns gegenseitig interviewt, was wir in zehn Jahren erreicht haben wollen. Wenn wir vierundzwanzig und erwachsen sind, werden wir uns

gegenseitig zur Rechenschaft ziehen und überprüfen, ob wir für unsere Träume
40 gekämpft und sie verwirklicht haben. Das ist der Plan.

Phils Liste, in meiner ordentlichen Mädchenschrift verfasst, harrt in meiner Nachttischschublade auf den Tag der Wahrheit. Keine Ahnung, wo er meine hat. Ich kann sie sowieso auswendig:

Was Hexe in 10 Jahren erreicht haben will
45 1. Die Deutschen Jugendmeisterschaften im 100-Meter-Sprint gewinnen.
2. Mit Phil in eine weit entfernte Stadt ziehen und dort in einer coolen WG wohnen.
3. Zusammen mit Phil Journalistik studieren.
4. Gegen Ungerechtigkeit und Unwahrheit kämpfen!
5. Sich nicht mehr wegen ihrer Eltern schlecht fühlen.

50 „Statt über meine Listen zu lästern, solltest du froh sein, dass ich überhaupt mitkomme", erwidere ich eingeschnappt und pfeffere meinen Rucksack in den Kofferraum. „Es sind nur noch ein paar Wochen bis zu den Qualifikationen für die Jugendmeisterschaften. Eigentlich müsste ich trainieren, anstatt mit euch auf dieses komische Festival zu fahren!"

55 „Ich bin froh, dass du mitkommst", sagt Phil plötzlich ganz sanft. „Aber wenn du jetzt nicht endlich einsteigst, kannst du zum Festival joggen. Das wäre bestimmt ein prima Training!"

Quelle: Marlene Röder: Zebraland. Ravensburger Buchverlag, Ravensburg 2009, S. 15–17

3.1
Wer ist der Erzähler in diesem Kapitel des Romans?

3.2
Nenne die drei Personen, die neben der Hauptfigur Judith im Text vorkommen.

3.3
Wo befindet sich Judith am Anfang? Stichworte genügen.

3.4
Was haben Judith und ihre Freunde vor? Kreuze die passende Aussage an.

☐ Sie wollen ein Musikfestival besuchen.
☐ Sie wollen ein paar Tage zelten.
☐ Sie wollen für ihre geplante WG eine passende Wohnung suchen.
☐ Sie wollen zu einer Sportveranstaltung fahren.

3.5

Bringe die Inhalte in die richtige Reihenfolge, indem du sie nummerierst.

Hier Nummer eintragen ↓	
	Philipp besänftigt Judith.
	Judith begrüßt Philipp.
	Judith erinnert sich an die erste Liste.
	Judith bereitet sich auf die Abfahrt vor.
	Judith verteidigt sich gegenüber Philipp.
	Philipp macht sich über Judith lustig.
	Judith verabschiedet sich von ihrer Mutter.

3.6

Was wurde in der ersten Liste festgehalten? Kreuze die passende Aussage an.

In der ersten Liste standen …

☐ Zukunftsziele.   ☐ Aufgaben.

☐ Lebensträume.   ☐ Ereignisse.

3.7

„Phils Liste […] harrt in meiner Nachttischschublade auf den Tag der Wahrheit." (Z. 41 f.) Was lässt sich aus diesen Worten über Judiths Beziehung zu Philipp schließen? Antworte mit einem vollständigen Satz.

_____

_____

3.8

Was lässt sich aus Judiths Liste ableiten – und was nicht?
Kreuze entsprechend an.

		richtig	falsch
a)	Judith gefällt es in ihrer Heimat nicht.	☐	☐
b)	Sie hat ein gespanntes Verhältnis zu ihren Eltern.	☐	☐
c)	Judith ist sehr ordentlich.	☐	☐
d)	Sie möchte sportliche Erfolge erzielen.	☐	☐
e)	Sie will sich gegen Ungerechtigkeit einsetzen.	☐	☐
f)	Judith sagt immer die Wahrheit.	☐	☐
g)	Sie möchte schnell erwachsen werden.	☐	☐

3.9

Worüber macht Philipp sich lustig? Nenne zwei Dinge. Stichworte genügen.

_____

_____

3.10

Warum sagt Judith: „Eigentlich müsste ich trainieren [...]" (Z. 53)?
Kreuze das passende Motiv an.

☐ Sie hat keine Lust, ihre Freunde zu begleiten.

☐ Sie hat sich über Philipp geärgert.

☐ Sie denkt, dass sie die Zeit für ihr Training bräuchte.

☐ Sie hat ein schlechtes Gewissen.

3.11

Judiths Stimmung ändert sich mehrmals. Ordne die Gefühle passend zu.

Hier Buchstaben eintragen ↓	Judiths Stimmung
	bei der Erinnerung an die Entstehung ihrer ersten Liste
	bei der Vorbereitung auf die Fahrt
	beim Abschied von ihrer Mutter
	beim Anblick Philipps
	nach Philipps ironischen Bemerkungen

A Ärger
B Erleichterung
C Enttäuschung
D Vorfreude
E Wehmut

3.12

Welchem Ideal aus ihrer Liste wird Judith nicht mehr gerecht werden können? Beachte die einführenden Worte zu dem Roman „Zebraland".

_____

_____

_____

_____

Aufgabe 4: Abseits

Theodor Storm: Abseits

1 Es ist so still; die Heide liegt
Im warmen Mittagssonnenstrahle,
Ein rosenroter Schimmer fliegt
Um ihre alten Gräbermale;
5 Die Kräuter blühn; der Heideduft
Steigt in die blaue Sommerluft.

Laufkäfer hasten durchs Gesträuch
In ihren goldnen Panzerröckchen;
Die Bienen hängen Zweig um Zweig
10 Sich an der Edelheide Glöckchen,
Die Vögel schwirren aus dem Kraut –
Die Luft ist voller Lerchenlaut.

Ein halbverfallen, niedrig Haus
Steht einsam hier und sonnbeschienen;
15 Der Kätner[1] lehnt zur Tür hinaus,
Behaglich blinzelnd nach den Bienen;
Sein Junge auf dem Stein davor
Schnitzt Pfeifen sich aus Kälberrohr.

Kaum zittert durch die Mittagsruh
20 Ein Schlag der Dorfuhr, der entfernten;
Dem Alten fällt die Wimper zu,
Er träumt von seinen Honigernten.
– Kein Klang der aufgeregten Zeit
Drang noch in diese Einsamkeit.

Quelle: Theodor Storm, Sämtliche Werke in zwei Bänden,
Winkler Verlag, München 1951

Worterklärung:
1 Kätner: Kleinbauer

4.1

In dem Gedicht „Abseits" herrscht Sommer. Nenne zwei Textstellen, die darauf hinweisen.

1. _____

2. _____

4.2

Erkläre die Lage des Ortes und beziehe dabei die Überschrift und passende Textstellen des Gedichts ein.

_____

_____

4.3

Leon sagt: „Die Stille des abseits gelegenen Ortes wird plötzlich von einem lauten Glockenschlag der Dorfuhr erschüttert, der die Ruhe stört."
Stimmst du Leon zu? Begründe mit Bezug auf den Text.

_____

_____

_____

_____

4.4

Welche der folgenden Aussagen sind richtig, welche falsch?
Kreuze entsprechend an.

		richtig	falsch
a)	In dem Gedicht gibt es einen Vergleich.	☐	☐
b)	Das Gedicht besteht aus 24 Versen.	☐	☐
c)	In dem Gedicht spricht ein lyrisches Ich.	☐	☐
d)	Alle Strophen haben dasselbe Reimschema: ababcc.	☐	☐

4.5

Karl Mayer: Verhalten zur Natur

1 Ich sehe täglich die Natur.
Doch an beglücktem Tage nur
Wirft sie von ihrem holden[1] Sein
In's Herz mir einen Widerschein.
5 Wer sie besieht mit Herzensöde,
Dem bleibt sie stumm und kalt und spröde.

Aus: Die Deutsche Gedichtebibliothek, im Internet unter:
http://gedichte.xbib.de/gedicht_Mayer.htm

Worterklärung:
1 hold: hübsch, schön

Beziehe die Aussage dieses Gedichts auf das Gedicht von Storm und nimm dazu Stellung.

_____

_____

_____

_____

_____

Aufgabe 5: Die Verkündung

Franz Hohler: Die Verkündung

1 Letzthin, im Zug, direkt neben dir, das elend-fröhliche Digitalpiepsen eines Handys, und du weißt, jetzt wirst du die Seite nicht in Ruhe zu Ende lesen können, du wirst mithören müssen, wo die Unterlagen im Büro gesucht werden sollten oder warum die Sitzung auf nächste Woche verschoben ist oder in welchem Restaurant man sich
5 um 19 Uhr trifft, kurz, du bist auf die unüberhörbaren Schrecknisse des Alltags gefasst – und da kramt der junge Mann sein Apparätchen aus der Tasche, meldet sich und sagt dann laut: „Nein! – Wann? – Gestern Nacht? Und was ist es? – Ein Bub? – So herzig! – 3 ½ Kilo? Und wie geht es Jeannette? – So schön! – Sag ihr einen Gruß, gell! – Wie? Oliver? ..."
10 Und über uns alle, die wir in der Nähe sitzen und durch das Gespräch abgelenkt und gestört werden, huscht ein Schimmer von Rührung, denn soeben haben wir die uralte Botschaft vernommen, dass uns ein Kind geboren wurde.

Quelle: Franz Hohler: Das Ende eines ganz normalen Tages, Erzählungen, Luchterhand Literaturverlag, München 2008, S. 9

5.1

Der Erzähler verwendet in den Zeilen 1 bis 5 das Personalpronomen „du". Wen spricht er an?

5.2

Wie ist die Laune des Erzählers zu Beginn der Geschichte und wie ist sie am Ende?

Beginn **Ende**
☐ gut ☐ gut
☐ schlecht ☐ schlecht

5.3

Was befürchtet der Erzähler zunächst, als er das Handy des jungen Mannes klingeln hört?

5.4

Um was geht es in dem Handygespräch?

5.5

Welcher Aussage würde der Erzähler nach dieser Begebenheit am ehesten zustimmen?

☐ Es ist schrecklich, dass auch so wichtige Ereignisse wie die Geburt eines Kindes per Handy mitgeteilt werden.

☐ In Zukunft werde ich aufmerksam zuhören, wenn andere Menschen per Handy telefonieren, damit ich Zeuge weiterer schöner Erlebnisse werde.

☐ Manchmal können Ereignisse, über die man sich eigentlich immer ärgert, auch eine überraschend positive Wendung erfahren.

☐ Handys sollten in öffentlichen Verkehrsmitteln verboten werden, weil sie stören.

5.6

Hannes sagt: „Der Erzähler spielt in seiner Geschichte auf die Weihnachtsbotschaft an, in der die Geburt Jesu verkündet wird."

Wodurch kommen diese Andeutungen zustande und was möchte der Erzähler damit aussagen?

_____
_____
_____
_____
_____
_____
_____
_____

Kompetenzbereich: Zuhören

Bearbeite die folgenden **fünf Aufgaben zum Hörverstehen**. Höre die **Hörbeiträge 7 bis 11** hintereinander an. Zwischen den einzelnen Hörtexten sind Pausen, in denen du verschiedene Fragen beantworten sollst.
- Mache dir zu den Hörtexten jeweils Notizen.
- Blättere erst zu den jeweiligen Aufgaben um, wenn du dazu aufgefordert wirst.
- Schreibe deine Antworten nur in die dafür vorgesehenen Felder.

Die Zuhöraufgaben dauern insgesamt ca. **40 Minuten**.

Aufgabe 1: Die Rotte

Track 7

Du hörst gleich einen Ausschnitt aus dem Jugendroman „Die Rotte" von Manfred Theisen. Du kannst dir während des Hörens Notizen machen. Die Notizen werden nicht bewertet.

Du darfst erst dann umblättern, wenn du dazu aufgefordert wirst!

1.1

Was macht Marvin gerade, als seine Mutter ihn in die Küche ruft?

_____

1.2

Warum sitzt Marvin mit seiner Mutter am Küchentisch?

_____

1.3

Was erfährt der Zuhörer über Marvin?

☐ Marvin möchte ins Ausland gehen.

☐ Marvin möchte Abitur machen.

☐ Marvin möchte keine Lackiererlehre machen.

☐ Marvin hat keine Freunde.

1.4

Was erfährt der Zuhörer über den Vater? Der Vater ist arbeitslos geworden, weil …

☐ er unordentlich gearbeitet hat.

☐ die Firma Arbeitsplätze abbauen musste.

☐ er von den Lackfarben krank geworden ist.

☐ er betrunken vom Baugerüst gefallen ist.

1.5

Was erwartet die Mutter von Marvin? Er soll …

☐ eine Lehre in der Firma seines Vaters machen.

☐ Abitur machen und Jura studieren.

☐ in der Firma, bei der sie arbeitet, eine Lehre machen.

☐ in Ruhe überlegen, was er später beruflich machen möchte.

1.6

Marvin denkt nicht wirklich positiv über seinen Vater. Woran erkennt man das?

_____

_____

1.7

Marvin denkt: Ein Tag ohne Kuss ist wie ein Herbst ohne Blätter.

Worauf bezieht Marvin diesen Vergleich?

1.8

Marvin denkt, die Mutter verhalte sich ihm gegenüber so, weil sie mit ihrer Liebe die Zeit anzuhalten versuche. Was meint er damit?

1.9

Woran erkennt man, dass die Situation am Küchentisch zwischen Marvin und der Mutter angespannt ist?

Aufgabe 2: Zivilcourage

Track 8

Du hörst gleich einen Beitrag zum Thema „Zivilcourage". Du kannst dir während des Hörens Notizen machen. Die Notizen werden nicht bewertet.

 Du darfst erst dann umblättern, wenn du dazu aufgefordert wirst!

Übungsaufgaben im Stil von VERA 8 – Zuhören

2.1

Wer hat den Beitrag gestaltet?

☐ die Bundespolizei

☐ die Landesregierung Saarland

☐ die Landespolizeidirektion Saarland

☐ die Landespolizeidirektion Niedersachsen

2.2

In dem Radiobeitrag geht es darum, wie man …

☐ andere bedrohen und bedrängen kann.

☐ anderen helfen kann, wenn sie bedroht oder bedrängt werden.

☐ sich selbst vor Angriffen durch andere schützen kann.

☐ reagieren soll, wenn man angegriffen wird.

2.3

Es werden Verhaltensweisen genannt, die dazu führen, dass Straftäter weitgehend ungestört handeln können. Welche Verhaltensweisen sind das?

		richtig	falsch
a)	Gleichgültigkeit	☐	☐
b)	Angst	☐	☐
c)	Desinteresse	☐	☐
d)	Bequemlichkeit	☐	☐
e)	Langeweile	☐	☐
f)	Wut	☐	☐

2.4

An einer Stelle heißt es: „… das ist nur eine Seite der Medaille." Was ist damit gemeint?

_____

_____

_____

_____

2.5

Warum verweigern einige Mitmenschen den Opfern Hilfe, obwohl sie gerne helfen würden?

Viele Mitmenschen ...

		richtig	falsch
a)	glauben, dass es gesetzlich verboten ist, in gefährlichen Situationen einzugreifen.	☐	☐
b)	haben einfach keine Zeit, den Opfern zu helfen.	☐	☐
c)	wissen nicht, ob und – wenn ja – wie sie helfen können.	☐	☐
d)	fürchten sich vor möglichen Folgen ihres Eingreifens.	☐	☐
e)	erkennen die Gewalttaten nicht, da die Täter sehr geschickt handeln.	☐	☐

2.6

Nenne drei Möglichkeiten, wie man laut Beitrag Opfern von Gewalt oder Schulkameraden in Not helfen kann.

1. _____   2. _____   3. _____

2.7

Der Beitrag richtet sich in erster Linie an ...

☐ Jugendliche.   ☐ Erwachsene.   ☐ Eltern.   ☐ Lehrer.

2.8

Der Beitrag ist überwiegend ...

☐ unterhaltend.   ☐ instruierend.   ☐ appellierend.   ☐ kommentierend.

Aufgabe 3: Der kleine Erziehungsratgeber

Track 9

Du hörst gleich einen Beitrag aus der Radiosendung „Der kleine Erziehungsratgeber". Du kannst dir während des Hörens Notizen machen. Die Notizen werden nicht bewertet.

Du darfst erst dann umblättern, wenn du dazu aufgefordert wirst!

3.1

Der Beitrag beginnt mit ...

☐ Instrumentalmusik.

☐ Geschrei.

☐ Trommelwirbel.

☐ Gesang.

3.2

Wie viele Personen sprechen in dem Beitrag?

☐ ein Kind, mehrere Erwachsene

☐ ein Erwachsener, mehrere Kinder

☐ kein Erwachsener, mehrere Kinder

☐ kein Kind, mehrere Erwachsene

3.3

Worum geht es in dem Beitrag?

Es geht um Tipps für ...

☐ preiswerte Schiffstouren.

☐ günstige Flugreisen.

☐ Sonderangebote bei Bahnfahrten.

☐ billige Busfahrten.

3.4

Welche Absicht verfolgt der Autor mit seinem Beitrag?

Er möchte ...

☐ unterhalten.   ☐ appellieren.

☐ informieren.   ☐ warnen.

3.5

Sieh dir dein Kreuz in Aufgabe 3.4 an und begründe deine Wahl.

_____

_____

_____

_____

Aufgabe 4: Auslandsaufenthalt für Jugendliche

Du hörst gleich einen Beitrag zum Thema „Auslandsaufenthalt für Jugendliche". Du kannst dir während des Hörens Notizen machen. Die Notizen werden nicht bewertet.

Du darfst erst dann umblättern, wenn du dazu aufgefordert wirst!

4.1

Nenne eine Organisation, die für Informationen zum Schülerauslandsaufenthalt empfohlen wird.

_____

4.2

Nenne zwei Kriterien, die erfüllt sein müssen, damit ein Schüler für seinen Auslandsaufenthalt finanzielle Unterstützung von einer Organisation bekommt.

1. _____

2. _____

4.3

Ordne den Informationen die richtigen Begriffe zu, indem du den entsprechenden Buchstaben einträgst.

	Hier Buchstaben eintragen ↓
stellt eine Vielzahl von Austauschprogrammen für Schüler vor	
fördert einige Austauschorganisationen	
hat Qualitätsmerkmale für guten Auslandsaustausch zusammengestellt	

A Rausvonzuhaus
B Rheinperle
C AJA
D Bundesjugendministerium

4.4

Wo kann der Radiozuhörer die Informationen des Radiobeitrags noch einmal nachlesen?

_____

4.5

Der Radiobeitrag …

☐ wirbt für eine Austauschorganisation.

☐ beschreibt unterschiedliche Angebote für Jugendreisen.

☐ zeigt auf, wie man Informationen über Schülerauslandsaufenthalte bekommen kann.

☐ nennt Vor- und Nachteile von Schülerauslandsaufenthalten.

4.6

Für welche Personengruppe ist dieser Beitrag in erster Linie gedacht?

☐ Jugendliche
☐ Lehrer
☐ Austauschorganisationen
☐ Jugendliche und Eltern

4.7

Der Beitrag ist in erster Linie ...

☐ appellierend.
☐ informierend.
☐ unterhaltend.
☐ warnend.

Aufgabe 5: An ihre Hand im Alter

Track 11

Höre nun das Gedicht „An ihre Hand im Alter" von Justinus Kerner.

In dem Hörtext tauchen zwei Wörter auf, die jetzt gleich erläutert werden:
Eine **Spindel** ist ein Werkzeug zum Spinnen, zur Produktion von Faden.
Poesie meint hier, dass von dem Bezeichneten eine ganz besondere Wirkung ausgeht, etwas Stilles, das kaum mit Alltagssprache zu beschreiben ist.

Du kannst dir während des Hörens Notizen machen. Die Notizen werden nicht bewertet.

Du darfst erst dann umblättern, wenn du dazu aufgefordert wirst!

5.1

Welche Wendung kommt in dem Beitrag **nicht** vor?

☐ die liebe Hand

☐ die treue Hand

☐ die saubere Hand

☐ die fleißige Hand

5.2

Dieser Hörtext zum Thema „Hand" ist ...

☐ eine spontane persönliche Erinnerung.

☐ Teil einer medizinischen Vorlesung.

☐ die Lesung eines Gedichts.

☐ ein Kommentar.

5.3

Welche Deutungsansätze treffen auf den Hörtext zu und welche eher nicht?

	richtig	falsch
a) Es geht hauptsächlich darum, was ein Mensch mit seiner Hand alles machen kann.	☐	☐
b) Mit den Hinweisen auf die Hand werden stellvertretend Charaktereigenschaften der Person beschrieben.	☐	☐
c) Die Hand wird als der wichtigste Körperteil des Menschen dargestellt.	☐	☐
d) Der Hörbeitrag drückt die Verehrung für einen geliebten Menschen aus.	☐	☐

Kompetenzbereich: Schreiben

Es folgen jetzt **zwei Schreibaufgaben**.
- Lies dir die Arbeitsanweisungen jeweils sorgfältig durch und schreibe dann deinen Text.
- Achte dabei auf Inhalt, Aufbau, Grammatik und Wortwahl.
- Schreibe deutlich und leserlich.

Für die Schreibaufgaben hast du insgesamt ca. **40 Minuten** Zeit.

Aufgabe 1: Eine Zeitungsnachricht schreiben

In der morgigen Ausgabe einer Tageszeitung soll in der Rubrik „Aus aller Welt" eine Nachricht veröffentlicht werden. Dazu hat sich der Reporter folgende Stichpunkte notiert:

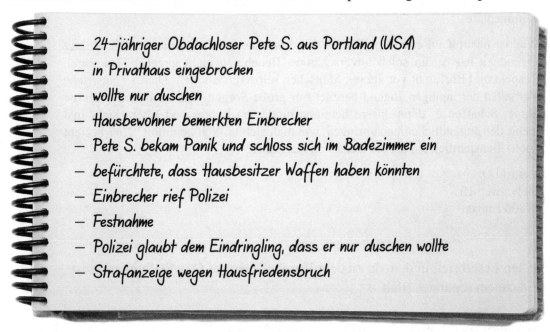

- 24-jähriger Obdachloser Pete S. aus Portland (USA)
- in Privathaus eingebrochen
- wollte nur duschen
- Hausbewohner bemerkten Einbrecher
- Pete S. bekam Panik und schloss sich im Badezimmer ein
- befürchtete, dass Hausbesitzer Waffen haben könnten
- Einbrecher rief Polizei
- Festnahme
- Polizei glaubt dem Eindringling, dass er nur duschen wollte
- Strafanzeige wegen Hausfriedensbruch

Schreibe diese Zeitungsnachricht. Verwende dazu ein separates Blatt.

Beachte, dass in einem Artikel am Anfang die wichtigsten Informationen kommen und erst gegen Ende die unwichtigeren. Formuliere auch eine Überschrift.

Tipp: Nummeriere zuerst die Informationen auf dem Notizzettel nach ihrer Wichtigkeit und schreibe dann die Nachricht. Achte auf eine eigene Wortwahl und übernimm nicht alle Stichpunkte wortwörtlich.

Aufgabe 2: Einen Leserbrief verfassen

In der Tageszeitung liest du folgenden Leserbrief:

> 1 Der Anlass zu diesem Brief ist meine gestrige Erfahrung während einer Busfahrt am frühen Nachmittag mit der Linie B3 in Richtung Wachendorf. Nicht zum ersten Mal musste ich hierbei das unverschämte und freche Verhalten von Jugendlichen beobachten. Insbesondere empörten mich die Schüler, die bereits schreiend und
> 5 tobend in den Bus stürmten. Dabei nahmen sie keine Rücksicht auf mich, sondern drängten mich einfach zur Seite, während ich eine Fahrkarte zu lösen versuchte. Als ich dann einen Platz suchte, waren natürlich alle Sitze von den jungen Herrschaften besetzt. Obwohl ich zwei große Einkaufstaschen zu schleppen hatte, kam keiner von ihnen auf die Idee, aufzustehen und mir einen Platz anzubieten. Alle
> 10 blieben seelenruhig sitzen und nahmen nicht einmal Notiz von mir. Stattdessen schrien oder lachten sie so laut, dass man Kopfschmerzen bekommen musste.
>
> Als ich sie darauf hinwies, dass sie nicht allein im Bus seien und sie doch wohl in der Schule gelernt hätten, Rücksicht zu nehmen, lachten sie nur und gaben freche Kommentare.
>
> 15 Was ist nur mit unserer Jugend los? Wie konnte es so weit kommen? In meiner Jugendzeit hat es ein solch unverschämtes Benehmen nicht gegeben. Da waren Respekt und Ehrfurcht vor älteren Menschen selbstverständlich. Dieses egoistische Verhalten der heutigen Jugend bereitet mir große Sorgen. Für mich stellt sich die Frage: Schaffen es denn unsere heutigen modernen Lehrer und Eltern nicht mal
> 20 mehr, den Jugendlichen beizubringen, wie man sich höflich benimmt? Hier besteht doch offensichtlich ein großer Bedarf an Nachhilfe!
>
> Gertrud O.
> Eichenweg 10
> 49806 Lingen

Schreibe einen Leserbrief, in dem du zu dem Vorwurf Gertrud O.'s Stellung nimmst. Verwende dazu ein separates Blatt.

Tipp: Du kannst dich vorbereiten, indem du drei Argumente für deine Position stichpunktartig formulierst.

1. _____
2. _____
3. _____

Kompetenzbereich:
Sprache und Sprachgebrauch untersuchen

Es folgen jetzt **acht Aufgaben zur Grammatik**.
Du hast dafür insgesamt **40 Minuten** Zeit.

Aufgabe 1: Wortarten bestimmen

1.1

In den folgenden Sätzen findest du sechs gekennzeichnete Adverbien. Ordne sie der Tabelle zu.

Ich fahre **nie** mit dem Schulbus zur Schule. **Schon** als kleines Kind bin ich **gerne** mit dem Fahrrad **dorthin** gefahren. **Sicherheitshalber** nehme ich **immer** meine Regensachen mit.

Adverb des Ortes	Adverb der Zeit	Adverb der Art und Weise	Adverb des Grundes

1.2

Lies die folgenden Sätze. Ersetze im zweiten Satz das Dativobjekt durch ein **Personalpronomen**. Schreibe das Pronomen auf die freie Zeile.

Die Schüler freuen sich über den neuen pünktlichen Schulbusfahrer. Sie erzählen dem Schulbusfahrer von der Unpünktlichkeit des alten Busfahrers.

Aufgabe 2: Satzglieder bestimmen

2.1

Satzglieder ermittelt man durch Frageproben. Ordne die Frageproben durch Pfeilverbindungen den genannten Satzgliedern zu.

Wem?	Akkusativobjekt
Wessen?	Dativobjekt
Wer oder was?	Genitivobjekt
Wann? Wo? Wie? Warum? etc.	Subjekt
Wen oder was?	Adverbiale Bestimmung

Übungsaufgaben im Stil von VERA 8 – Sprache und Sprachgebrauch

2.2

Kennzeichne die einzelnen Satzglieder des folgenden Satzes durch Schrägstriche. Notiere anschließend die Anzahl der Satzglieder auf der freien Linie.

Die schlaue Kathrin benutzt zur Ermittlung der Satzglieder die Umstellprobe. _____

2.3

Schreibe die Bezeichnungen der Satzglieder in der Reihenfolge auf, wie sie in dem folgenden Satz stehen.

Am 3. Oktober feiern die Deutschen ihre Wiedervereinigung mit einem Nationalfeiertag.

> Subjekt – Prädikat – Akkusativobjekt – Adverbial der Zeit – Adverbial der Art und Weise

_____

_____

Aufgabe 3: Satzformen bestimmen und Sätze bilden

3.1

Um welche Satzform handelt es sich?
Setze den jeweils richtigen Buchstaben ein.

	Buchstabe
Die Lehrerin stellt Luzie eine Frage.	
Luzie kritisiert laut die Vergesslichkeit der Lehrerin, diese hatte ihr gestern bereits die gleiche Frage gestellt und Luzie hatte keine Antwort darauf gewusst.	
Genau wie gestern weiß sie auch heute keine Antwort.	
Die schlechte Note, die Luzie für ihren Hinweis bekommt, versteht sie nicht.	

A Satzreihe
B einfacher Satz
C Satzgefüge

3.2

Worum handelt es sich bei den folgenden Sätzen? Kreuze an.

	Satzreihe	Satzgefüge	Hauptsatz	Nebensatz
a) Wer einmal lügt, dem glaubt man nicht.	☐	☐	☐	☐
b) Am Abend werden die Faulen fleißig.	☐	☐	☐	☐
c) Es wird nichts so heiß gegessen, wie es gekocht wird.	☐	☐	☐	☐
d) Umsonst ist nicht einmal der Tod, er kostet das Leben.	☐	☐	☐	☐

3.3

Bilde aus der folgenden Satzreihe einen einfachen Satz.

Luzie ist sehr selbstbewusst, sie ist etwas vorlaut.

3.4

Bilde das folgende Satzgefüge so um, dass ein einfacher Satz entsteht.

Die Frage der Lehrerin bezog sich auf Berlin, welches Luzies Lieblingsstadt ist.

Aufgabe 4: Nebensätze bestimmen und bilden

4.1

Bestimme die unterstrichenen Nebensätze näher.
Ordne jeweils den richtigen Buchstaben zu.

	Buchstabe
Weil Leo in der Schule nicht der Fleißigste ist, hat er einige schlechte Noten.	
Obwohl Leos Vater über die Noten seines Sohnes nicht erfreut ist, macht er ihm ein Angebot.	
„Wenn du die Versetzung in die nächste Klasse schaffst, machen wir eine Reise miteinander", verspricht er Leo.	
Leo, der zunächst erfreut ist, überlegt es sich doch anders.	
Damit er kein Risiko eingeht, antwortet er: „Nun ja, Vati, aber zu Hause ist es doch auch ganz schön."	

A Finalsatz
B Kausalsatz
C Relativsatz
D Konditionalsatz
E Konzessivsatz

4.2

Füge folgendem Satz einen Relativsatz hinzu.

Heute Abend lese ich den Brief, _____

4.3

Füge folgendem Satz einen Konjunktionalsatz (Nebensatz, der mit einer Konjunktion beginnt) hinzu.

Im Winter trinken viele Menschen gerne Tee, _____

4.4

Forme den einfachen Hauptsatz zu einem Satzgefüge aus Haupt- und Relativsatz um.

Der früher häufig verspätete Schulbus kommt neuerdings pünktlich.

Aufgabe 5: Sätze verknüpfen

5.1

Schließe den zweiten Satz als Finalsatz an den ersten Satz an.

Einige Schüler nehmen einen Schulbus früher. Sie kommen pünktlich zur Schule.

5.2

Schließe den zweiten Satz als Temporalsatz an den ersten Satz an.

Die Schulbusse kommen pünktlich. Viele Schüler haben sich bei der Schulleitung beschwert.

5.3

Verbinde die vier folgenden Sätze zu einem Satz. Verwende dabei unter anderem einen **Kausalsatz** und einen **erweiterten Infinitiv** mit „um zu".

1. Gestern wollte ich meinen Freund Theo besuchen.
2. Er war noch beim Fußballtraining.
3. Ich ging zur Sporthalle.
4. Ich holte ihn dort ab.

Aufgabe 6: Aktiv und Passiv

6.1

Auf welche Form treffen die folgenden Aussagen zu?
Kreuze an.

	Aktivform	Passivform
a) In dieser Form ist es wichtig, **wer** handelt/etwas tut.	☐	☐
b) In dieser Form wird betont, **was geschieht**.	☐	☐
c) Diese Form wird meistens mit einer Form von „werden" und dem Partizip II des Verbs gebildet.	☐	☐
d) In dieser Form ist der Handlungsträger immer erkennbar.	☐	☐

6.2

Wandle die folgenden Zeitungsüberschriften in vollständige Passivsätze um. Verwende das Präteritum. Ergänze, wenn nötig, den fehlenden Artikel und/oder die fehlende Präposition.

a) Bäume durch heftige Orkanböen entwurzelt

___

b) Schäferhund beißt Kind beim Spielen

___

c) Polizei ertappt Dieb auf frischer Tat

___

d) Fußballnationalmannschaft der Frauen holt wieder den EM-Titel

___

6.3

Forme die folgenden Schlagzeilen so um, dass der Handlungsträger betont wird. Bilde vollständige Sätze. Ergänze, wenn nötig, den fehlenden Artikel und/oder die fehlende Präposition.

a) Millionen E-Mails heimlich von amerikanischem Geheimdienst gesammelt

___

___

b) Junger Mann von entlaufener Raubkatze verletzt

___

___

Aufgabe 7: Über Sätze nachdenken

7.1

Welcher der vier Auswahlsätze entspricht dem folgenden Satz inhaltlich **nicht**? Kreuze an.

Leo war sehr erfreut über das Angebot seines Vaters, er reagierte zurückhaltend.

☐ Leo, der über das Angebot seines Vaters sehr erfreut war, reagierte zurückhaltend.

☐ Leo war sehr erfreut über das Angebot seines Vaters, aber er reagierte zurückhaltend.

☐ Leo, zurückhaltend reagierend, war über das Angebot seines Vaters sehr erfreut.

☐ Leo reagierte zurückhaltend auf das Angebot seines Vaters, weil er sehr erfreut war.

7.2

Im folgenden Satz liegen zwei Grammatikfehler vor. Kreuze die richtige Lösung an.

Handy und Fernsehen ist für Jugendlichen sehr wichtig.

☐ falsche Infinitivform und falsche Kasusform

☐ falsche Tempusform und falsche Verbform

☐ falsche Kasusform und falsche Verbform

☐ falsche Tempusform und falsche Infinitivform

Aufgabe 8: Über Sprachgebrauch nachdenken

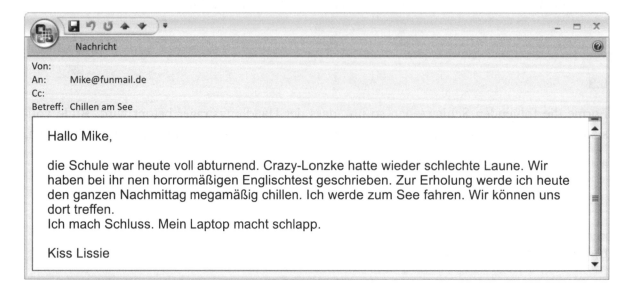

Analysiere Lissies E-Mail. Kreuze an.

8.1

Lissie verwendet ausschließlich ...

☐ Satzgefüge.

☐ Satzreihen.

☐ Hauptsätze.

☐ Nebensätze.

8.2

Sie verwendet ...

	richtig	falsch
a) Anglizismen (englische Wörter).	☐	☐
b) Fachsprache.	☐	☐
c) Dialekt.	☐	☐
d) Jugendsprache.	☐	☐

8.3

Sie verwendet ...

☐ nur Aktivformen.

☐ nur Passivformen.

☐ Aktiv- und Passivformen.

8.4

Einige Experten, die sich mit der deutschen Sprache wissenschaftlich beschäftigen, befürchten, dass durch die Verwendung von Anglizismen (englischen Wörtern in der deutschen Sprache) die deutsche Sprache vor dem Abgrund stehe.
Nenne zwei Aspekte, die du als „Rechtfertigung" für die Verwendung von englischen Wörtern in der deutschen Sprache anführen könntest.

_____

_____

_____

_____

8.5

Wie würde eine E-Mail mit gleichem Inhalt an Lissies Tante, die großen Wert auf korrekten sprachlichen Ausdruck legt, aussehen? Schreibe diese E-Mail.

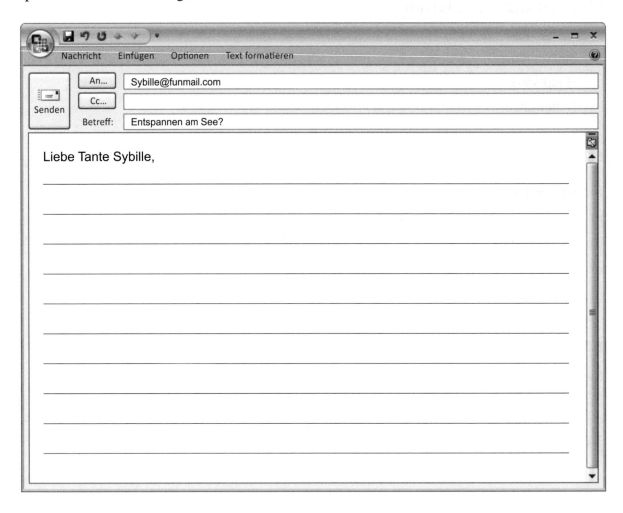

Kompetenzbereich: Rechtschreibung

Es folgen jetzt **sieben Aufgaben zur Rechtschreibung**.
Du hast dafür insgesamt **40 Minuten** Zeit.

Aufgabe 1: Fehler korrigieren

Mia hat für die Schülerzeitung einen Bericht über ihre Teilnahme am Schulmarathon verfasst. Sie bittet dich, den Bericht auf Rechtschreibfehler zu überprüfen, bevor sie ihn an die Redaktion der Schülerzeitung weitergibt.

Streiche die Wörter durch, die Mia falsch geschrieben hat.
Verbessere auf der Linie darüber.

> **Beispiel:**
> _____*Spaß*_____
> Der Marathon hat viel ~~Spass~~ gemacht.

Der Marathon sollte am Sonntag Morgen um zehn Uhr beginnen. Doch da einige Absperrungen

nicht rechtzeitig fertig waren, verzöhgerte sich der Lauf bereits zu Beginn. Unsere Schule war

mit 15 jugendlichen am Start. Dann ging es entlich los. Einige Läufer nahmen sofort ein

hohes Tempo auf, bei dem wir nicht mithalten konnten. Die Zuschauer am Straßenrand

klatschten uns ermuthigend zu. Lengs der Strecke waren Stände mit Erfrischungsgetränken

aufgebaut, denn beim laufen darf man das trinken nicht vergessen. Manchmal waren wir aber

doch am Ende unserer Kräfte. Einige Läufer sind direckt hinter dem Ziel erschöfft zusammen-

gebrochen. Doch keiner hat das Gemeinschaftserlebniss bereut. Wir versprachen uns gegen-

seitig, das wir auch am Nächsten Schulmarathon teilnehmen werden.

Übungsaufgaben im Stil von VERA 8 – Rechtschreibung

Aufgabe 2: Fehlerschwerpunkt erkennen

Im Folgenden findest du Abschnitte aus einem Schülertext, in denen unterschiedliche Fehler unterstrichen sind. Notiere für jeden Abschnitt, welche Art von Fehler am häufigsten gemacht wurde (Fehlerschwerpunkt).

> **Beispiel:**
> Max hat immer noch große Schwirigkeiten bei der rechtschreibung. Er kann sich aber nur verbeßern, wenn er seine Fehlerschwerpunkte auch kennt. Nachdem er seine Fehler korriegiert hat, notirt er die Regel auf einer Karteikarte.
>
> **Fehlerschwerpunkt:** _Schreibung von Wörtern mit „i" und „ie"_

2.1

Seit ich ungefähr zwölf bin, jogge ich bereits. Es ist eine lustige Geschichte, wie es dazu gekommen ist. Ich war abends auf dem Heimweg von der geburtstagsfeier eines Freundes und hatte mich schon sehr verspetet. Daher beschloss ich, eine Abkürzung durch den Wald zu nehmen. Als ich dann aber alleine im Wald war, kamen mir die Gereusche plötzlich gruselig vor. Die gefehrlichsten Bilder schwirrten mir durch den kopf, und ich hoffte nur, nicht gleich zu häulen anzufangen.

Fehlerschwerpunkt:

2.2

Sofort lief ich wieder in Richtung des Hauses meines Freundes, als plözlich eine dunkle Gestalt auf mich zukahm. Sie lief direkt auf mich zu, und ich wusste nur eines: Jetzt muss ich schneller sein als jemals zuvor. Ich drehte mich um und lief wieder in den dunklen Wald hinein. Am liebsten hätte ich einen schmahlen Pfad genommen, den keiner kennt. Doch dann fiehl mir ein, das dieser gestern schon ganz lemig und nicht begebar war.

Fehlerschwerpunkt:

2.3

Doch ich konnte auch kein Versteck finden, und so lief ich einfach weiter den Weg endlang. Ich drehte mich kurz um, damit ich dem Verfolger endgegenblicken konnte. Die Endfernung war kaum geringergeworden, obwohl ich eigendlich gedacht hatte, ihn entgültig abgehängt zu haben. So legte ich noch etwas tempo zu.

Fehlerschwerpunkt:

2.4

Ich bin bis zu diesem Abend noch nie soviel gelaufen und war doch überascht, wie wenig ich aus der Puste war. Das schnelle laufen war für mich etwas völlig neues. Dass erst so etwas blödes passieren musste, um die Freude am joggen zu entdecken, wundert mich noch heute.

Fehlerschwerpunkt:

2.5

Entlich sah ich die ersten Nachbarhäuser und lief nun noch schneller Richtung Straße. Jetzt ließ der Schrek langsam nach. Hier fühlte ich mich sicher. Doch für den Weg nach Hause blieb mir nichts anderes übrig, als die ganze Strekke einmal um den Wald herumzulaufen. Also rannte ich wieder los. Nur kurze Zeit später stellte ich erschroken fest, dass mir mein Verfolger wieder dicht auf den fersen war.

Fehlerschwerpunkt:

2.6

Als er schliesslich meinen Namen rief, kam mir die ahtemlose Stimme doch sehr bekannt vor. Es war mein Freund, der mir gefolgt war, da ich mein Handy bei ihm zu Hause liegen gelaßen hatte. Unglauplich, das ich ihn im dunkeln nicht erkannt hatte. Ich hatte ihn durch mein hohes Tempo ganz schön auf Abstand gehalten, er konnte es kaum faßen. Seitdem joggen wir regelmässig gemeinsam durch den Wald und geniessen dabei die frische Luft und Natur.

Fehlerschwerpunkt:

Aufgabe 3: Fremdwörter richtig schreiben

Anton hat Schwierigkeiten bei der richtigen Schreibung von Fremdwörtern. Zeige ihm, wie die Wörter korrekt geschrieben werden. Streiche dazu in jeder Zeile die falsch geschriebenen Wörter durch.

Beispiel:

~~Malör~~	Malheur	~~Malhör~~

1.	Atleth	Atlet	Athlet
2.	Rythmus	Rhytmus	Rhythmus
3.	Spaghetti	Spagetie	Spagethie
4.	Colage	Collage	Collasche

Aufgabe 4: Rechtschreibung begründen

Bei einer Rechtschreibaufgabe hat eine Mitschülerin die durchgestrichenen Wörter falsch geschrieben. Schreibe ihr auf, mithilfe welcher Regel sie sich die richtige Schreibweise herleiten kann.

Beispiel:
~~furcht~~ – Furcht *Substantive/Nomen werden großgeschrieben.*

4.1
~~lam~~ – lahm _____

4.2
~~Schluß~~ – Schluss _____

4.3
~~Keufer~~ – Käufer _____

4.4
~~Alfabet~~ – Alphabet _____

Übungsaufgaben im Stil von VERA 8 – Rechtschreibung

Aufgabe 5: Groß- oder kleinschreiben?

Schreibe die in Großbuchstaben geschriebenen Wörter in der zweiten Spalte in der richtigen Groß- bzw. Kleinschreibung auf.

Beispiel:	
Sie liest ihr NEUES BUCH sehr sorgfältig.	neues Buch

1.	Das Fenster darf nicht GESCHLOSSEN werden.	
2.	Diesen Raum darf man immer BESICHTIGEN.	
3.	Das BEDEUTSAMSTE an dem Bild ist die Farbe.	
4.	Das BEDEUTENDSTE BILD hängt in einem anderen Museum.	
5.	Jeder Museumsbesuch ist etwas WUNDERBARES.	
6.	Ich gehe gerne in SCHÖNE AUSSTELLUNGEN.	
7.	Dem Künstler wünsche ich VIEL ERFOLG.	
8.	An seiner Kunst gefällt mir das BUNTE.	

Aufgabe 6: Regeln ableiten

Du sollst für dich selbst ein Rechtschreibregelheft erstellen, das dir dabei hilft, in der Rechtschreibung sicherer zu werden. Sieh dir die unten aufgeführten Wörter genau an und überlege dir, was alle Wörter gemeinsam haben. Leite daraus eine Rechtschreibregel ab und notiere sie jeweils auf der Linie darunter.

Beispiel:
1. ernennen
2. einfetten
3. küssen
4. die Klappe
5. das Rennen
6. wimmern

Vor Doppelkonsonanten wird der betonte Vokal kurz gesprochen.

6.1

1. Entfernung
2. Heiterkeit
3. Fremdheit
4. Verteidigung
5. Männlichkeit
6. Schädlichkeit

6.2

1. lästig
2. mächtig
3. die Blässe
4. das Säckchen
5. tänzelnd
6. schälen

6.3

1. einkaufen fahren
2. schreiben üben
3. tanzen lernen
4. segeln gehen
5. jmd. ausruhen lassen
6. helfen kommen

6.4

1. sein Weinen
2. das Lesen
3. kein Erbarmen
4. durch Trainieren
5. das Reden
6. beim Spazierengehen

6.5

1. fließen
2. Floß
3. groß
4. Kloß
5. Maß
6. schießen

6.6

1. glasklar
2. taufrisch
3. goldgelb
4. wasserbeständig
5. rostfrei
6. kinderlieb

Aufgabe 7: Lückendiktat

Auf der nächsten Seite findest du ein sogenanntes „Lückendiktat", also einen Text, in dem zahlreiche Textstellen fehlen. Deine Aufgabe ist es, die fehlenden Wörter richtig in diese Lücken zu schreiben.

 Hierzu hörst du den Text langsam und vollständig. Lies still mit und trage dabei die fehlenden Wörter in die Lücken ein.

Track 12

Grundsätzlich gilt:
- Zahlen, die diktiert werden, müssen ausgeschrieben werden.
- Die Schrift muss gut lesbar sein. Achte darauf, dass eindeutig zu erkennen ist, ob ein Wort groß- oder klein-, getrennt oder zusammengeschrieben sein soll. Was nicht eindeutig zu lesen ist, gilt als Fehler.

Übungsaufgaben im Stil von VERA 8 – Rechtschreibung

Beispiel:

Morgen _____ wir mit unserer Klasse ins _____ für Kommunikation. Wir werden uns eine _____ über _____ ansehen. Dazu gehören auch _____, z. B. darüber, ob die Amerikaner im Jahre 1969 _____ auf dem _____ gelandet sind.

Lösung:

Morgen _gehen_ wir mit unserer Klasse ins _Museum_ für Kommunikation. Wir werden uns eine _Ausstellung_ über _Gerüchte_ ansehen. Dazu gehören auch _Verschwörungstheorien_, z. B. darüber, ob die Amerikaner im Jahre 1969 _wirklich_ auf dem _Mond_ gelandet sind.

Auf diese Art schreibst du das ganze Lückendiktat.

✒ *Hinweis:* Setze auch die **fehlenden Kommas** ein.

Schuluniformen – bitte nicht!

In der letzten Ausgabe unserer Schülerzeitung hat die Schülervertretung vorgeschlagen an unserer Schule Schuluniformen _____. Einige Schülervertreter haben diese Idee sogar schon dem Schulleiter _____ der ganz begeistert davon war. Er hat den Vorschlag sofort an die Lehrer _____. Ich frage mich aus welchem Grund wir eigentlich plötzlich darüber _____? Es sieht ja fast so aus als ob das _____ bereits beschlossene Sache _____. Eines stimmt: _____ Schüler glauben dass die Einführung einer Schuluniform dazu führen würde den Markenterror an unserer Schule endlich zu _____. Doch ich bin davon überzeugt dass _____ nur wegen seiner Kleidung gemobbt wird. Mobber werden immer Gründe finden um _____ auszugrenzen. Was mich betrifft: _____ fände es grauenhaft wenn wir alle Einheitskleidung tragen müssten. Graue _____ gibt es an unserer Schule schon genug!

Euer Luciano, 8 b

Lösungsvorschläge

Lösungsvorschläge: Basiswissen – Leseverstehen

Basiswissen

Kompetenzbereich: Leseverstehen

Übung 1 In dem Text geht es um Körperschmuck (Tätowierungen und Piercings), einen Modetrend, der, obwohl er sehr schmerzhaft sein kann, schon seit einigen Jahren anhält.

Übung 2
a) Tortur (Z. 5): ~~Angst~~ oder *Quälerei*
b) Fußballbranche (Z. 10): ~~Sportverein~~ oder *Berufszweig*
c) Provokation (Z. 24): *Herausforderung* oder ~~Beleidigung~~
d) juristisch (Z. 41): *rechtlich* oder ~~theoretisch~~
e) Prozedur (Z. 59): *Verfahren* oder ~~Entscheidung~~

Übung 3 Piercings und Tätowierungen sind seit vielen Jahren besonders bei jungen Menschen ein großer Modetrend. Der Körperschmuck soll modernes Aussehen und Individualität zum Ausdruck bringen. Da Piercings und besonders Tätowierungen gesundheitliche Risiken mit sich bringen, gelten strenge gesetzlichen Regelungen. Das Entfernen von Tattoos ist aufwendig und sehr teuer.

Übung 4
1. Z. 1–10: Seit einigen Jahren angesagte Modetrends: Tätowierungen und Piercings
2. Z. 11–34: Entwicklung der Hautverzierungen
3. Z. 35–40: Gründe, warum sich Jugendliche tätowieren bzw. piercen lassen
4. Z. 41–49: Juristische Regelungen und gesundheitliche Folgen
5. Z. 50–57: Weitere Folgen einer Tätowierung
6. Z. 58–66: Das Entfernen von Tätowierungen

Übung 5 Hier Buchstaben eintragen → **B**

Übung 6
a)

Der Text ...	ja	nein
verwendet hauptsächlich Umgangssprache.		X
enthält zahlreiche sprachliche Bilder (z. B. Metapher, bildhafter Vergleich, Personifikation).		X
verwendet treffende Wörter und Formulierungen.	X	
besteht überwiegend aus übersichtlichen Sätzen.	X	
spricht den Leser direkt an.		X
enthält witzige Bemerkungen oder Ausdrücke.		X
ist sachlich formuliert.	X	

b) *Die sprachliche Gestaltung passt zur Textsorte, weil* es sich um einen informativen Sachtext handelt.

Übung 7
a) Die Überschrift bezieht sich auf ...
   [X] den ganzen Text.
b) Die Überschrift passt ...
   [X] zum Text.

Lösungsvorschläge: Basiswissen – Leseverstehen

Begründung: Wer sich ein Piercing oder Tattoo stechen lässt, muss wirklich leiden, weil es eine sehr schmerzhafte Prozedur ist. Juristisch gesehen handelt es sich dabei sogar um „mutwillige Körperverletzung". Wer sich aber für einen solchen Körperschmuck entscheidet, tut das freiwillig, weil ihm die Bilder bzw. Schmuckstücke gefallen. Wer schön sein will, muss eben leiden.

Übung 8

1. In dem Text „Vegetarier" geht es vor allem um ...
   [X] Motive und Gründe für eine vegtarische Ernährung.

   Hinweis: Es werden zwar auch unterschiedliche Typen von Vegetariern beschrieben und auch auf die Auswirkungen des Fleischkonsums auf die Entwicklungsländer wird im Text kurz eingegangen. Hauptsächlich werden aber die Motive und Gründe für eine vegetarische Ernährung dargestellt.

2. Gemeint sind Krankheiten, die durch ...
   [X] das Leben im Wohlstand entstehen.

3. Die Menschen, die Fleisch konsumieren, ...
   [X] töten nicht nur Tiere, sondern auch Menschen.

4.
Verhaltensweise	Hier Kürzel eintragen ↓
verzichtet auf Milchprodukte	V
verzichtet auf Fisch	OLV, V
verzichtet auf Eier	V
verzichtet auf Fleisch	OLV, V
verzichtet auf Honig	V
verzichtet auf Lederprodukte	V

5.
Skandal 1	Skandal 2
BSE-Krise	Gammelfleischskandal

   Hinweis: vgl. Z. 4 u. Z. 5, alternativ: Vogelgrippe

6. Die Menschen in den Entwicklungsländern können sich das teure Fleisch nicht leisten.

   Hinweis: vgl. Z. 34–37

7.
		richtig	falsch
a)	In Deutschland werden für den Fleischkonsum über zwei Milliarden Stall- und Weidetiere und über 20 Milliarden Geflügeltiere getötet.	☐	[X]
b)	Auf der ganzen Welt gibt es schätzungsweise eine Milliarde Vegetarier.	[X]	☐
c)	Ein Rind stößt in einem Jahr ungefähr so viel Treibhausgase aus wie ein PKW in einem Jahr.	[X]	☐
d)	In Deutschland gibt es ca. 6 bis 8 Prozent Veganer.	☐	[X]

8. Dieser Vergleich soll verdeutlichen, dass ...
   [X] sehr viel landwirtschaftliche Fläche für die Fleischproduktion zur Verfügung gestellt wird, statt sie für Obst- und Gemüseanbau zu nutzen.

9. Rodung des Regenwaldes; Erwärmung der Erdatmosphäre

   Hinweis: vgl. Z. 46/47 u. Z. 57/58

10. Der Text will instruieren / argumentieren / <u>informieren</u> / appellieren.

Lösungsvorschläge: Basiswissen – Leseverstehen

Übung 9

1. In allen drei Texten geht es darum, ob es sinnvoll wäre, einen späteren Schulbeginn einzuführen. Denn es hat sich gezeigt, dass viele Schüler aufgrund der frühen Aufstehzeiten unter Schlafmangel leiden.

2.

Text	Textsorte	Textsortenmerkmale
C	Bericht	• Es wird ausführlich über ein aktuelles Ereignis informiert. • Objektive und sachliche Darstellung • Zitate von Beteiligten (direkt bzw. indirekt)
–	Nachricht	–
B	Kommentar	• Der Autor teilt seine Meinung zu einem aktuellen Thema/Ereignis mit. • Er nennt die wesentlichen Gründe für seine Meinung. • Der vollständige Name des Autors ist genannt. • Verwendung des Präsens
A	Reportage	• Es wird über ein Thema/Ereignis informiert. • Die Darstellung ist anschaulich und lebendig. • Es werden Einzelheiten und Beispiele aufgeführt. • Es wird Umgangssprache verwendet.

Hinweis: Du musst nur jeweils zwei Textsortenmerkmale nennen.

Übung 10

1. Umgang von Jugendlichen und jungen Erwachsenen mit Geld

2. 500

3. Die Befragten sind im Alter von **15** bis **20** Jahren.

4.

Hier Nummer eintragen ↓	Überschrift
4	Die meisten Jugendlichen leihen sich kein Geld
2	In der Regel kommen junge Menschen mit ihrem Geld aus
3	Bei Geldmangel wird der Kauf eher vertagt
1	Gespart wird für größere Anschaffungen

5. GfK (Gesellschaft für Konsumforschung)

6.

Diagrammart	Hier Nummer eintragen ↓
Tortendiagramm	2
Säulendiagramm	3
Kurvendiagramm	4
Balkendiagramm	1

7. Die meisten Jugendlichen würden …
   [X] ihre Ausgaben einschränken, bis wieder Geld zur Verfügung steht.

8.
		richtig	falsch
a)	Knapp drei Viertel aller befragten Jugendlichen kommen immer bzw. meistens mit ihrem Geld aus.	[X]	☐
b)	Ein Viertel der Jugendlichen kommt mit seinem Geld eher nicht bzw. nie aus.	☐	[X]
c)	Die Mehrheit der Jugendlichen kommen mit ihrem Geld immer bzw. meistens aus.	[X]	☐
d)	Knapp 20 Prozent der Jugendlichen kommen manchmal mit ihrem Geld aus, manchmal nicht.	[X]	☐

Lösungsvorschläge: Basiswissen – Leseverstehen

		richtig	falsch
9. a)	Die Mehrheit der Jugendlichen spart, um sich später größere Anschaffungen leisten zu können.	☒	☐
b)	Knapp die Hälfte aller Befragten spart bereits für eine spätere Ausbildung bzw. ein Studium.	☐	☒
c)	Die wenigsten Jugendlichen sparen für das Alter.	☒	☐
d)	Die 18- bis 20-Jährigen sparen deutlich mehr für Notfälle oder unvorhergesehene Ausgaben als die 15- bis 17-Jährigen.	☒	☐

10. Hier Buchstaben eintragen ↓
    D

Übung 11

1. Die Grafik zeigt, wie man sich bei einem Gewitter im Freien verhalten soll, und wie man anhand von Blitz und Donner die Entfernung eines Gewitters berechnen kann.

		richtig	falsch
2. a)	In Deutschland werden pro Jahr ungefähr 50 Menschen vom Blitz getötet.	☐	☒
b)	Die meisten Blitze sind Wolkenblitze und treffen nicht auf die Erde.	☒	☐
c)	Ca. 50 Prozent der Blitzopfer leiden unter gesundheitlichen Spätfolgen.	☒	☐
d)	Die gesundheitlichen Spätfolgen von Blitzeinschlägen werden oft nicht erkannt.	☒	☐
e)	In Deutschland treffen pro Jahr im Schnitt 2 Millionen Blitzschläge auf die Erde.	☐	☒

		richtig	falsch
3. a)	Die Entfernung eines Gewitters lässt sich durch den Zeitpunkt des Blitzes berechnen.	☐	☒
b)	Folgt zehn Sekunden nach dem Blitz der Donner, ist das Gewitter 3,3 km entfernt.	☒	☐
c)	Je schneller ein Donner nach einem Blitz zu hören ist, desto näher ist das Gewitter.	☒	☐
d)	An Blitz und Donner lässt sich auch die Richtung des Gewitters erkennen.	☐	☒
e)	Masten, Türme und deren Umgebung sind besonders blitzeinschlagsgefährdet.	☒	☐

4. 330 Meter pro Sekunde

5. Das Gewitter ist sehr weit entfernt.

		richtig	falsch
6. Bei Gewitter …			
a)	sofort das Auto verlassen.	☐	☒
b)	Schutz unter dem nächsten Baum suchen.	☐	☒
c)	sofort aus dem Wasser gehen.	☒	☐
d)	an Ort und Stelle stehen bleiben und sich nicht bewegen.	☐	☒
e)	sich so positionieren, dass der Körper eine möglichst kleine Angriffsfläche für den Blitz bietet.	☒	☐

7. • Gewässer • einzeln stehende Bäume
   • Metallzäune • Masten, Türme

Lösungsvorschläge: Basiswissen – Leseverstehen

8. *Mögliche Antworten:* herausgehoben, herausgestellt, ungeschützt

9. Text und Schaubild findet man in der Schülerzeitung mit dem Titel:
   [X] „Wenn einer eine Reise tut: Rund um den Wandertag"

   Begründung: In Text und Schaubild geht es um Blitzeinschläge und wie man sich bei einem Gewitter im Freien verhalten soll. Beim Wandern kann man in ein Gewitter geraten. Dann ist es wichtig, dass man sich richtig verhält.

Übung 12

		richtig	falsch
a)	Im Text werden Verhaltensweisen von Stadtbewohnern beschrieben.		[X]
b)	Der Erzähler heißt mit Nachnamen Schubiger.	[X]	
c)	Der Erzähler beschreibt, wie er mit seinen Verwandten spricht, wenn er aus der Stadt ins Dorf zurückkommt.		[X]
d)	Der Erzähler möchte gerne genauso schlagfertig sein wie seine Nachbarin.	[X]	

Übung 13

Es geht um einen Mann, der sich darüber ärgert, dass ihm auf die originellen Begrüßungssätze seiner Nachbarin oft keine passenden Antworten einfallen.

Übung 14

Die Geschichte hat einen …
[X] Ich-Erzähler.

Übung 15

[X] Die Erzählzeit ist deutlich kürzer als die erzählte Zeit.

Übung 16

Der Ich-Erzähler beschreibt die Begrüßung der Nachbarin übertrieben: Sie begrüßt ihn nicht höflich-freundlich, sondern schreit immer „gleich laut" (Z. 2) seinen Nachnamen heraus, egal, ob es in der Umgebung laut oder leise ist. Die Darstellung wirkt auf diese Weise übertrieben und lustig.

Übung 17

Ritter tragen Rüstungen, um sich vor Angriffen zu schützen. Der Ich-Erzähler möchte sich nun eine Rüstung aus Grußformeln anlegen, um sich so für die „Angriffe" seiner Nachbarin zu wappnen.

Übung 18

Es handelt sich um …
[X] eine Erzählung.

Übung 19

Der Erzähler freut sich darauf …
[X] auf eine Frage seiner Nachbarin mit einer geplanten Antwort endlich schlagfertig und lustig zu reagieren.

Übung 20

Deutung	Zitat
Das Besondere an den kurzen Wortwechseln zwischen dem Ich-Erzähler und der Nachbarin besteht darin, dass im Gespräch nicht das gesagt wird, was eigentlich gemeint ist.	*Mögliche Antworten:* „Soo, suchen Sie Gold?" (Z. 8) „Soo, verlochen Sie eine Katze?" (Z. 8/9) „Nichts, gar nichts. Nur die Füße unter dem Tisch." (Z. 12/13)
Der Ich-Erzähler fühlt sich durch die besonderen Begrüßungen der Nachbarin herausgefordert, ähnlich verrückte Antworten zu geben.	„Ich finde keine Wendung, die der ihren gerecht wird." (Z. 10) „Um mich zu rüsten, lege ich nun eine Sammlung von Grußformeln an." (Z. 14)

Lösungsvorschläge: Basiswissen – Leseverstehen

Übung 21

1. Sie …

	richtig	falsch
a) lebt bei ihrer Mutter.	☐	☒
b) hat mehrere Schwestern.	☒	☐
c) ist 16, als der Vater ihr sagt, dass er krank sei.	☒	☐
d) sorgt für ihr eigenes Einkommen.	☒	☐
e) geht allein zur Beerdigung ihres Vaters.	☐	☒

2. Er möchte sie …
   ☒ nach vielen Jahren kennenlernen.

3. Ich-Erzählerin

4. „Eine fremde Stimme meldete sich, der Mann nannte seinen Namen, sagte […] ob ich ihn kennenlernen wolle." (Z. 3–5)

5.
Zeilen	Handlungsschritt
1–7	Vater meldet sich erstmals bei seiner Tochter
8–28	Kennenlernen und erste Annäherungen zwischen Vater und Tochter
29–46	Krankheit und Tod des Vaters
47–49	Beerdigung des Vaters

6. ☒ Ja, es hat sich eine liebevolle Beziehung entwickelt.

   Begründung: Die Tochter besuchte ihren Vater mehrmals im Krankenhaus und brachte ihm auch Blumen mit. Sie wusste, dass er gerne Torte isst und wollte ihm eine backen. Weil er lieber Streuselschnecken mochte, buk sie ihm diese und brachte sie ihm noch warm ins Krankenhaus. Sie ging zu seiner Beerdigung. All das zeigt, dass sich eine liebevolle Beziehung zwischen Vater und Tochter entwickelt hat.

   Hinweis: Es genügt, wenn du einen der aufgeführten Punkte als Begründung anführst. Dies ist ein Beispiel für eine positive Bewertung der Vater-Tochter-Beziehung. Du könntest auch anderer Meinung sein, dann muss deine Begründung entsprechend anders ausfallen.

7. a) knappe Hauptsätze zu Satzreihen aneinandergefügt, keine Ausschmückung duch Adjektive oder Attribute

   b) Die Darstellung wirkt **nüchtern, sachlich, fast kühl**.

8. „Vater" (Z. 49)

9. Die Streuselschnecke steht …
   ☒ für die gewünschte „einfache", „normale" Liebe zwischen Vater und Tochter.

   Begründung: Die Streuselschnecke kann als Bild für die Beziehung zwischen Vater und Tochter verstanden werden. Der Vater wünscht sich nichts „Besonderes", Aufwändiges (wie eine Torte) von seiner Tochter, sondern Einfachheit und Normalität (Streuselschnecken). Die Tochter bringt dem Vater als Zeichen ihrer Zuneigung ein ganzes Blech mit dem noch warmen Gebäck ins Krankenhaus, um ihm eine Freude zu bereiten.

Lösungsvorschläge: Basiswissen – Leseverstehen

10.

Übung 22

1. Das lyrische Ich ist …
   [X] eine unbekannte Person.

2. [X] die geliebte Person

3. Das lyrische Ich …
   [X] denkt zärtlich an den geliebten Menschen.

4. In dem Gedicht „Für Einen" geht es um …
   [X] die unerschütterliche Liebe des lyrischen Ichs, die sich trotz Begegnungen mit anderen Menschen nur auf eine geliebte Person bezieht.

5. [X] umarmender Reim

6. Die Andern sind **aufregend**.

7. [X] Die Ellipse betont, dass es für das lyrische Ich nur ein einziges Ziel gibt: den geliebten Menschen.

8. Ich stimme Leon …
   [X] nicht zu.

   Begründung: Die Wiederholungen betonen ganz besonders den Gegensatz zwischen den Andern und der geliebten Person.

9. Es wird auf diese Weise nochmals hervorgehoben, dass die geliebte Person für Geborgenheit und Sicherheit steht (Hafen).

10. Das lyrische Ich …
    [X] empfindet nur „für einen" Menschen wahre Liebe.

Lösungsvorschläge: Basiswissen – Leseverstehen

Übung 23

1. [X] Die Städte werden besonders vom Wirtschaftsleben, also von Handel und Geld, bestimmt.

2. a) Die Zeit fährt Auto. Doch kein Mensch kann lenken. **a**
Das Leben fliegt wie ein Gehöft vorbei. **b**
Minister sprechen oft vom Steuersenken. **a**
(Wer weiß, ob sie im Ernste daran denken? **a**)
Der Globus dreht sich und geht nicht entzwei. **b**

   b) (Die Käufer kaufen. Und die Händler werben. **c**)
Das Geld kursiert, als sei das seine Pflicht. **d**
Fabriken wachsen. Und Fabriken sterben. **c**
Was gestern war, geht heute schon in Scherben. **c**
Der Globus dreht sich. Doch man sieht es nicht. **d**

3.

Hier Buchstaben eintragen ↓	Sprachliches Gestaltungsmittel
B	Vergleich
C	Wiederholung
A, B, C, D, E	Personifikation

4.
	richtig	falsch
a) Die Sätze sind überwiegend lang.		[X]
b) Viele Sätze haben einen immer gleichen Satzbau.	[X]	
c) Die Sätze sind überwiegend verschachtelt.		[X]
d) Die Sätze sind überwiegend kurz.	[X]	

5. Der Satzbau passt *sehr gut / ~~nicht sehr gut~~* zum Inhalt des Gedichts, weil sich in den kurzen, immer gleich aufgebauten Sätzen die Schnelllebigkeit und Ruhelosigkeit der Stadt widerspiegelt.

6. Der Sprecher kritisiert in den Versen **8 und 9** an den Politikern, dass sie …
[X] ihre Versprechen häufig nicht einhalten.

7. *Die Verben kommen alle aus dem Bereich der* Bewegung.
Damit will der Autor zum Ausdruck bringen, dass in der Stadt ständig etwas passiert, alles in Bewegung ist, niemals Ruhe einkehrt.

8. Eine Stimmung, die …
[X] Unsicherheit ausdrückt.

9. Durch die Wiederholung soll betont werden, dass …
[X] die Zeit niemals stillsteht.

10. [X] Wie gewonnen, so zerronnen.

11. a) *Die Zeit steht für* die Schnelligkeit im Leben der Menschen.
    b) *Das Auto steht für* die unaufhörlich voranschreitenden Entwicklungen.

Kompetenzbereich: Zuhören

Übung 1

Track 1

Hörbeitrag 1: Nicht auf den Mund geschaut

1 Freude, Überraschung, Wut, Angst, Ekel oder Traurigkeit gelten als die grundlegenden menschlichen Gefühle. Es wird sich nirgendwo auf der Welt ein gesunder Mensch finden, der diese Gefühle nicht schon einmal erlebt hat. Wie sich diese sechs Gefühle in einem Gesicht zeigen, haben Forscher mittlerweile sogar in standardisierten Abbildungen erfasst.
5 Solche mal freudigen, mal angeekelten oder auch verängstigten Standardgesichtsausdrücke hat die Psychologin Rachael Jack an der Universität Glasgow ihren Versuchspersonen vorgelegt. Die eine Hälfte der Studienteilnehmer stammte aus Asien, aus China und Japan, die anderen waren in westlichen Ländern groß geworden. Für das Erkennen der in den Gesichtsausdrücken dargestellten Emotionen hätte die Herkunft der jeweiligen Testperson
10 eigentlich keine Rolle spielen dürfen. Rachael Jack:

„Die allgemeine Auffassung war eigentlich immer, dass Menschen überall auf der Welt diese grundlegenden Gefühle auf dieselbe Weise ausdrücken, und deswegen sollten die entsprechenden Gesichtsausdrücke auch von allen Menschen richtig erkannt werden. [...] Natürlich beeinflusst unsere jeweilige Kultur, in welchem Kontext wir bereit sind, unsere
15 Gefühle zu zeigen, oder auch welchen Menschen gegenüber. Da spielen soziale Normen und Regeln eine große Rolle. Die Art und Weise, wie Emotionen sich im Gesicht zeigen, sollte aber überall gleich sein. Man müsste sie also mit hoher Sicherheit erkennen können, egal wohin man geht."

Tatsächlich aber machten die asiatischen Versuchspersonen auffallend viele Fehler. Es
20 schien ihnen schwerzufallen, die Gefühle Angst und Ekel in den Gesichtsausdrücken zu erkennen. Während des Experiments hatte die Psychologin auch die Augenbewegung der Testpersonen aufgezeichnet. Sie konnte dadurch exakt bestimmen, welchen Teil der dargebotenen Gesichter die Studienteilnehmer angeschaut hatten. Asiaten hatten vor allem die Augenpartie im Blick. Menschen aus westlichen Kulturen schauten dagegen auch auf den
25 Mund und beachteten eigentlich alle Teile des Gesichtsausdrucks.

„Als wir uns die Fehler unserer asiatischen Versuchspersonen genauer anschauten, fiel uns auf, dass sie Angst immer mit Überraschung verwechselten. Die Aufnahme ihrer Blickbewegung zeigte, dass sie dabei immer auf die Augen geschaut hatten. In diesen standardisierten Gesichtsausdrücken sind die Informationen, die die Augenpartie liefert, bei den
30 Gefühlen Angst und Überraschung aber fast gleich. Wenn ich Ihnen die Gesichtsausdrücke für Angst und Überraschung zeigen würde und dabei die Mundpartie abgedeckt wäre, könnten Sie kaum einen Unterschied feststellen. Menschen aus westlichen Kulturen können sie nur deswegen unterscheiden, weil sie auf den Mund blicken. [...]"

Bei „Ekel" verhielt es sich ganz ähnlich. Asiaten verwechselten dieses Gefühl häufig mit
35 „Wut". Betrachtet man bei diesen beiden Gesichtsausdrücken nur die Augenpartie, sind sie ebenfalls kaum zu unterscheiden. [...]

„Es ist jetzt wirklich wichtig für uns, zu verstehen, wie genau sich die Gesichtsausdrücke in östlichen Kulturen von denen in westlichen unterscheiden. Wir müssen dann nach objektiven Maßstäben bestimmen, ob bei Asiaten die Augenpartie tatsächlich zuverlässige Infor-
40 mationen über den Gefühlszustand liefert und ob der Mund nur minimal benutzt wird. Allerdings gibt es dazu schon einen völlig unwissenschaftlichen – anekdotischen Hinweis. Emoticons, die Gefühle im Cyberspace, beispielsweise in E-Mails ausdrücken, sehen in Asien anders aus als bei uns. Bei uns dominiert der Mund. Eine nach oben gerichtete Klammer soll ein glückliches Gesicht ausdrücken. Eine nach unten gerichtete Klammer Traurigkeit. In
45 asiatischen Emoticons werden die Augen zum Ausdruck der Gefühle benutzt und der Mund auf ein Minimum reduziert."

Beispielsweise symbolisieren zwei Semikolons nebeneinander in asiatischen Kulturen ein trauriges Gesicht: ;; Die Striche der Semikolons sehen dann aus wie Tränen.

Quelle: Deutschlandfunk, Sendung vom 14. 8. 2009

Lösungsvorschläge: Basiswissen – Zuhören

			richtig	falsch
1.	a)	Grundlegende Gefühle wie Freude, Überraschung, Wut, Angst, Ekel oder Traurigkeit kennen alle Menschen auf der Welt.	☒	☐
	b)	Menschen drücken ihre Gefühle auf ähnliche Weise im Gesicht aus.	☒	☐
	c)	Menschen können Gefühle anderer in deren Gesicht richtig ablesen.	☒	☐
	d)	Asiaten zeigen Gefühle anders als Menschen aus westlichen Kulturen.	☐	☒

Hinweis: Es geht um die Frage, welche Vorstellungen allgemein gelten, nicht darum, wie Asiaten ihre Gefühle zeigen.

			richtig	falsch
2.	a)	Die Testpersonen stammten zur Hälfte aus westlichen Kulturen und zur Hälfte aus asiatischen Kulturen.	☒	☐
	b)	Die Teilnehmer sollten miteinander reden und sich dabei gegenseitig beobachten.	☐	☒
	c)	Den Teilnehmern wurden Bilder gezeigt, auf denen Personen mit unterschiedlichen Gesichtsausdrücken gezeigt wurden.	☒	☐
	d)	Die Teilnehmer sollten aus den Gesichtsausdrücken die passenden Gefühle ablesen.	☒	☐
	e)	Die eine Gruppe der Teilnehmer sollte nur auf die Augen achten, die andere nur auf den Mund.	☐	☒

Hinweis: Die Teilnehmer sollten die Gefühle aus den Abbildungen ablesen. Und niemand hat den Teilnehmern gesagt, auf welches Gesichtsteil sie schauen sollen. Deshalb sind die Aussagen b und e falsch.

3. ☒ Augen

4. ☒ Augen und Mund

Hinweis: Die Aussage, dass Menschen aus westlichen Kulturen „auch auf den Mund" (Z. 24/25) schauten, zeigt, dass sie sowohl auf die Augen als auch auf den Mund schauten.

5. ☒ Angst und Überraschung   ☒ Wut und Ekel

Hinweis: vgl. Z. 30 u. Z. 34/35

Übung 2

Track 2

Hörbeitrag 2: Cybermobbing

1 *Moderator:* Herzlich willkommen hier bei uns in Bayern 3. Manchmal denkt man sich, och das betrifft meine Kinder nicht, diese Geschichte mit dem Mobbing und Cybermobbing und dieses ganze Zeug. Aber es betrifft immer mehr Kinder. Und es geht so schnell und dann hängen sie da drin. Ich finde das schon bedrückend, wenn man das so richtig klar in
5 Zahlen vorgesetzt bekommt, dass jeder fünfte, sogar mehr als jeder fünfte Schüler, schon Erfahrungen mit Cybermobbing gemacht hat. Was kann man machen? Jetzt gibt es eine wirklich gute Möglichkeit, spielerisch den Umgang mit Cybermobbing nicht zu erlernen, sondern sich davor zu schützen. Zum Beispiel ein Computerspiel machen.
Joachim Dangel vom Bayern 3 Service-Team:
10 *Dangel:* Ja, dieses Spiel heißt „Jakob und die Cyber-Mights" und das zeigt Jugendlichen ab zehn Jahren, was zu tun ist, wenn sie selbst oder Mitschüler gemobbt werden. Jakob erfährt in diesem Spiel, dass ein Unbekannter den Face-page-Account, also so heißt das in diesem Spiel, den Face-page-Account einer Mitschülerin gehackt hat und fiese Lügen

über das Mädchen verbreitet, und Jakob macht sich dann mit ner Freundin auf die Suche
nach dem Übeltäter. Hinweise, zum Beispiel im Gespräch mit Lehrern, die müssen richtig interpretiert werden, um ins nächste Level zu kommen, und natürlich führen auch Spuren ins Leere und so mancher Verdacht erweist sich auch im Nachhinein als falsch.
Moderator: Das klingt jetzt so, wenn du mir das erzählst, wie so ein nettes, spannendes Detektivspiel, aber die Frage ist doch: Was nützt das jetzt tatsächlich den Schülern oder hier der Schülerin, die wir gerade gehört haben, dieses Spiel zu machen, im richtigen Leben?
Dangel: Also, die lernen ganz nebenbei, wie man sich in sozialen Netzwerken verhält, dass Pseudonyme und Nicknames wichtig sind und wie ein sicheres Passwort aussieht, und sie haben spielerisch ausprobiert, wie sie sich gegen ungerechte Angriffe und Beleidigungen auch im Internet sinnvoll wehren können. Dieses Spiel, das kann online gespielt werden oder man kann sich's auf den Rechner runterladen. Der Link: www.jakob-und-die-cyber-mights.de, jeweils mit einem Minuszeichen zwischen den einzelnen Wörtern.
Moderator: Und natürlich finden sie den Link auch bei uns auf der Homepage unter bayern3.de – lässt sich leichter merken.
Quelle: Joachim Dangel, Roman Roell: Cybermobbing, in: Bayern 3 am Vormittag, Tipps für Verbraucher, Sendung vom 16. 9. 2013

1. In dem Beitrag geht es darum, wie …
   [X] man spielerisch erlernen kann, sich vor Cybermobbing zu schützen.

2. In dem Beitrag heißt es, dass …
   [X] mehr als jeder fünfte Schüler bereits Erfahrung mit Cybermobbing gemacht hat.

3. Es handelt sich um ein …
   [X] Computerspiel

4. ab 10 Jahren

5. In dem Spiel geht es um …   richtig   falsch
   a) Jakob, der gemobbt wird.   ☐   [X]
   b) Jakob, der einer gemobbten Freundin hilft.   [X]   ☐
   c) Jakobs Gespräch mit einem Lehrer.   ☐   [X]
   d) einen Unbekannten, der Profilfotos einer Mitschülerin ins Netz stellt.   ☐   [X]
   e) einen Unbekannten, der den Account einer Mitschülerin hackt und Lügen über sie verbreitet.   [X]   ☐
   f) unbekannte Hacker, die Jakobs Account knacken.   ☐   [X]

6. Man lernt, …   richtig   falsch
   a) wie Soziale Netzwerke funktionieren.   ☐   [X]
   b) wie man sich in Sozialen Netzwerken verhält.   [X]   ☐
   c) dass Pseudonyme und Nicknames wichtig sind.   [X]   ☐
   d) dass man nicht mit Unbekannten chatten sollte.   ☐   [X]
   e) wie ein sicheres Passwort aussieht.   [X]   ☐
   f) wie man sich gegen Beleidigungen im Internet wehren kann.   [X]   ☐

7. [X] Jakob und die Cyber-Mights

8. Bei diesem Beitrag handelt es sich um …
   [X] einen Verbrauchertipp.

Lösungsvorschläge: Basiswissen – Zuhören

Übung 3

Track 3

Hörbeitrag 3: Kurt Tucholsky, „Der Floh"

1 Im Departement du Gard[1] – ganz richtig, da, wo Nimes[2] liegt und der Pont du Gard[3]: im südlichen Frankreich – da saß in einem Postbüro ein älteres Fräulein als Beamtin, die hatte eine böse Angewohnheit: Sie machte ein bisschen die Briefe auf und las sie. Das wusste alle Welt. Aber wie das so in Frankreich geht: Concierge, Telefon und Post, das sind geheiligte
5 Institutionen, und daran kann man schon rühren, aber daran darf man nicht rühren, und so tut es denn auch keiner.
   Das Fräulein also las die Briefe und bereitete mit ihren Indiskretionen[4] den Leuten manchen Kummer.
   Im Departement wohnte auf einem schönen Schlosse ein kluger Graf. Grafen sind manch-
10 mal klug, in Frankreich. Und dieser Graf tat eines Tages Folgendes:
   Er bestellte sich einen Gerichtsvollzieher auf das Schloss und schrieb in seiner Gegenwart an einen Freund:
   Lieber Freund!
   Da ich weiß, dass das Postfräulein Emilie Dupont dauernd unsre Briefe öffnet und sie liest,
15 weil sie vor lauter Neugier platzt, so sende ich Dir anliegend, um ihr einmal das Handwerk zu legen, einen lebendigen Floh.
   Mit vielen schönen Grüßen
   Graf Koks
   Und diesen Brief verschloss er in Gegenwart des Gerichtsvollziehers. Er legte aber keinen
20 Floh hinein.
   Als der Brief ankam, war einer drin.

Quelle: Kurt Tucholsky: Der Floh. In: Ders.: Werke und Briefe. Rowohlt 1932, S. 3

Worterklärungen:
1 Departement du Gard: Bezirk in Südfrankreich
2 Nimes: Stadt in Südfrankreich
3 Pont du Gard: Brücke in Südfrankreich
4 Indiskretion: ungeniertes Ausplaudern von Informationen über andere

1. Sie öffnet die Briefe der Postkunden und redet auch über das, was sie darin gelesen hat.

   Hinweis: vgl. Z. 3 u. Z. 7/8

2. [X] Es ist nicht üblich, dagegen vorzugehen.

   Hinweis: vgl. Z. 4–6. An dieser Textstelle ist klar zu erkennen, dass es zwar möglich wäre, gegen das Verhalten des Postfräuleins vorzugehen, aber man tat das einfach nicht.

3. [X] Er legt einen Floh in den Brief.

   Hinweis: Es heißt ausdrücklich, dass er keinen Floh hineinlegte (vgl. Z. 19/20).

4. Das Postfräulein hat den Brief gelesen und daraufhin angenommen, es sei ein Floh darin. Um zu vertuschen, dass sie den Brief geöffnet und gelesen hat, hat sie einen Floh gesucht und hineingelegt.

   Hinweis: Wer sonst sollte sich die Mühe gemacht haben, einen Floh zu suchen und in den Umschlag zu stecken? Gerade damit hat das Postfräulein endgültig gezeigt, dass sie die Briefe der Postkunden öffnet und liest; der Graf hat den Brief schließlich in Gegenwart eines Gerichtsvollziehers verschlossen – und zwar ohne Floh!

Lösungsvorschläge: Basiswissen – Zuhören

Übung 4

Track 4

Hörbeitrag 4: Otto Heinrich Kühner, „Parkplatz auf Lebenszeit"

1 Eines Abends kam er mit dem Wagen vom Dienst zurück und stellte fest, dass mittlerweile vor dem Haus auch die letzte Parklücke geschlossen war. Auf beiden Seiten der Straße standen die Autos hintereinander in dichter Reihe, auch in den Seiten- und Parallelstraßen, überall, im ganzen Viertel. Während er suchend durch die Straßen fuhr, war er wieder in den
5 Verkehrsstrom geraten und sah sich von einer endlosen Autokolonne eingekeilt.

So beschloss er, nach Hause zurückzufahren. Aber er war inzwischen – diese Geschichte spielte in Hamburg – von Wandsbek nach Harburg geraten; er hätte, um den Weg nach Hause zu nehmen, links abbiegen müssen, was bei dem starken Gegenverkehr nicht möglich war.

10 Also entschloss er sich, die Küste entlang zu fahren, über die Niederlande, Belgien, Frankreich, Spanien und Italien, um dann über den Vorderen Orient, Asien, Karelien und Skandinavien von Osten her nach Hamburg einzufahren.

Er tat dies auch und kam erst nach vier Monaten wieder vor seinem Haus an, wo inzwischen – durch Todesfall – gerade eine Parklücke entstanden war. Er setzte sich in die Lücke
15 und vereinigte sich wieder mit seiner Familie, wo er seit jenem Abend vor vier Monaten überfällig war.

Um seinen Parkplatz nicht wieder zu verlieren, ließ er seinen Wagen, wie es die übrigen Fahrzeugbesitzer ebenfalls taten, für dauernd vor seinem Haus stehen und erledigte von jetzt an alles zu Fuß, auch den Weg ins Büro; an den Wochenenden fuhr er mit der Bahn oder
20 dem Bus ins Alte Land oder in den Sachsenwald.

Um das Fahren nicht zu verlernen, übte er nur bisweilen das Anlassen des Motors, das Bedienen von Winker und Scheibenwischer sowie das Stehen in einer Parklücke.

Quelle: Otto Heinrich Kühner: Parkplatz auf Lebenszeit. In: Ders.: Der Pappkamerad und die Strohpuppe. Münchener Edition Schneekluth, München 1984, S. 11–12

1. Auf der Suche nach einem Parkplatz entfernt er sich immer mehr von seinem Zuhause.

   Hinweis: vgl. Z. 1/2 u. 6–12

2. Sie dauert …

   [X] vier Monate

   Hinweis: vgl. Z. 13

3. Ein Parkplatz ist frei geworden.

   Hinweis: vgl. Z. 14.

4. Er fährt nie mehr mit seinem Auto.

   Hinweis: vgl. Z. 17–19

5. [X] Er will das Autofahren nicht verlernen.

   Hinweis: vgl. Z. 21

6. Erzählt wird etwas über das Verhalten …

   [X] anderer Autofahrer.

   Hinweis: Es heißt, sie würden sich ähnlich verhalten wie die Hauptfigur (vgl. Z. 17/18).

Kompetenzbereich: Schreiben

Übung 1 **Thema:** Klassenausflug in Eissporthalle

Übung 2 **Anlass:** Ausflug in Eissporthalle
Verfasser: Schüler/in, Klassensprecher/in
Adressat (Leser): Eltern der Schüler/innen
Schreibabsicht/-ziel: über den Schulausflug informieren

Übung 3 **Cluster**

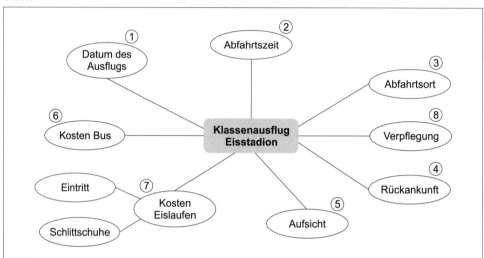

Mindmap

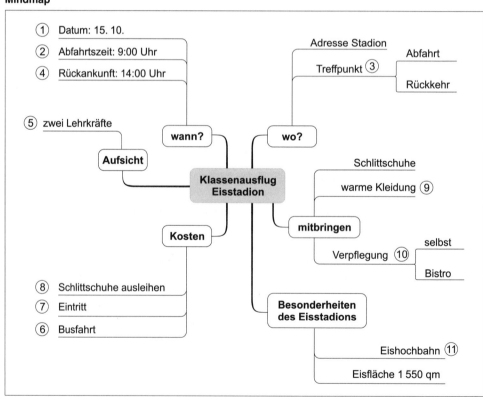

Lösungsvorschläge: Basiswissen – Schreiben

Übung 4

Einleitung
• Anlass: Klassenfahrt Eissporthalle • Hinweis auf die Rolle des Briefschreibers (Klassensprecher/in) • Ziel: Eltern informieren
Hauptteil

• wann: 15.10. (Dienstag)
• Abfahrtszeit: 9.00 Uhr, Rückkehr: 14.00 Uhr
• Treffpunkt: an der Schule
• Aufsicht: zwei Lehrkräfte
• Kosten:
  – Busfahrt: 2,00 €/Person
  – Eintritt: 3,00 €/Person
  – Schlittschuhe leihen 2,50 €/Person
  – kostenloser Helmverleih
• mitbringen:
  – eigene Schlittschuhe
  – warme Kleidung
  – Verpflegung (oder Bistro)
• Besonderheiten der Eissporthalle: Eishochbahn

Schluss
• Rückfragen bei Klassensprecher/in • Freude auf bevorstehenden Auslug • Dank an Eltern für Unterstützung • Grußformel, Unterschrift

Übung 5

- Anliegen vortragen → Ziel
- Sprache: sachlich, höflich, Standardsprache
- Aufbau: Briefform, Briefkopf: Name und Anschrift des Absenders, darunter Anschrift des Empfängers; Datum, Betreffzeile, formale Anrede, Grußformel und Unterschrift
- innerer Aufbau: Einleitung, Hauptteil, Schluss

Übung 6

Hallo[1] Eltern,
(…) Übernächste Woche gehen wir ins Eisstadion[2]. Wir wollen uns um 7.45 Uhr vor der Schule treffen und von dort gemeinsam um 8.00 Uhr abfahren – das wird echt cool[3]!
Im Eisstadion kann man auch Schlittschuhe bekommen[4]. Wer eigene Schlittschuhe hat, sollte sie mitbringen, aber[5] das Ausleihen kostet etwas.
Im Eisstadion wird es kalt sein, deshalb sollten im Eisstadion[6] alle Schülerinnen und Schüler warme Kleidung tragen.
Dort gibt es auch leckere Kleinigkeiten zum Essen, wenn man keine eigene Verpflegung mitbringen möchte, die man für wenig Geld kaufen kann, z. B. Pommes frites für 1,70 Euro oder Spaghetti für 5,50 Euro.[7] Man kann auch eigene Speisen und Getränke mitbringen. Diese kann man aber nicht im Bistro zu sich nehmen, man kann[8] sie nur in der kalten Eishalle verzehren.
Die Eishalle hat eine 200 Meter lange und sechs Meter breite Eishochbahn. Sie hat ein Untergeschoss mit mehr als 1 500 qm Eisfläche. Man hat[9] viel Platz zum Schlittschuhlaufen.
Das ist echt supertoll[10] und wir werden als Klassengemeinschaft sicher krass[11] viel Spaß haben. (…)
Lukas Meier, Klasse 8 f

Nr. 1: **B**
Nr. 2: **A**
Nr. 3: **B**
Nr. 4: **A**
Nr. 5: **D**
Nr. 6: **C**
Nr. 7: **E**
Nr. 8: **A, C**
Nr. 9: **C**
Nr. 10: **B**
Nr. 11: **B**

Lösungsvorschläge: Basiswissen – Schreiben

Übung 7

Friedrich-Schiller-Gymnasium
Klasse 8 f
Gartenstraße 7
12345 Freibergen

An die Eltern der Klasse 8 f

Ausflug ins Eisstadion

Liebe Eltern,

die Klasse 8 f plant einen Schulausflug in die Eissporthalle Tuxenmark. Als Klassensprecher möchte ich Sie heute über diesen Ausflug und den geplanten Tagesablauf informieren.

Unsere Klassenfahrt ist für Dienstag, den 15.10. geplant. Wir treffen uns um 8.45 Uhr vor der Schule, Abfahrt ist um 9.00 Uhr. Um Pünktlichkeit wird gebeten! Gegen 14.00 Uhr werden wir wieder an der Schule eintreffen. Zur Aufsicht werden uns zwei Lehrkräfte begleiten, unsere Klassenlehrerin, Frau Sommer, sowie Herr Deutscher, unser Kunstlehrer.

Die Kosten für den Ausflug sehen folgendermaßen aus: 2,00 Euro/Person kostet die Busfahrt, 3,00 Euro kostet der Eintritt. Wer sich Schlittschuhe ausleihen möchte, kann dies für 2,50 Euro tun.

Alle Schülerinnen und Schüler sollten daran denken, warme Kleidung zu tragen oder mitzubringen, da es im Eisstadion recht kalt sein wird. Verpflegung kann sich jeder selbst mitnehmen, es ist aber auch möglich, im Bistro des Eisstadions zu essen. Dort werden kalte und warme Kleinigkeiten preisgünstig angeboten, z. B. Spaghetti Bolognese für 5,50 Euro oder Pommes frites für 2,00 Euro.

Zum Schluss möchte ich Ihnen noch einige interessante Informationen über unser Ausflugsziel geben: Die Eissporthalle Tuxenmark bietet neben einer mehr als 1500 qm großen Eisfläche als besondere Attraktion eine 200 Meter lange und sechs Meter breite Eishochbahn, die durch die gesamte Eishalle bis ins angrenzende Bistro führt.

Wir freuen uns alle sehr auf unseren Klassenausflug ins Eisstadion und ich möchte mich jetzt schon einmal ganz herzlich im Namen aller Mitschülerinnen und Mitschüler für Ihre Unterstützung bedanken.

Sollten Sie noch Fragen haben, können Sie sich jederzeit gerne an mich wenden.

Mit herzlichen Grüßen
Lukas Schwarz, Klassensprecher 8 f

Übung 8

(…) Die Klasse hat mit ~~Großer~~ Mehrheit für einen Ausflug in die Eishalle nach Tuxenmark gestimmt. ~~Weil wenn man Schlittschuhlaufen geht, verstärkt das die Klassengemeinschaft.~~ Herr Dehner**,** unser Klassenlehrer**,** und Frau Zimmermann**,** unsere Deutschlehrerin**,** haben sich ~~Beide~~ bereit erklärt**,** uns zu begleiten. Für die Eishalle in Tuxenmark haben wir uns entschieden**,** weil ~~die Eishalle in Tuxenmark~~ eine ganz ~~Besondere attraktion~~ bietet. (…)	großer Denn gemeinsames Schlittschuhlaufen stärkt die Klassengemeinschaft. beide sie besondere Attraktion

Übung 9

Unfallbericht

Am Dienstag, den 22.01.2015 ereignete sich in der Goethestraße Ecke Schillerstraße ein Verkehrsunfall. Dabei wurde der 13-jährige Eric T. von einem Bus der Linie 628 angefahren. Der Schüler des Goethe-Gymnasiums verließ gegen 12.30 Uhr das Schulgebäude und betrat die Goethestraße. Dabei übersah er den von rechts kommenden Bus. Dieser bremste noch, konnte jedoch nicht mehr vollständig ausweichen und streifte den Jungen. Der Schüler fiel zu Boden und blieb verletzt liegen. Der Busfahrer verständigte unverzüglich per Notruf Polizei und Krankenwagen.

Eric T. wurde in die nahegelegene Uni-Klinik Köln gebracht, wo die Ärzte einen gebrochenen Arm feststellten. Am Bus entstand ein Sachschaden.

Lösungsvorschläge: Basiswissen – Schreiben

Übung 10 Die Erzählung „Der Zirkus brennt" von Joseph Ratzinger spielt in Dänemark. In einem Reisezirkus ist ein Feuer ausgebrochen und der Zirkusdirektor hat seinen Clown in das benachbarte Dorf geschickt, um Hilfe zu holen und die Bewohner vor dem Feuer zu warnen. Doch die Menschen nehmen ihn nicht ernst, und so brennt am Ende nicht nur der Zirkus, sondern das ganze Dorf ab.
Den Äußerungen des Clowns glaubt niemand, weil er das Kostüm trägt, in dem er normalerweise in einer Vorstellung auftritt. Die Dorfbewohner denken, dass er bloß gekommen ist, um möglichst viele Zuschauer in die nächste Vorstellung zu locken. Seine dringenden Appelle halten sie für einen gelungenen Werbetrick und amüsieren sich darüber. Je stärker der Clown auf sie einredet, desto mehr lachen sie über ihn. Am Ende greift das Feuer tatsächlich auf das Dorf über.

Übung 11 **Thema:** Es geht um die Frage, ob es an einer Schule für alle achten Klassen einen Pflicht-Benimmkurs geben soll.

Übung 12 **Anlass:** Bitte der Schülervertretung um Stellungnahme, ob für alle achten Klassen ein Pflicht-Benimmkurs eingerichtet werden soll
Verfasser: Schüler/in der Goethe-Schule
Adressat: Schülervertretung
Schreibabsicht/-ziel: Schülervertretung von der eigenen Position überzeugen, ob für alle achten Klassen ein Pflicht-Benimmkurs eingerichtet werden soll

Übung 13

Pro-Argumente (für einen Pflicht-Benimmkurs)	Kontra-Argumente (gegen einen Pflicht-Benimmkurs)
• sensibilisiert Schüler für höfliche Umgangsformen • macht Schülern klare Verhaltensregeln deutlich, an die sie sich halten sollten • fördert respekt- und rücksichtsvolleren Umgang untereinander, reduziert Aggressionen • verbessert die Schulgemeinschaft • hilft dabei, sich auch außerhalb der Schule gut zu benehmen (Vorstellungsgespräch, Praktikum, Familie)	• Stundenausfall in Fachunterricht, der dringend nötig ist • die meisten Jugendlichen wissen auch ohne einen Kurs, wie man sich zu benehmen hat • ein Pflichtkurs hilft auch nicht, wenn man sich nicht an Benimmregeln halten möchte • ein Benimmkurs an einem Schulvormittag ändert nicht das Verhalten von aggressiven Jugendlichen • gutes Benehmen sollte man von den Eltern und in der Familie lernen, nicht in der Schule • Zwang ist schlecht, sollte besser auf Freiwilligkeit basieren

Übung 14

Auszug aus der Stellungnahme eines Schülers	E, H, S
Ich möchte abschließend noch einmal betonen, dass ich einen Pflicht-Benimmkurs für überflüssig halte. Denn ich denke, dass es wichtigere Dinge gibt, die wir in der Schule lernen sollten.	S
Ein weiteres wichtiges Argument gegen einen Pflicht-Benimmkurs ist der Stundenausfall für den anderen Fachunterricht. Denn wenn wir an einem Schulvormittagen keinen regulären Unterricht haben, fehlen diese Stunden im Halbjahr.	H
Darüber hinaus darf nicht vergessen werden, dass die meisten von uns sich wirklich anständig benehmen können. Das wird daran deutlich, dass es nur wenige Beschwerden über unsere Klasse gibt.	H
Sind Anstandsregeln altmodisch oder zeitlos? Diese Frage wird zurzeit an unserer Schule diskutiert.	E

Lösungsvorschläge: Basiswissen – Schreiben

Übung 15

These/Behauptung	Ein Pflicht-Benimmkurs sensibilisiert Schüler/innen für höfliche Umgangsformen.
Begründung	In einem solchen Kurs lernen die Schülerinnen und Schüler viele Benimmregeln kennen, die ihnen zuvor so nicht bewusst waren, weil sie sich darüber keine Gedanken gemacht haben. Viele Schüler verhalten sich rücksichtslos, weil sie die Regeln nicht kennen.
Veranschaulichung durch Beispiel(e)	Nicht jeder Schüler wird, wenn er durch eine Tür geht, es für selbstverständlich halten zu schauen, ob man für einen anderen ebenfalls die Tür kurz aufhalten sollte. Durch einen Benimmkurs kann er auf dieses Verhalten aufmerksam gemacht werden.

Übung 16

(…) Zugegeben: Ein Kurs für Benimmregeln klingt sicher streng und altmodisch. Aber ohne Benimmregeln[1] benehmen sich viele oft voll schräg[2]. Das sollte sich ändern. Benimmregeln fördern einen besseren Umgang untereinander[3]. Wir lernen, uns besser zu verstehen und uns einheitlich zu verhalten[4]. Es wäre doch z. B. schön, wenn man künftig keine Tür mehr an den Kopf geknallt[5] bekäme, weil jeder rücksichtsvoll handelt und die Tür für die nachfolgende Person kurz aufhält.
Natürlich kann ich verstehen, dass einige behaupten, ein Kurs für Benimmregeln würde sich nicht sofort auf unsere Schulgemeinschaft auswirken. Denn Benimmregeln[6] sind ja nur Regeln. Die nicht alle einhalten.[7] Aber wie oft entsteht Streit, weil jemand bescheuert angemacht[8] wird. Mit vernünftigen Anstandsregeln könnte man höflicher und rücksichtsvoller miteinander umgehen und auch die Aggression unter den Schülern würde sicher etwas zurückgehen, wenn wir mit der Zeit immer mehr darauf achten, die Regeln einzuhalten, auch wenn das nicht immer sofort klappen wird[9].
Es käme meiner Meinung nach auf einen Versuch an, den man ausprobieren könnte, wenn man etwas unternehmen möchte, die Schulgemeinschaft zu verbessern[10]. (…)

Nr. 1: **C**
Nr. 2: **B**
Nr. 3: **A**
Nr. 4: **A**

Nr. 5: **B**

Nr. 6: **C**
Nr. 7: **D**
Nr. 8: **B**

Nr. 9: **E**

Nr. 10: **E**

Übung 17

Liebe Schülervertreter,
seit einigen Wochen wird darüber diskutiert, ob an unserer Schule an einem Schulvormittag ein Pflicht-Benimmkurs für alle achten Klassen eingeführt werden soll. Eurer Bitte, unsere Meinung zu dieser Idee mitzuteilen, komme ich sehr gerne nach.
Zunächst muss ich zugeben, dass das Wort „Pflicht-Benimmkurs" nicht wirklich motivierend klingt. Da kommen mir sofort altmodische Anstandsregeln in den Sinn, die viele von uns sicher eher „uncool" finden. Brauchen wir an unserer Schule wirklich eine solche Pflichtveranstaltung?
Das erste Argument für einen Benimmkurs liegt auf der Hand, sobald man einen Blick in unseren Klassenräume wirft: In der Regel findet man am Ende eines Schultages in jedem Klassenzimmer leere Flaschen, Obstreste oder sogar benutzte Taschentücher auf dem Boden. Offensichtlich wissen nicht alle Schülerinnen und Schüler, wo der Müll hingehört. Ein Benimmkurs könnte dieses Problem thematisieren und den einen oder anderen zum Nachdenken bringen.
Natürlich kann man gegen einen Pflicht-Benimmkurs einwenden, dass viele von uns Schülern sich ohnehin höflich, freundlich und zuvorkommend benehmen. Gewaltsame Auseinandersetzungen sind sehr selten. Aber es geht bei einem Benimmkurs ja auch eher um die alltäglichen Verhaltensregeln und kleinen Gesten. Wer von uns hat es zum Beispiel nicht schon einmal erlebt, dass ihm die Tür direkt vor der Nase zugeschlagen wurde? Nicht alle von uns achten darauf, anderen die Tür aufzuhalten. Ein Benimmkurs kann dazu führen, dass wir mehr aufeinander achten. Ich würde mich zum Beispiel sehr darüber freuen, wenn

ein Mitschüler etwas für mich aufhebt, das mir unbemerkt heruntergefallen ist. Kleine Gesten der Rücksichtnahme verbessern sicher insgesamt das Schulklima.

Zwar wird von Mitschülern und Lehrern argumentiert, dass solch ein Pflicht-Benimmkurs an einem ganzen Schulvormittag zu hohem Unterrichtsausfall führt. Dem möchte ich jedoch mein wichtigstes Argument entgegenstellen: Viele Schüler würden in einem Benimmkurs mehr fürs Leben lernen als an einem gewöhnlichen Schulvormittag. Denn auch außerhalb des Schullebens sind Anstand und Höflichkeit gefordert. In vielen Situationen des alltäglichen Lebens können gute Manieren nur von Vorteil sein. Es ist zum Beispiel gut zu wissen, wie man sich bei einem Vorstellungsgespräch für einen Praktikumsplatz höflich benimmt.

Ich bin darum der festen Überzeugung, dass ein Pflicht-Benimmkurs für viele Schülerinnen und Schüler sowohl im Schulalltag als auch außerhalb der Schule ein großer Gewinn sein kann. Ich hoffe, meine Argumente konnten euch überzeugen. Über eine Rückmeldung freue ich mich.

Euer Lukas aus der 8 f

| Übung 18 | (…) Zunächst möchte ich betonen, ~~das~~ aus meiner Sicht ~~Viele~~ Schüler einen Benimmkurs vertragen könnten. Denn heutzutage erlebt man es oft**,** ~~das~~ Schüler kaum Rücksicht ~~auf einander~~ nehmen. Viele Schüler ~~drengeln~~ sich zum Beispiel jeden Tag am Milchkiosk vor. Wenn man sie darauf anspricht, reagieren sie gleich ~~ziehmlich aggro~~. Ein Benimmkurs könnte zeigen, wie man sich freundlich**,** höflich und rücksichtsvoll ~~verhällt. Ausserdem~~ käme man auf diese ~~weise~~ auch mit Mitschülern darüber ins Gespräch, in welchen Situationen wir uns an unserer Schule besser benehmen könnten. Deshalb bin ich ~~grundsetzlich~~ für einen Benimmkurs. (…) | dass
viele
dass

aufeinander, drängeln

ziemlich
aggressiv

verhält, Außerdem
Weise

grundsätzlich |

Lösungsvorschläge: Basiswissen – Sprache und Sprachgebrauch

Kompetenzbereich:
Sprache und Sprachgebrauch untersuchen

Übung 1
- Nomen haben ein **Genus** (maskulin, feminin, neutral) und einen **Numerus** (Singular, Plural). Im Satz stehen Nomen in einem bestimmten **Kasus** (Nominativ, Genitiv, Dativ, Akkusativ).
- Verben lassen sich als einzige Wortart **konjugieren** (beugen) und nach **Tempus** (Zeitform), **Modus** (Indikativ, Konjunktiv, Imperativ) und **Genus Verbi** (Aktiv, Passiv) verändern.
- Adjektive nennen Eigenschaften und Merkmale von Lebewesen, Dingen, Sachverhalten oder Vorgängen. Sie lassen sich von der Grundform aus in **Komparativ** und **Superlativ** steigern.
- **Pronomen** (Fürwörter) sind Stellvertreter oder Begleiter von Nomen. Mit ihrer Hilfe lassen sich Wiederholungen vermeiden und somit der sprachliche Ausdruck verbessern.
- Wörter oder Sätze werden häufig durch **Konjunktionen** (Bindewörter) miteinander verbunden. Man unterteilt diese noch einmal in **nebenordnende** (verbinden gleichrangige Wörter oder Sätze) und **unterordnende** (leiten Nebensätze ein) Konjunktionen.
- Beziehungen und Verhältnisse zwischen Lebewesen, Gegenständen oder Sachverhalten werden durch **Präpositionen** (Verhältniswörter) hergestellt. Manchmal verschmelzen sie mit dem Artikel (z. B. im = in dem).
- **Adverbien** zeigen in einem Satz an, unter welchen Umständen etwas geschieht, z. B. zu welcher Zeit oder an welchem Ort.

Übung 2

Wortart	Beispielwörter
Nomen	~~segeln~~ – Fahne – Spaß – Wirklichkeit
Adjektive	gründlich – leicht – ~~vielleicht~~ – lecker
Zahlwörter	zwei – einige – etliche – ~~meine~~
Präpositionen	mit – ~~etwas~~ – für – vom
Verben	~~freundlich~~ – setzen – rennen – malen
Pronomen	ich – mein – ~~eine~~ – diese

Übung 3
a) Julia bringt **ihrer Freundin** Pia die vergessene Tasche nur, damit sie **Pias Bruder** wiedersehen kann.
b) Sie bringt **dem Bruder** sogar ein kleines Geschenk mit, denn sie hat sich etwas in ihn verliebt.
c) **Den Bruder** interessiert Julias Besuch aber leider nicht.
d) Julia ist das egal. Wegen **dieses Flegels** wird sie sich keine Gedanken mehr machen.

Übung 4
Thea: Nominativ, Singular, Femininum
Fahrradtour: Akkusativ, Singular, Femininum
Mitschüler: Dativ, Singular, Maskulinum
Besuch: Akkusativ, Singular, Maskulinum
Rennrad: Akkusativ, Singular, Neutrum
Nachbarn: Genitiv, Plural, Maskulinum

Übung 5

Verb in der Grundform	starkes Verb	schwaches Verb	trennbares Verb	Modalverb	Hilfsverb
wollen		X		X	
besuchen		X			
helfen	X				
einweihen		X	X		
kommen	X				

Übung 6

Über unseren Turniersieg **können** wir uns wirklich freuen. Doch beim nächsten Spiel **dürfen** wir nicht mehr so viele Gegentore kassieren. Wir **müssen** besonders bei den gegnerischen Angriffen aufpassen! Unser Team **kann** jede Mannschaft besiegen, wenn wir wirklich gewinnen **wollen**.

Übung 7

	Tempus
Manch einer ist dümmer, als die Polizei erlaubt.	Präsens
Ein etwas unprofessioneller Dieb war in eine Villa in Minnesota/USA eingebrochen.	Plusquamperfekt
Auf ihn wartet nun eine Haftstrafe von bis zu zehn Jahren.	Präsens
Er hatte sich bei seinem Einbruch über den PC des Eigentümers in Facebook eingeloggt, dann aber vergessen, sich wieder auszuloggen.	Plusquamperfekt
Per Facebook schrieb der Bestohlene den Dieb an und forderte ihn zur Rückgabe des Diebesguts auf.	Präteritum
Bei seiner Rückkehr in die Villa wurde der Einbrecher von der Polizei verhaftet.	Präteritum
Auf Facebook wird er in Zukunft wohl verzichten müssen.	Futur I
Auch nach zehn Jahren Haft wird der Dieb seinen Ärger über so viel eigene Dummheit wohl nicht verschmerzt haben.	Futur II

Übung 8

a) Heute war ein wichtiger Tag. Denn heute **fand** das Fußballturnier gegen den 1. FC Ebershagen, unseren stärksten Konkurrenten, **statt**.

b) Die ganze Mannschaft **hatte** sich vorher wochenlang auf das Fußballspiel **gefreut**.

c) Das Spiel **begann** pünktlich um 15.00 Uhr, nachdem wir uns bereits eine halbe Stunde aufgewärmt hatten.

d) Bei Spielanpfiff **bin** ich immer sehr nervös.

e) Nachdem der Gegner das Führungstor **geschossen hatte**, wurde ich noch nervöser.

f) Unser Trainer **verlor** jedoch keinen Moment den Glauben an den Sieg.

g) In der zweiten Halbzeit **wendete** sich endlich das Spiel. Wir **schossen** drei Tore und **gewannen**.

h) Im nächsten Spiel **werden** wir genauso **kämpfen**, sodass wir am Ende der Saison nicht **absteigen** (**werden**).

Übung 9

		V	G	Z
a)	Es ist ganz schön spät.		X	
b)	Mein Vater wird mir sicher schon eine SMS geschickt haben.	X		
c)	Aber das Konzert war toll!	X		
d)	Auch in zehn Jahren werde ich diesen Abend nicht vergessen haben.			X
e)	Julia wird ihre Absage bereuen.			X
f)	Zum nächsten Konzert kommt sie ganz sicher mit.			X

Lösungsvorschläge: Basiswissen – Sprache und Sprachgebrauch

Übung 10
A. Manche Zufälle sind <u>unglaublich</u>.
B. Ein Einbrecher wollte ein <u>älteres</u> Ehepaar überfallen.
C. Der <u>rüstige</u> Rentner aber bemerkte den Einbrecher.
D. Der Hobbyboxer überrumpelte den <u>frechen</u> Verbrecher mit Leichtigkeit.
E. Er schlug ihn <u>schneller</u> zu Boden, als das ein Polizist geschafft hätte.
F. Als die Polizei eintraf, war sie ziemlich <u>überrascht</u>.
G. Der Beamte, der am <u>lautesten</u> lachte, nahm den Einbrecher fest.

	Form	Verwendungsweise
A	Positiv	Prädikatsteil
B	Komparativ	Attribut
C	Positiv	Attribut
D	Positiv	Attribut
E	Komparativ	Adverb
F	Positiv	Prädikatsteil
G	Superlativ	Adverb

Übung 11

	Pronomen	Begleiter/ Stellvertreter
Eva hat von <u>ihren</u> Eltern Geld zum Geburtstag geschenkt bekommen.	POP	S/B
<u>Dieses</u> Geld möchte <u>sie</u> für ein neues Kleidungsstück ausgeben.	DP, PP	B, S
In der Stadt schaut <u>sie</u> sich <u>einige</u> Hosen an.	PP, IP	S, B
<u>Viele</u> davon sind aber zu teuer, <u>manche</u> passen nicht.	IP, IP	S, S
<u>Ihre</u> alte Hose sitzt eigentlich perfekt.	POP	S/B
Die Verkäuferin, <u>die</u> <u>sie</u> bedient, ist schon genervt.	RP, PP	S, S
Doch <u>sie</u> versucht, freundlich zu bleiben.	PP	S

Übung 12
a) Der Präsident wird **von seinen Ministern** begleitet.
b) Einen Bäcker finden Sie gleich hier **um die Ecke**.
c) Der Ball ist **unter den Tisch** gerollt.
d) **Während des Regens** bleiben wir im Haus.
e) Gerda, warum schaust du **durch das Schlüsselloch**?
f) Herr Bergmann geht schon wieder **mit seiner Frau** ins Kino.

Übung 13
a) Die Präposition „durch" verlangt den Akkusativ für das Nomen, auf das sie sich bezieht.
b) Ich spaziere gerne durch <u>den Stadtpark</u>. (Akk.)

Lösungsvorschläge: Basiswissen – Sprache und Sprachgebrauch

Übung 14

Buchstaben	Beispielsätze
D	Die Geschwister Mira und Joscha
E	fahren
A	zum Aufbessern ihrer Spanischkenntnisse
H	mit einer Jugendgruppe
F	nach Spanien.

Buchstaben	Beispielsätze
B	Wegen ihrer guten Noten in den übrigen Fächern
E	hatten
D	die Eltern
C	ihnen
G	diese Fahrt
E	erlaubt.

Übung 15

Mögliche Lösung:

Hi Luzie,

wir (**S**) sind (**P1**) trotz eines Staus gut hier am Urlaubsort (**LA**) angekommen (**P2**). Das Hotel ist super, auch der Service des Hotels ist sehr nett. Ich teile mir ein tolles Zimmer (**AO**) mit Joscha (**PO**). Jetzt gehen wir zum Strand, chillen und baden. Ich schreibe dir (**DO**) morgen eine ausführlichere Mail.

Liebe Grüße
Mira

Hinweis: In diesem Beispiel ist jeweils das erste Subjekt, Prädikat etc. unterstrichen. Du könntest natürlich auch ein anderes Subjekt, Prädikate etc. unterstreichen. Bei dem Prädikat handelt es sich um ein zweiteiliges Prädikat: „sind angekommen".

Übung 16

a) Subjekt

b) Das fehlende Satzglied kann weggelassen werden, weil es zuvor einmal genannt wurde (der Hund bzw. das Herrchen).

c) Subjekt und Prädikat sind vertauscht.

Übung 17

a) Der Hund wird ab sofort immer angeleint.

b) Er wäre dem Herrchen beinahe entwischt.

c) Das Herrchen hätte bei der Verfolgung fast eine rote Ampel übersehen.

d) Hund und Herrchen sind nach dem Sprint völlig erschöpft.

e) Nach dem Sprint ist der Hund besonders hungrig gewesen.

f) Ohne Leine würde er sofort wieder loslaufen.

Übung 18

Mögliche Lösungen:

a) Es war schon spät in der Nacht, **aber** der Junge wollte den spannenden Krimi zu Ende sehen.

b) **Da** du im Unterricht eifrig mitarbeitest, kannst du dich über eine gute Note freuen.

c) Mein Taschengeld reicht nicht, **deshalb** muss ich mir einen Nebenjob suchen.

d) **Weil** es in der Nacht stundenlang geregnet hat, sind die Straßen alle überschwemmt.

e) **Obwohl** du hart trainiert hast, hast du nur einen der letzten Plätze belegt.

Lösungsvorschläge: Basiswissen – Sprache und Sprachgebrauch

Übung 19

Auf den Hund gekommen
Als eine 40-jährige Frau aus Lübeck mit ihrem Auto nach Berlin fahren wollte, wunderte sie sich nicht schlecht: **Kaum** näherte sie sich ihrem Auto, **da** lief ihr plötzlich ein Labrador vor das Fahrzeug. **Sobald** sie die Fahrertür geöffnet hatte, sprang der Hund hinein und ließ sich auf dem Beifahrersitz nieder. **Obwohl** sich die Frau alle Mühe gab, ihn wieder nach draußen zu befördern, konnte sie ihn nicht vom Sitz vertreiben. **Weil** sie keine andere Möglichkeit sah, nahm sie das Tier mit auf die Fahrt nach Berlin. **Dort** wandte sie sich an die Polizei. Die Beamten benachrichtigten **folglich** die Besitzerin des Hundes, die sie durch das Kennzeichen auf der Hundemarke ausfindig machen konnten. **Nun** wurde schnell eine Lösung gefunden: Die Tochter des Frauchens, die in Berlin lebt, holte den Labrador **sofort** von der Polizeiwache ab und nahm ihn mit zu sich nach Hause. **Später** brachte sie den Hund zurück zu ihrer Mutter nach Norddeutschland.

Zusammenhang:
temporal

temporal
temporal
temporal

konzessiv

kausal

lokal
konsekutiv

temporal

temporal
temporal

Übung 20

A. Die Jury von DSDS <u>ist</u> sehr kritisch, sie <u>erkennt</u> die Stärken und Schwächen der Teilnehmer sofort.

B. Für einige Teilnehmer <u>ist</u> der Traum schnell vorbei, weil sie bei den Zuschauern keine Begeisterung hervorrufen <u>können</u>.

C. Die Show <u>geht</u> weiter, viele Tränen <u>werden</u> noch fließen.

D. Obwohl alle Sänger sich weiterhin Hoffnung machen <u>dürfen</u>, <u>gibt</u> es bereits klare Favoriten.

E. Wenn der Sieger <u>feststeht</u>, <u>erwartet</u> ihn eine große Tournee.

F. Die anderen Teilnehmer <u>stehen</u> dann nicht mehr im Rampenlicht, sodass höchstens die Erinnerung <u>bleibt</u>.

	Hier Buchstaben eintragen ↓
Satzgefüge	B, D, E, F
Satzreihe	A, C

Übung 21

Mögliche Lösung:

a) Ich lerne aus der Vergangenheit, **aber** ich lebe in der Gegenwart.

b) Du kannst dein Leben lang träumen(,) **oder** du kannst deinen Traum leben.

c) Manchmal habe ich eine Lösung, **doch** sie passt nicht immer zum Problem.

d) Das Leben schwerzunehmen ist leicht(,) **und** das Leben leichtzunehmen ist schwer.

e) Es gibt kein Rezept für die Liebe, **denn** jeder verwendet unterschiedliche Zutaten.

Lösungsvorschläge: Basiswissen – Sprache und Sprachgebrauch

Übung 22 *Mögliche Lösung:*

a) Das Anbellen von Personen muss man einem Hund abgewöhnen, **weil** sich aus dem niedlichen Jagdspiel des Welpen schnell Ernsteres entwickeln kann.

b) **Sobald** die angebellte Person Angst bekommt und losrennt, kann sich aus dem Bellen eine ernstgemeinte Jagdszene entwickeln.

c) **Wenn** das Herrchen mit dem Hund schimpft, versteht der Hund es als gemeinsames Bellen, **sodass** es ihn noch mehr anspornt.

d) Das Kommando „Platz" hilft meist, **da** es sofort alle Unruhe unterbricht.

Übung 23

Beispielsätze	Buchstaben
Der Hund springt aufgeregt durch den Park.	A
Hasso, hierher! Platz!	D
Obwohl der Hundebesitzer ihn immer wieder auffordert, bleibt der Hund nicht sitzen.	C
Einen Hund zu lieben ist einfach, einen Hund zu führen ist schwer.	B

Übung 24

a) Ängstliche Menschen, **die das Hormon Adrenalin in hoher Konzentration ausstoßen**, riechen für einen Hund nach jagdbarem Wild.

b) Natürlich sollte man einen Hund, **der frisst**, niemals stören.

c) Denn eine Störung, **die er als Angriff auf sein Futter ansieht**, kann er nicht kampflos hinnehmen.

d) Am besten machen Menschen, **die Angst vor Hunden haben**, einen weiten Bogen um Hunde.

Übung 25

a) **Dass** Hunde aufgrund ihrer hohen Intelligenz und Treue ideale Helfer für Menschen mit körperlichen Behinderungen sein können, ist bekannt.

b) <u>Das Beispiel</u>, **das** den meisten bekannt sein dürfte, ist der Blindenhund.

c) Für körperlich behinderte Menschen ist es ein enormer Vorteil, **dass** Assistenzhunde Türen, Schränke oder Schubladen öffnen können.

d) <u>Das Zusammenleben mit einem Assistenzhund</u>, **das** dem behinderten Menschen mehr Unabhängigkeit und Selbstständigkeit bietet, fördert aber auch das Kontakteknüpfen, weil es nicht selten vorkommt, **dass** Menschen gerade über Hunde ins Gespräch kommen.

e) Gute Ausbilder sorgen dafür, **dass** die Hunde <u>das Aufgabenfeld</u>, **das** sehr viele unterschiedliche Einzelaufgaben umfasst, am Ende der Ausbildung perfekt beherrschen. Denn in manchen Situationen kann dies sogar über Leben und Tod von Menschen entscheiden.

Übung 26

		Aktiv	Passiv
a)	Leon mixt einen Fruchtcocktail aus Maracuja- und Ananassaft, Kokoscreme, Mangosirup, Sahne, Limette und Minze.	X	
b)	Dazu schüttelt er zunächst alle Zutaten (ohne Limette) mit den Eiswürfeln im Shaker.	X	
c)	Anschließend wird das Mixgetränk durch ein Sieb in ein Glas mit zerstoßenem Eis gegossen.		X
d)	Nun wird die Limette über dem Drink ausgepresst.		X
e)	Zum Schluss dekoriert Leon das Glas mit frischer Minze.	X	
f)	Der Cocktail wird selbstverständlich mit Trinkhalm serviert.		X

Lösungsvorschläge: Basiswissen – Sprache und Sprachgebrauch

Übung 27 „Cock" und „tail" **wird** mit „Hahn" und „Schwanz" **übersetzt**. Später **ist** deshalb die Wortschöpfung „Cocktail" häufig mit einem bunten Hahnenschwanz in Verbindung **gebracht worden**. Bereits 1891 **wurde** von William T. Boothby ein entsprechendes Titelbild für sein Mix-Buch *American Bar-Tender* **verwendet**. Zur Herleitung des Namens **sind** von Cocktail-Experten verschiedene Theorien **aufgestellt worden**. Von Ted Haigh **wird** zum Beispiel Folgendes **vermutet**: Der Cocktail **wurde** früher von den Menschen immer morgens **getrunken**. Die Wirkung des Getränks **ist** dann als besonders stark **empfunden worden** – wie der laute morgendliche Weckruf eines Hahns.

Übung 28

		Vorgangspassiv	Zustandspassiv
a)	Die Geburtstagsfeier ist eröffnet.	☐	☒
b)	Die Geschenke werden überreicht.	☒	☐
c)	Die Cocktails sind gemixt.	☐	☒
d)	Der Tisch wird abgeräumt.	☒	☐
e)	Die Feier ist beendet.	☐	☒

Übung 29

		Indikativ	Konjunktiv
a)	Wer aufmerksam die Presse verfolgt, findet dort erstaunlich viele Meldungen von Menschen, denen ein Lottogewinn nichts als Unglück gebracht hat.	☒	☐
b)	Erst kürzlich stand ein ehemaliger Lottogewinner vor Gericht, der verschiedene Banken überfallen hatte.	☒	☐
c)	Er habe so vertuschen wollen, dass von seinem Lottogewinn nichts mehr übrig gewesen sei.	☐	☒
d)	Nach Experteneinschätzung seien achtzig Prozent aller Lottogewinner bereits nach zwei Jahren wieder bei Null oder hätten sogar Schulden.	☐	☒
e)	Viele Lottogewinner träumen davon, durch einen Lottogewinn ein sorgenfreies Leben zu haben.	☒	☐
f)	Aber bereits nach einer kurzen Zeit des Hochgefühls wünschen sich viele ihre alten Lebensumstände zurück.	☒	☐

Übung 30

b) Sie sagen, es gäbe bei jedem hohen Lottogewinn zunächst eine Betreuung von der Lottozentrale.

c) Sie betonen, der hohe Gewinn überfordere die Menschen oft.

d) Sie beschreiben, einige der überraschten Sieger brächen sofort in Jubel aus und andere würden bleich und stumm auf den nächsten Stuhl sinken.

e) Sie raten, man solle über den Gewinn zunächst besser schweigen, denn auf diese Weise würden Probleme mit Verwandten oder Freunden vermieden.

f) Sie sagen, es sei besser, wenn man den Gewinn kleinrede und nicht sofort die ganze Summe verrate.

Übung 31

Tim	Was würdest du tun?
Er ginge öfter ins Kino.	Ich führe öfter an die Nordsee.
Er würde eine Reise machen.	Ich würde mir einen neuen Computer kaufen.
Er begänne ein Studium.	Ich nähme mir eine Auszeit.
Er würde den amerikanischen Präsidenten kennenlernen.	Ich käme an viele Orte dieser Welt.
Er verbrächte einen Tag mit einem Fußballstar.	Ich flöge auf den Mond.

Lösungsvorschläge: Basiswissen – Sprache und Sprachgebrauch

Übung 32
a) Unser Ausflug in die Eishalle war wirklich hammertoll. **U**
b) Nachdem wir uns zunächst noch etwas stolpernd auf dem Eis bewegt hatten, gewannen wir zunehmend an Sicherheit. **S**
c) Natürlich flogen die Anfänger immer wieder auf die Nase. **U**
d) Wir halfen uns aber gegenseitig und kümmerten uns sofort um gestürzte Mitschüler. **S**
e) Der Ausflug hat echt viel Spaß gemacht und war auch für unsere Klassengemeinschaft super. **U**
f) Hat Spaß gemacht! **U**; das Subjekt fehlt

Übung 33
a)
- Haste
- nich, ma, heut
- LOL, LG, B-Day
- kiss, Party, B-Day

Hinweis: Du musst jeweils nur ein Beispiel nennen.

b) Emoticons, Umgangssprache

Lösungsvorschläge: Basiswissen – Rechtschreibung

Kompetenzbereich: Rechtschreibung

Übung 1

Als ich um 7.45 Uhr mit dem ~~fahrrad~~ *Fahrrad* auf den Parkplatz des Erich-Fried-Gymnasiums einbog, kam mir dort ein Auto mit viel zu ~~Hoher~~ *hoher* Geschwindigkeit entgegen. Der Fahrer hatte mein ~~klingeln~~ *Klingeln* vermutlich nicht bemerkt. Aber ich hatte sein wildes ~~hupen~~ *Hupen* gehört. Ich versuchte auszuweichen, was mir zum ~~glück~~ *Glück* gelang. Dabei geriet ich aber ins ~~taumeln~~ *Taumeln* und stürzte mit dem Rad zu ~~boden~~ *Boden*. Das Auto hielt nicht einmal an, sondern brauste davon. Ich konnte mir aber gut merken, dass auf der Motorhaube die Flagge der ~~vereinigten~~ *Vereinigten* Staaten von Amerika gezeichnet war. Von ~~Hinten~~ *hinten* konnte ich noch erkennen, dass an der Rückscheibe ein Bild der Musikgruppe „~~fettes~~ *Fettes* Brot" klebte. Das Kennzeichen des ~~wagens~~ *Wagens* konnte ich mir leider nicht merken.

Übung 2

a) Anredepronomen „Sie"
b) Nominalisierung
c) Eigennamen
d) Nomen

Übung 3

a) Diesen **Sonntag** wird niemand so schnell vergessen
b) Diesen **Sonntag** wird niemand so schnell vergessen.
c) Der HKC hat gestern **Nachmittag** das Unmögliche geschafft.
d) Seit gestern ist der HKC in der Kreisliga.
e) Nach dem späten Siegtor wurde den ganzen Abend gefeiert.
f) Und auch am Tag danach sprachen die Fans von **morgens** bis **abends** von dem Aufstieg.
g) Die Fußballfans werden jetzt noch lieber jeden **Sonntagnachmittag** auf dem Fußballplatz stehen.

Übung 4 (Track 5)

Ihr Urlaub im Bayerischen Wald

Möchten **Sie** lieber **heute** als **morgen Ihrem** Alltag entfliehen – in eine Welt voller Romantik und **Abenteuer**? Dann könnte **Ihnen** das folgende Angebot gefallen: **ein** Wochenendtrip von **Freitagnachmittag** bis **Sonntagabend** ins Hotel **Zur Schönen Aussicht** im **Bayerischen Wald**. Hier finden **Sie** von **morgens** bis **abends** Gelegenheit zum **Ausspannen** und **Wohlfühlen**. Liebliche Täler wechseln sich ab mit rauer, zerklüfteter Berglandschaft. Unser ganz besonderes Highlight: Besuchen **Sie** am **Samstag** mit unserem **komfortablen** Reisebus kostenlos den **Großen Arber**, den 1 456 Meter hohen „König des **Bayerischen Waldes**". Mit uns erleben **Sie** etwas **Außergewöhnliches**! Dieses **einmalige Angebot** gilt bis **Donnerstagabend**.

Hinweis: Nach einem Doppelpunkt schreibt man klein weiter, wenn kein vollständiger Satz folgt (vgl. „ein", Z. 2).

Lösungsvorschläge: Basiswissen – Rechtschreibung

Übung 5

Übung 6

a) Du wirkst gestresst. Du solltest *kürzertreten*/~~kürzer treten~~.

b) Wir müssen die Tische unbedingt ~~richtigstellen~~/*richtig stellen*.

c) Eine Fußballtaktik lautet: Den Gegner einfach *kaltstellen*/~~kalt stellen~~.

d) Mir wird die nächste Klassenarbeit sicher *leichtfallen*/~~leicht fallen~~.

e) Ich lasse mich auf diesen Termin nicht *festnageln*/~~fest nageln~~.

f) Den Freistoß muss man einfach ~~kürzertreten~~/*kürzer treten*.

g) Ich muss meine Aussage von gestern *richtigstellen*/~~richtig stellen~~.

Übung 7

	Ersatzwort
Das/~~Dass~~ Wochenende hat mir sehr gefallen.	dieses
Ich fand es schön, ~~das~~/*dass* wir zu Hause geblieben sind.	/
So konnten wir mal wieder einen „Schmökertag" einlegen, *das*/~~dass~~ hat richtig Spaß gemacht.	dies
~~Das~~/*dass* mir Tante Sofie neulich den neuen Fantasyroman geschenkt hat, war ein Glücksfall.	/
Ich hatte nicht erwartet, ~~das~~/*dass* der Roman so spannend ist.	/
Das/~~dass~~ Buch, *das*/~~dass~~ sie mir zuletzt geschenkt hatte, war ziemlich langweilig.	jenes, welches
Aber *das*/~~dass~~ habe ich ihr natürlich nicht gesagt.	dies

Übung 8

Da**s** Thema im Biologieunterricht ist da**s** Blutkreislaufsystem. Der Lehrer möchte unbedingt, da**ss** die Schüler alles genau verstehen. Darum fragt er: „Wenn ich mich auf den Kopf stelle, strömt mir immer mehr Blut hinein. Aber wenn ich mich auf die Füße stelle, passiert da**s** nicht. Was meint ihr denn, warum da**s** so ist?" Eine Schülerin glaubt, da**ss** sie da**s** erklären kann: „Da**s** liegt daran, da**ss** Ihre Füße nicht hohl sind."

Übung 9

	Nachweis
(der) Held	Hel<u>d</u>en
rund	run<u>d</u>er
(der) Wind	Win<u>d</u>e
schlank	schlan<u>k</u>er
(er) fand	fin<u>d</u>en
(der) Halt	Hal<u>t</u>er
(das Auto) hupt	hu<u>p</u>en
(der) Weg	We<u>g</u>e

	Nachweis
(er) klagt	kla<u>g</u>en
stark	stär<u>k</u>er
(der) Bescheid	Beschei<u>d</u>e
(es) staubt	stau<u>b</u>en
mild	mil<u>d</u>er
(das) Gelenk	Gelen<u>k</u>e
(der) Anzug	Anzü<u>g</u>e
(es) bewegt (sich)	bewe<u>g</u>en

Lösungsvorschläge: Basiswissen – Rechtschreibung

Übung 10
a) Sogenannte Traceure schlagen sich beim Trendsport Parkour akrobatisch durch den Großstadt-Dschungel. **E, B**
b) Eigentlich ist Parkour nichts anderes als ein äußerst anspruchsvoller Lauf durch Stadt und Natur. **C**
c) Jedes anspruchsvolle Hindernis muss überwunden werden. **D, A**
d) Fließende Bewegungen werden vom Sportler verlangt. **B**
e) In einer städtischen Umgebung werden Pfützen, Bänke, Terrassen und Blumenbeete ebenso wie Mauern, Garagen und unter Umständen auch einmal ein Hochhaus übersprungen und überklettert. **A, F**

Übung 11
Außer geeigneten Sportschuhen an den Füßen bedarf es keiner weiteren Ausrüstung. Die Sportart kann überall, wo es Hindernisse zu überwinden gibt, ausgeführt werden. Wie bei vielen anderen Sportarten auch, gibt es gewisse Grundtechniken, welche der Traceur erlernt und für sich perfektioniert. Mit zunehmendem Training entdecken die Traceure ihr eigenes Körpergefühl und verbessern ihre Technik. Sie wollen ihren Spaß, gehen aber keine unnötigen Risiken ein, schließlich geht es bei Parkour um Kontrolle, nicht um Wagnis. Bei Wettkämpfen werden künstliche Hindernisse aufgestellt, die der Traceur möglichst schnell und flüssig überwinden muss.

Übung 12

Fremdwort	Erkennungsmerkmal
Triumph	ph
Kaution	ion
Charakter	ch
Philosophie	ph
Konfirmation	kon, ion
Atmosphäre	ph
Hymne	y

Übung 13

~~Dicktat~~	Diktat	~~Dicktaat~~
~~Gymnastick~~	~~Gümnastik~~	Gymnastik
~~Rehbellion~~	~~Rebelljon~~	Rebellion
Äquator	~~Äkuator~~	~~Äkwator~~
~~Antiquitet~~	Antiquität	~~Anthiquität~~
~~Ollympiade~~	~~Olümpiade~~	Olympiade
~~impulsiev~~	impulsiv	~~impulsiew~~

Übung 14
a) Jogurt
b) Delfin
c) Majonäse
d) Panter
e) Tunfisch

Übung 15

	Nachweis
Gebläse	blasen
Stechmücke	stechen
versteckt	verstecken
Bäcker	backen
heller	hell
Ränder	Rand
Härte	hart
Mächte	Macht
Berge	Berg
Ängste	Angst
schlechter	schlecht

	Nachweis
Nässe	nass
Gefängnis	fangen
fester	fest
strecken	Strecke
Rätsel	raten
lästig	Last
Flecken	Fleck
Säfte	Saft
Herzen	Herz
lächeln	lachen
kläglich	klagen

Übung 16

a) Bei einer Weltumrundung werden alle Längengrade des Globus zu Fuß, mit dem Fahrrad, dem Auto, dem Schiff, dem Flugzeug, dem Ballon oder dem Raumfahrzeug überquert. **A**

b) Bereits zu Beginn des 16. Jahrhunderts segelte ein Schiff, die berühmte „Victoria", unter der Leitung des Portugiesen Ferdinand Magellan um die Welt. **F**

c) Obwohl er den Großteil der Weltumsegelung mutig anführte, erlebte er sie selbst nicht mehr. **C**

d) Er starb aber nicht während der Fahrt, sondern bei Kämpfen mit Einheimischen. **E**

e) Eine Gruppe von Piloten der amerikanischen Armee umrundete 1924 mit Flugzeugen erstmals in Etappen die Welt, sie erreichten nach 175 Tagen den Zielort. **B**

f) Diese Flugzeuge waren zusätzlich mit Schwimmern ausgestattet, um auch Wasserlandungen durchführen zu können. […] **D**

Übung 17

Bertrand Piccard, ein Franzose, und sein britischer Copilot Brian Jones umrundeten 1999 als erste Menschen die Erde in einem Heißluftballon. Die Ballonfahrer setzten, nachdem sie 19 Tage unterwegs gewesen waren, mit einer Bilderbuchlandung den Schlusspunkt ihrer Expedition. Sie waren sogar noch weiter als nötig gefahren, weil die Wetterbedingungen für eine Landung zunächst zu gefährlich waren.
Im Jahr 2002 gelang Steve Fossett die erste Allein-Nonstop-Weltumrundung in einem Ballon, obwohl er zuvor bei fünf gescheiterten Anläufen erfahren musste, dass eine solche Herausforderung allein kaum zu schaffen war. Kurz vor der Landung musste Fosset während der Fahrt aus dem Ballonkorb klettern, um ein Feuer zu löschen. Sein Versuch, die Welt allein zu umrunden, wäre also beinahe gescheitert. Aber Fosset verwirklichte sich seinen Traum.
Jessica Watson, eine australische Seglerin, wurde international bekannt, weil sie als bis dahin jüngste Seglerin ohne Zwischenstopp die Welt umsegelte. Sie erreichte am 15. Mai 2010 nach fast 23 000 zurückgelegten Seemeilen und 210 Tagen auf See drei Tage vor ihrem 17. Geburtstag den Ausgangspunkt ihrer Weltumsegelung im Hafen von Sydney.

Übung 18

a) Jessica Watson, eine 16 Jahre alte Australierin, wollte die Welt allein umsegeln.

b) Ihre Eltern standen voll hinter dem Vorhaben ihrer Tochter, obwohl es sehr viel Kritik gegeben hatte.

c) Ein erster Versuch ist, nachdem sie mit einem Frachter kollidiert war, abgebrochen worden.

d) „Ich habe jede Menge Erfahrung. Viele Leute wissen das aber offenbar nicht", sagte sie vor ihrem zweiten Versuch im Interview.

Lösungsvorschläge: Basiswissen – Rechtschreibung

e) Sie verabschiedete sich herzlich von Freunden, Verwandten, Eltern.

f) Sie brauchte zunächst eine ruhige Fahrt, um sich mit dem Boot vertraut zu machen.

Übung 19

Track 6

Liebe Oma,

ganz herzliche **Grüße** aus Lingen. **Endlich** komme ich dazu, dir zu schreiben. Von Mama und Papa habe ich gehört, **dass** du **enttäuscht** warst, weil ich nicht auf deiner Geburtstagsfeier **dabei war**. Seitdem habe ich wirklich ein schlechtes Gewissen. Um **ehrlich** zu sein: **Ich** hätte **gar nicht** gedacht, **dass** du mich **vermisst**. **Schließlich** war ja die ganze Familie da. Ich dachte, du hättest an diesem Nachmittag **eigentlich** sowieso nichts von mir gehabt, denn du **musstest** dich ja um all die anderen Gäste kümmern. Darum habe ich dich am **Abend** auch **bloß** angerufen, um dir zu gratulieren. Wenn ich **gewusst** hätte, **dass** dich mein **Fehlen** traurig macht, wäre ich natürlich nicht mit meinem Freund **schwimmen gegangen**. Es war aber **seit** dem frühen **Morgen** so **schönes** Wetter, dass wir beide **mittags** sofort an einen **wunderschönen Fluss** zum **Baden** gefahren sind. Ich habe nicht darüber nachgedacht, wie wichtig dir mein Besuch sein könnte. Aber Papa hat mich daran erinnert, **dass** wir schon **seit** unserer Kindheit immer auf deinem Geburtstag waren. Bitte **entschuldige** mein Verhalten! Im nächsten Jahr komme ich **auf jeden Fall** wieder zu deiner Feier. Dann werde ich mir für dich etwas ganz **Spezielles** einfallen lassen. Und natürlich werde ich auch einen **selbstgebackenen/selbst gebackenen** Kuchen **mitbringen**.

Alles **Gute** für dich und liebe **Grüße**,
dein Enkel Felix

Lösungsvorschläge: Übungsaufgaben im Stil von VERA 8 – Leseverstehen

Übungsaufgaben im Stil von VERA 8

Kompetenzbereich: Leseverstehen

Aufgabe 1 1.1 Das Diagramm beschäftigt sich mit den Themeninteressen von Kindern und Jugendlichen.

1.2 Es wurden 1 220 Personen im Alter zwischen 6 und 13 Jahren befragt.

1.3 Medienpädagogischer Forschungsverbund Südwest / KIM-Studie 2012

1.4 2012

1.5

Mädchen	Jungen
1. Freunde/Freundschaft (70%)	1. Freunde/Freundschaft (56%)
2. Musik (37%)	2. Computer-/Konsolen-/Onlinespiele (47%)
3. Tiere (34%)	3. Sport (46%)

1.6 a) Die wenigsten Mädchen sind am Thema **„Technik"** interessiert, nämlich **2** Prozent.

b) Die wenigsten Jungen sind am Thema **„Aktuelles, was gerade in der Welt passiert"** interessiert, nämlich **3** Prozent.

1.7 Jungen und Mädchen haben insgesamt gesehen ...
  [X] unterschiedliche Interessen.

Aufgabe 2 2.1 [X] Musik-Downloads sind für die Umsätze der Musikindustrie wichtig.

2.2 Der Hinweis, dass heruntergeladene Musikdateien auf vielfältige Weise abgespielt werden können, macht deutlich, dass dadurch der Umsatz insgesamt nochmals erhöht wird.

2.3 **26 Prozent** der Bundesbürger laden kostenpflichtige Musikdateien aus dem Netz herunter. 34 Prozent der Musik-Downloads werden von **Männern** getätigt. 15 Prozent der Kunden geben für Musik-Downloads **mehr als 10 Euro** monatlich aus.

2.4 [X] Die CD sorgt für den größten Umsatz im Musikgeschäft.

2.5 Er möchte den Leser ...
  [X] informieren.

2.6

	nur im Text	nur in der Grafik	in Text und Grafik
a) Wer lädt kostenpflichtige Musik im Netz herunter?	[X]		
b) Wer wurde befragt?	[X]		
c) Wie hoch ist der Anteil der digitalen Musik-Downloads am Gesamtumsatz der Musikindustrie?		[X]	
d) Welche Rolle spielen Musik-CDs für den Umsatz?			[X]

2.7 Es handelt sich also um eine Umfrage, ...
  [X] deren Ergebnis verallgemeinerbar ist.

Lösungsvorschläge: Übungsaufgaben im Stil von VERA 8 – Leseverstehen

Aufgabe 3 3.1 Judith (Ich-Erzählerin)

3.2 Judiths Mutter, Philipp, Philipps Freundin Anouk

3.3 im Badezimmer im Haus ihrer Eltern

3.4 [X] Sie wollen ein Musikfestival besuchen.

3.5

Hier Nummer eintragen ↓	
7	Philipp besänftigt Judith.
3	Judith begrüßt Philipp.
6	Judith erinnert sich an die erste Liste.
1	Judith bereitet sich auf die Abfahrt vor.
5	Judith verteidigt sich gegenüber Philipp.
4	Philipp macht sich über Judith lustig.
2	Judith verabschiedet sich von ihrer Mutter.

3.6 In der ersten Liste standen ...
     [X] Zukunftsziele.

3.7 Dass Judith seine Liste jahrelang in ihrer Nachttischschublade aufbewahrt, zeigt, wie wichtig Philipp ihr ist.

Hinweis: Das Verb „harren" zeigt, dass Judith regelrecht darauf wartet, zu Philipp wieder einen engeren Kontakt aufzunehmen, um mit ihm ernsthafte Gespräche über ihre alten Listen zu führen.

		richtig	falsch
3.8	a) Judith gefällt es in ihrer Heimat nicht.	☐	[X]
	b) Sie hat ein gespanntes Verhältnis zu ihren Eltern.	[X]	☐
	c) Judith ist sehr ordentlich.	☐	[X]
	d) Sie möchte sportliche Erfolge erzielen.	[X]	☐
	e) Sie will sich gegen Ungerechtigkeit einsetzen.	[X]	☐
	f) Judith sagt immer die Wahrheit.	☐	[X]
	g) Sie möchte schnell erwachsen werden.	☐	[X]

Hinweis: Zu a: Sie will zwar in eine weit entfernte Stadt ziehen, aber das liegt nicht daran, dass sie ihre Heimat nicht leiden kann, sondern daran, dass sie Probleme mit ihren Eltern hat. Zu c: Judith ist zwar sehr ordentlich und führt gewissenhaft ihren Terminkalender, aber dies geht nicht aus der Liste hervor. Zu f: Die Liste zeigt nicht, dass sie immer die Wahrheit sagt, sondern dass sie gegen die Unwahrheit kämpfen will. Zu g: Sie will nicht unbedingt schnell erwachsen werden, sondern sie möchte nur von ihren Eltern unabhängig sein.

3.9 über Judiths vollen Terminkalender; über ihre Listen

Hinweis: vgl. Z. 29 ff.

3.10 [X] Sie hat sich über Philipp geärgert.

3.11

Hier Buchstaben eintragen ↓	Judiths Stimmung
E	bei der Erinnerung an die Entstehung ihrer ersten Liste
D	bei der Vorbereitung auf die Fahrt
C	beim Abschied von ihrer Mutter
B	beim Anblick Philipps
A	nach Philipps ironischen Bemerkungen

3.12 Sie wird ihrem Ideal, gegen Unwahrheit zu kämpfen, nicht mehr gerecht werden können, weil sie zusammen mit ihren Freunden beschlossen hat, über den Unfall zu schweigen. Wichtige Informationen geheim zu halten, ist auch eine Art von Unwahrheit.

Hinweis: Das Ideal, gegen Ungerechtigkeit und Unwahrheit zu kämpfen, muss ihr sogar besonders wichtig gewesen sein, denn es ist das einzige Ziel, das in der Liste mit einem Ausrufezeichen beendet wird. Insofern ist es erstaunlich, dass sie der Vereinbarung, über den Unfall zu schweigen, zustimmt.

Aufgabe 4

4.1 *Mögliche Lösung:*
1. Die Kräuter blühn; der Heideduft / Steigt in die blaue Sommerluft (V. 5/6)
2. Die Bienen hängen Zweig um Zweig / Sich an der Edelheide Glöckchen (V. 9/10)

4.2 Die Überschrift verweist darauf, dass der beschriebene Ort „abseits" liegt, also entfernt von einer Stadt oder einem Dorf. Das nächste Dorf scheint auch deshalb weiter weg zu sein, weil man den „Schlag der Dorfuhr" (V. 20) nur aus der Ferne hört. Der Ort wird mehrmals als einsam beschrieben (vgl. V. 14 und V. 24) und scheint mitten in einer blühenden Heidelandschaft zu liegen (vgl. V. 1/2 und V. 5/6).

4.3 Auf der einen Seite stimmt es, dass die Stille von einem Glockenschlag der Dorfuhr durchbrochen wird, denn die Mittagsruhe gerät dadurch ein wenig ins Zittern (vgl. V. 19/20). Das Geräusch wird jedoch als „kaum" (V. 19) hörbar dargestellt, sodass die Ruhe und Stille in der Natur davon nicht gestört wird. Dem alten Mann fallen sogar gleich nach dem dumpfen Glockenschlag die Augen zu und er schläft ein (vgl. V. 21/22).

4.4
		richtig	falsch
a)	In dem Gedicht gibt es einen Vergleich.	☐	☒
b)	Das Gedicht besteht aus 24 Versen.	☒	☐
c)	In dem Gedicht spricht ein lyrisches Ich.	☐	☒
d)	Alle Strophen haben dasselbe Reimschema: ababcc.	☒	☐

4.5 Das Gedicht von Karl Mayer besagt, dass die Natur nur dann als schön empfunden wird, wenn man selbst glücklich ist. An Tagen, an denen es einem schlecht geht, wirkt die schöne Umgebung nicht auf den Betrachter. Auf das Gedicht von Storm bezogen heißt das, dass die beschriebene Naturschönheit und Gelassenheit nur dann vom Betrachter gefühlt werden kann, wenn er selbst bereits entspannt ist.
Ich stimme diesem Gedanken zu, weil ich die Naturschönheiten auch viel eher wahrnehme und genießen kann, wenn es mir gut geht.

Lösungsvorschläge: Übungsaufgaben im Stil von VERA 8 – Leseverstehen

Aufgabe 5

5.1 Das „Du" kann den Leser und damit jeden meinen, der auf diese Weise genau den Gedanken und Empfindungen des Erzählers folgen kann und Ähnliches vielleicht selbst schon einmal erlebt hat.
Das „Du" kann sich jedoch auch auf den Erzähler selbst beziehen, der sich an das Ereignis erinnert und in einer Art Selbstgespräch nochmals darüber nachdenkt.

Hinweis: Es reicht, wenn du eine der beiden Antworten formulierst.

5.2 **Beginn**   **Ende**
 [X] schlecht   [X] gut

5.3 Der Erzähler befürchtet, dass er dem Handygespräch zuhören muss und seine Lektüre nicht fortsetzen kann. Er glaubt, er muss sich langweilige Dinge anhören, die ihn gar nicht interessieren.

5.4 In dem Gespräch geht es um die Geburt eines Kindes.

5.5 [X] Manchmal können Ereignisse, über die man sich eigentlich immer ärgert, auch eine überraschend positive Wendung erfahren.

5.6 Sowohl der Titel „Die Verkündung" als auch das Ende der Geschichte „dass uns ein Kind geboren wurde" (Z. 12) erinnern an die Weihnachtserzählung. Die Formulierungen sind in der heutigen Sprache nicht mehr gebräuchlich und müssen daher bewusst gewählt worden sein. Der Erzähler will ausdrücken, dass er statt uninteressanter Alltäglichkeiten, die er zu hören befürchtet hat, nun überraschend von der Geburt eines Kindes erfährt. Dieses Ereignis ist auch in der heutigen Zeit immer noch etwas Besonderes und Wunderbares, das Rührung und Freude hervorruft.

Kompetenzbereich: Zuhören

Aufgabe 1

Track 7

Hörbeitrag 7: Die Rotte

1 „Marvin, komm endlich! Musst du nicht zur Schule!"
  Ich muss sterben, sonst nichts, denke ich und fädel meine Schnürsenkel in Ruhe ein. Dein Gehirn braucht dazu beide Hälften, die rechte und die linke, weil du die Hände beim Schnüren überkreuzt. Dein Hirn. Wenn du lange genug Farben riechst, dann hast du weniger
5 Probleme im Leben, denn dein Hirn wird durch die Dämpfe zerfressen. Die Lösungsmittel machen dich dumm, hat Vater gesagt. Dann hat er die Augen verdreht und ironisch gelacht. Was für eine bescheuerte Bemerkung von ihm! Was mag in seinem kranken, zerfressenen Malerhirn noch so alles vorgehen? Maler und Lackierer ist er. Das hat Zukunft, sagt er. Du hast Zukunft, meint er. Er hat mich ausgelacht. Keine Bange, hat er gesagt: Die Farben
10 verströmen heute kein Gift mehr – außer vielleicht Heizkörperfarben, aber wann streichst du schon mal einen Heizkörper? Wenn du das machst, was ich dir sage, dann hast du Zukunft, sagt er, und selbst ist er arbeitslos. Du wirst bei uns die Lehre anfangen und du wirst Maler und Lackierer. Zur Not kannst du Autos umspritzen und sie nach Rumänien transportieren. Dann hat er wieder gelacht. Wieder Zahnfleisch gezeigt und Magensäure ausgeatmet. Der
15 ist total abgedreht. Will mir sagen, wie es läuft. Er fällt selbst besoffen vom Baugerüst, kann nicht mehr arbeiten, die stellen bei der Malerwerkstätte Diederich GmbH einen Polen für ihn ein – und ich soll in dem Betrieb auch noch meine Lehre machen? Da arbeiten doch fast nur noch Ausländer. […]
  „Wo bleibst du, Marvin?" Meine Mutter klopft an.
20 „Bleib draußen!", rufe ich.
  Ich sitze auf der Bettkante, hab meine Schuhe geschnürt und drücke mein Kreuz durch. Wenn du einem sein Kreuz brichst, hörst du es nicht. Das mit den Geräuschen gaukeln sie dir zwar im Film vor, in Wahrheit kommen die schlechten Nachrichten aber immer ganz leise daher.
25 Heute ist der 4. Mai. Es ist ein besonderer Tag. Mutter kann es kaum erwarten, dass ich zu ihr in die Küche komme. Sie liebt mich, deshalb wartet sie dort auf mich. Sie ist dazu verpflichtet, mich zu lieben. Sie ist meine Mutter. Ich ertrage ihre helle, leicht krächzende Stimme trotzdem nicht, schleppe mich Richtung Küche, wo sie wie eine Spinne im Netz sitzt und darauf wartet, dass Beute kommt. Liebesbeute. Vater schläft sicher noch. Der
30 schläft, weil ihm keiner mehr sagt, dass er aufstehen soll. Das hat auch seine Vorteile. So bin ich wenigstens mit ihr allein, und er sagt mir nicht, was gut für mich ist.
  Kaum dass ich ihr lächelndes Gesicht sehe, mein Blick auf den Kuchen fällt, auf dem sechzehn kleine Kerzen brennen, da nimmt sie mich in den Arm und sagt: „Wie schön, dass ich dich habe, Marvin." Sie versucht, mit ihrer Liebe die Zeit anzuhalten. Jetzt bin ich
35 sechzehn Jahre alt und werde im Herbst meine Lehre nicht beginnen. Ihr Haar unter meinem Kinn. Ich bin ihr über den Kopf gewachsen, aber sie ist immer noch größer als ich und ihr Haar duftet. Du kannst niemals größer sein als deine Mutter. Ich beuge mich und drücke ihr einen Kuss auf die Wange: „Danke schön. Das ist lieb von dir, Mama."
  Wir sitzen uns noch eine Weile am Frühstückstisch gegenüber, jeder isst ein Stück Torte
40 – sie schmeckt eklig süß wie eine Kindermilchschnitte. Ich hasse diesen Geschmack von Amerika. Fehlt nur noch die Scheißverpackung aus Plastik drum herum.
  Sie erzählt vom Büro. Sie muss gleich los. Mutter redet und redet, als hätte sie Angst zu schweigen, als würde Ruhe unliebsame Gedanken freisetzen wie der Lack das Gift. Meine Mutter redet häufig mit sich selbst, ohne es zu wissen. Das ist wie bei Lehrern. Die tun das
45 auch. Jetzt spricht sie mich an, möchte von mir erfahren, ob ich heute nach der Schule noch was mit Freunden unternehme. Sie fragt es, als sei ich dazu verpflichtet, mich heute zu amüsieren.
  Ich bleibe freundlich und sage: „Ja."
  „Mit wem?"
50 „Das geht dich nichts an", sag ich hart, damit sie schweigt. Mütter sind auch nur Frauen. Es wirkt. Sie hält die Klappe. Sie schluckt. Auch Worte hinterlassen Trümmer, die du erst-

mal wegräumen musst. Mutter muss meine Bemerkung innerlich verarbeiten. Das sehe ich ihr an. Sie hat für heute genug Liebe gekriegt. Mehr gibt es nicht. Eine Familie ist eine Hundehütte, in der alle an einer Kette hängen.

55 Mutter erträgt die Ruhe nicht lange und erzählt mir, dass sie heute Abend noch eine Stunde bei Moellner & Söhne dranhängen müsse, weil die Geschäftsführung der Papierfabrik die Hälfte der Belegschaft bis Jahresende aussortieren will. Sonst könne das Unternehmen nicht überleben. Was für ein Schwachsinn. [...]

Ich gebe ihr einen Abschiedskuss zum Dank, weil sie es gut meint. Sie kann ja nichts
60 dafür. Sie möchte am liebsten, dass ich keine Lehre, sondern Abi mache und später womöglich studiere. Jura schwebt ihr vor. Um gerecht zu sein, müsste ich nur meinen Jähzorn ein wenig bremsen. So ein Blödsinn. Ich will möglichst schnell von der Schule.

Von meinem Vater wird sie nicht mehr geküsst. Er liebt sie immer noch, aber der Kuss fehlt. Ein Tag ohne Kuss ist wie ein Herbst ohne Blätter. Es fehlt die Romantik. Bevor ich
65 die Wohnung verlasse, sagt meine Mutter: „Schön wäre es, wenn deine Schwester noch hier wäre."

„Klara ist jetzt sicher glücklich da, wo sie ist", sag ich und gehe auch. Das ist mein Zuhause – Mutter, Vater, Kind –, aber ich will was anderes als dieses Zuhause.

Quelle: Manfred Theisen: Die Rotte, cbt, München 2008

1.1 Marvin schnürt in seinem Zimmer die Schnürsenkel seiner Schuhe und denkt über die Gefahren von Farblacken nach.

1.2 Die Mutter möchte mit Marvin gemeinsam an seinem 16. Geburtstag Kuchen essen.

1.3 [X] Marvin möchte keine Lackiererlehre machen.

1.4 Der Vater ist arbeitslos geworden, weil ...
[X] er betrunken vom Baugerüst gefallen ist.

1.5 Er soll ...
[X] Abitur machen und Jura studieren.

1.6 Marvin nimmt die Ratschläge seines Vaters nicht ernst. Er möchte von ihm keine Tipps bekommen, was er in der Zukunft beruflich machen soll. Darum ist er auch froh, dass der Vater nicht mit am Küchentisch sitzt.
Außerdem äußert Marvin sich abfällig über die Arbeitslosigkeit seines Vaters, weil dieser betrunken vom Baugerüst gefallen ist.

Hinweis: Es genügt, wenn du in deiner Antwort nur einen Aspekt nennst.

1.7 Marvin bezieht diesen Vergleich auf die Beziehung zwischen seinem Vater und seiner Mutter, denn der Vater küsst die Mutter nicht mehr, obwohl er sie noch liebt.

1.8 Marvin meint, dass die Mutter immer noch versucht, ihn durch ihre Liebe als kleinen Sohn an sich zu binden. Ihr fällt es offenbar schwer, wahrzunehmen und zu akzeptieren, dass Marvin erwachsen wird und seine eigenen Wege geht, ohne auf die Mutter Rücksicht zu nehmen.

1.9 Es scheint, als ob Marvin sich nicht wirklich freut, mit seiner Mutter Kuchen essen zu können, sondern dass er es nur macht, weil sie ihm eine Freude bereiten wollte. Er versucht zwar, nett zu ihr zu sein, aber es gelingt ihm nicht immer. Er gibt sogar freche Antworten, um nicht mit ihr reden zu müssen. Obwohl er weiß, dass seine Worte die Mutter beleidigt haben, entschuldigt er sich nicht bei ihr.

Aufgabe 2

Hörbeitrag 8: Zivilcourage

Track 8

1 Hallo und herzlich willkommen zum Podcast-Angebot der Landespolizeidirektion Saarland. Unser Thema: „Zivilcourage. Weggeschaut, ignoriert, gekniffen."
Gleichgültigkeit, Bequemlichkeit und ein Desinteresse am Schicksal des Nächsten sind in unserer Gesellschaft leider häufig anzutreffen. Und klar ist auch, dass diese Phänomene ein
5 Klima begünstigen, in dem der Schwächere oft untergeht und es Straftätern leichtfällt, weitgehend unbehelligt zu agieren.
Trotzdem, das ist nur eine Seite der Medaille. Viele von uns fühlen sich betroffen und wollen helfen, wenn andere belästigt, gemobbt, beraubt oder bedroht werden. Dennoch bleibt die Hilfe oft aus. Einmal, weil das Wissen fehlt, ob und – wenn ja – wie geholfen wer-
10 den kann. Und zum zweiten, weil viele sich vor jenen Unannehmlichkeiten fürchten, die das eigene Engagement mit sich bringen könnte. Fakt ist, dass wir, wenn es um Straftaten geht, sogar gesetzlich verpflichtet sind, im Rahmen unserer Möglichkeiten einzugreifen. Wenn jemand in Gefahr ist, sollte man helfen, ohne sich selbst in Gefahr zu bringen, oder zumindest Hilfe organisieren, zum Beispiel die Polizei rufen. Wichtig ist es, sich um das Opfer
15 zu kümmern und sich gegebenenfalls als Zeuge zur Verfügung zu stellen.
Aber die Mitmenschlichkeit zeigt sich auch schon im Kleinen. Manchmal hilft nur schon ein Nichtwegschauen bei dem Klassenkameraden, der irgendein Problem mit sich herumträgt und sich nicht traut, sich irgendjemandem zu offenbaren. Vielleicht genügt es schon, ihm nur zuzuhören. Eventuell kannst du selbst helfen oder Hilfe vermitteln. Katastrophale Ereig-
20 nisse an Schulen in der jüngsten Vergangenheit hätten vielleicht auch vermieden werden können, wenn man in der Klasse nicht weggeschaut, sondern dem betreffenden Schüler geholfen hätte.
Deshalb der Appell der Polizei: „Schaut nicht weg. Helft anderen, denn sicherlich erwartet auch ihr in brenzligen Situationen Hilfe."

Quelle: Mit freundlicher Genehmigung des Landespolizeipräsidiums Saarland.
Im Internet unter: http://www.saarland.de/SaarlandPodcast_Polizei.htm

2.1 [X] die Landespolizeidirektion Saarland

2.2 In dem Radiobeitrag geht es darum, wie man …
[X] anderen helfen kann, wenn sie bedroht oder bedrängt werden.

		richtig	falsch
2.3 a)	Gleichgültigkeit	X	
b)	Angst		X
c)	Desinteresse	X	
d)	Bequemlichkeit	X	
e)	Langeweile		X
f)	Wut		X

2.4 Das bedeutet, dass es auch Menschen gibt, die helfen. Das sind Menschen, die nicht gleichgültig oder desinteressiert reagieren, sondern anderen, die belästigt oder bedroht werden, zu Hilfe kommen.

		richtig	falsch
2.5	Viele Mitmenschen …		
a)	glauben, dass es gesetzlich verboten ist, in gefährlichen Situationen einzugreifen.		X
b)	haben einfach keine Zeit, den Opfern zu helfen.		X
c)	wissen nicht, ob und – wenn ja – wie sie helfen können.	X	
d)	fürchten sich vor möglichen Folgen ihres Eingreifens.	X	
e)	erkennen die Gewalttaten nicht, da die Täter sehr geschickt handeln.		X

Lösungsvorschläge: Übungsaufgaben im Stil von VERA 8 – Zuhören

2.6 1. sich um das Opfer kümmern
     2. sich als Zeuge melden
     3. nicht wegschauen
     Auch möglich: zuhören, Hilfe organisieren (Polizei rufen)

2.7 Er richtet sich hauptsächlich an …
     [X] Jugendliche.

2.8 Der Beitrag ist überwiegend …
     [X] appellierend.

Aufgabe 3   **Hörbeitrag 9: Der kleine Erziehungsratgeber**

Track 9

1   Der kleine „Schön'n guten Tag" Erziehungsratgeber „Guten Tag!"
    Heute: Einige Tipps für preiswerte Flüge.

    Viele Erziehungsberechtigte glauben, eine Flugreise in den sonnigen Süden sei für eine Familie mit Kindern unerschwinglich: „Nee!" „Also!" „Also, nee!" Unsere *wohlerzogenen*
5   Kinder werden ihnen jetzt mal einige preiswerte Angebote raussuchen.

    „Ja, wenn wir sowieso schon den ganzen Tag vor der Kiste sitzen …"
    „Ja, dann können wir doch auch mal hier…" *Tastaturgeklapper*
    „Zack! Costa Brava!"
    „Boah!"
10 „Kost' ja fast gar nix!"
    „Vier Tage, vier Personen, 124 Euro!"
    „Vollpension!"
    „Ah, kuck mal: geht nur mit Seniorenausweis."
    „Oh, schade!"
15 „Echt schade!"
    „Mhm …"
    „Und man darf höchstens 22 sein."
    „Oh man!"
    „Mhm …"
20 „Da!"
    „Zack!"
    „Teneriffa!"
    „Boah! Boah! Boah!"
    „Zwei Wochen, sechs Personen, 48 Euro."
25 „Cool!"
    „Das is' ja 'ne richtige Benefizveranstaltung!"

    Sehen Sie? Und das ist nur *ein* günstiges Angebot von vielen.

    „Naja, gilt halt nur außerhalb der Schulferien …"
    „Die Flugzeit is' 'n bisschen lang."
30 „Vier Tage!"
    „Geht über Kasachstan …"
    „Aber da is' ja auch schön!"
    „Kein fließend Wasser …"
    „Ja, das Hotel is' ja noch im Bau."
35 „Schon …"
    „Äh ja, schon."
    „Schon?"
    „Ja, schon im Bau."
    „Ach so. Toll."
40 „Ja, echt toll."

„Ja, echt."

Sehen Sie? Dank günstiger Pauschalangebote sind Flugreisen auch für Familien erschwinglich.

„Oh, Gepäck is' nich mit drin!"
45 „Uh, das kostet 400 Euro extra!"
„Ejejeje!"
„Pro Person!"
„Dann, äh, Flugbenzinsteuer, Vergnügungssteuer …"
„Was is' das denn?"
50 „Naja, weißt'de …"
Also …
„Das is' jetzt aber mal krank …"
… bis zum nächsten Mal …
„… auf ganz hohem Niveau!"
55 … bei unserem kleinen …
„Ja, ja."
„Ja, is' richtig."
… Erziehungsratgeber.

„Ja, ja!"
60 „Stimmt."
„Is' schon toll."
„Is' 'n super Angebot."
„Is' echt super!"

Quelle: SWR 1, Florian von Westerholt: Der kleine Erziehungsratgeber, im Internet unter: http://www.swr.de/swr1/bw/programm/der-kleine-erziehungsratgeber-die-letzten-folgen/-/id=446250/nid=446250/did=9958414/1ia99jp/index.html

3.1 Der Beitrag beginnt mit …
  [X] Instrumentalmusik.

3.2 [X] ein Erwachsener, mehrere Kinder

3.3 Es geht um Tipps für …
  [X] günstige Flugreisen.

3.4 Er möchte …
  [X] unterhalten.

3.5 Dass der Beitrag in erster Linie unterhalten will, erkennt man daran, dass viel gelacht und durcheinandergeredet wird. Man merkt gleich, dass hier nicht ernsthaft über billige Flüge informiert werden soll.

Lösungsvorschläge: Übungsaufgaben im Stil von VERA 8 – Zuhören

Aufgabe 4 **Hörbeitrag 10: Auslandsaufenthalt für Jugendliche**

Track 10

1 *Moderator:* Tipps für Verbraucher auf Radio Rheinperle. Heute zum Thema: Auslandsaufenthalt für Schüler.
Ich möchte so gerne mal für ein Jahr ins Ausland auf die Schule, ein ganz anderes Land kennenlernen und meine Sprachkenntnisse auffrischen.
5 Für einige Zeit im Ausland auf die Schule gehen – für viele Schüler ein Traum.
Doch welche Angebote taugen etwas und worauf muss man achten? Und wie komme ich an gute Informationen?

Eva Leitenbauer aus der Service-Redaktion von Radio Rheinperle:
E. Leitenbauer: Zu empfehlen sind natürlich die Informationsstellen, die vom Bundes-
10 jugendministerium gefördert werden, da sie dann kostenlos und neutral sind. Ein gutes Beispiel hierfür ist die Initiative „Rausvonzuhaus", bei der jede Menge Austauschprogramme für Schüler vorgestellt werden. „Rausvonzuhaus" bietet auf seiner Homepage umfassende und gut recherchierte Informationen.
Eine weitere gute Informationsadresse ist der Arbeitskreis gemeinnütziger Jugendaus-
15 tauschorganisationen, kurz AJA genannt. Der AJA ist bei seinen Angeboten nicht auf Profit ausgerichtet.
Moderator: Und die Qualität der Auslandsangebote?
E. Leitenbauer: Auch hier hilft der AJA weiter. Er hat Qualitätsmerkmale für den internationalen Jugendaustausch zusammengestellt. Diese beziehen sich sowohl auf die Austausch-
20 organisationen als auch auf die Einstellungen und Verhaltensweisen der Teilnehmer, deren Eltern und der Gastfamilien.
Bei der Finanzierung eines Auslandsaufenthalts muss man wissen, dass einige Austauschorganisationen finanzielle Unterstützung im Wert von mehr als 40 000 Euro anbieten. Für diese Stipendien gelten selbstverständlich bestimmte Anforderungen an den
25 Jugendlichen, z. B. ein besonderes Engagement und natürlich mindestens befriedigende Kenntnisse in der englischen Sprache.
Der AJA ermöglicht auch Schülern mit begrenzten finanziellen Mitteln einen längeren Auslandsaufenthalt.
Moderator: Diesen Beitrag und weitere Informationen haben wir für Jugendliche und Eltern
30 auf unserer Seite unter www.radiorheinperle.de unter der Rubrik „Tipps für Verbraucher" zusammengestellt. Wir wünschen: Gute Reise!

4.1 AJA oder Rausvonzuhaus

4.2 1. ehrenamtliches Engagement
    2. mindestens befriedigende Leistungen in Englisch

4.3

	Buchstabe
stellt eine Vielzahl von Austauschprogrammen für Schüler vor	A
fördert einige Austauschorganisationen	D
hat Qualitätsmerkmale für guten Auslandsaustausch zusammengestellt	C

4.4 Unter www.radiorheinperle.de unter der Rubrik „Tipps für Verbraucher".

4.5 Der Radiobeitrag …
    [X] zeigt auf, wie man Informationen über Schülerauslandsaufenthalte bekommen kann.

4.6 [X] Jugendliche und Eltern

4.7 Der Beitrag ist in erster Linie …
    [X] informierend.

Lösungsvorschläge: Übungsaufgaben im Stil von VERA 8 – Zuhören

Aufgabe 5 **Hörbeitrag 11: An ihre Hand im Alter**

Track 11

1 O, wär' ich Alter noch imstand'
Ein junges Lied zu heben an,
Wie säng' ich euch von ihrer Hand,
Und was die Liebes hat getan.

5 Die liebe Hand, die fleiß'ge, die
Die Spuren ihrer Arbeit trägt,
Geschrieben hat ein Buch sie nie,
Sich nie auf dem Klavier bewegt.

Die liebe Hand, die fleiß'ge Hand,
10 Die Spindel hat sie oft gedreht,
An manchem Hemde und Gewand
Bis in die späte Nacht genäht.

Sie hat gekocht, sie hat gestrickt,
Dass sie die Arbeit machte rot;
15 Oft hat ein Wandrer sie gedrückt,
Dem vollauf Speis' und Trank sie bot.

Noch fühl' ich ihren ersten Druck
In meiner Hand zur jetz'gen Stund',
Wie mächtig mit magnet'schem Zug
20 Er fuhr in meines Herzens Grund.

Und wenn die liebe treue Hand
Sich mir aufs Herz, das bange, legt,
Wird mir der Zauber wohl bekannt,
Den diese Hand still in sich trägt.

25 Mein Mund küßt sie mit Jugendglut,
Aus blindem Auge fällt auf sie
Oft meiner Tränen heiße Flut.
Ist diese Hand nicht Poesie?

Quelle: Justinus Kerner: Gedichte, Verlag Cotta, Stuttgart und Tübingen 1826

5.1 [X] die saubere Hand

5.2 Dieser Hörtext zum Thema „Hand" ist …
[X] die Lesung eines Gedichts.

		richtig	falsch
5.3 a)	Es geht hauptsächlich darum, was ein Mensch mit seiner Hand alles machen kann.	☐	[X]
b)	Mit den Hinweisen auf die Hand werden stellvertretend Charaktereigenschaften der Person beschrieben.	[X]	☐
c)	Die Hand wird als der wichtigste Körperteil des Menschen dargestellt.	☐	[X]
d)	Der Hörbeitrag drückt die Verehrung für einen geliebten Menschen aus.	[X]	☐

Lösungsvorschläge: Übungsaufgaben im Stil von VERA 8 – Schreiben

Kompetenzbereich: Schreiben

Aufgabe 1

Aus aller Welt

Einbrecher rief Polizei

Der Obdachlose Pete S. aus Portland (USA) hatte sich illegalen Zutritt zu einem Privathaus verschafft, wo er sich in aller Ruhe seiner Körperhygiene widmen wollte. Noch unter der Dusche stehend, musste der 24-Jährige jedoch feststellen, dass die Hauseigentümer den Einbrecher inzwischen bemerkt hatten. Aus Angst schloss Pete S. die Badezimmertür ab, um von dort aus die Polizei zu verständigen. Den herbeigerufenen Polizeibeamten erklärte der mittlerweile geduschte Eindringling, er habe befürchtet, dass die Hauseigentümer Waffen besitzen und von diesen Gebrauch machen könnten. Noch völlig verängstigt wurde der Mann auf die Wache mitgenommen. Die Polizei geht davon aus, dass Pete S. tatsächlich nichts stehlen, sondern sich ausschließlich duschen wollte. Dennoch erhielt er eine Strafanzeige wegen Hausfriedensbruch.

Aufgabe 2

Vorbereitung:
1. Nach der Schule entlädt sich der ganze Stress
2. Busse bieten nicht genügend Sitzplätze
3. Nicht alle Jugendlichen verhalten sich respektlos

Leserbrief:

Sehr geehrte Damen und Herren,

der Leserbrief von Gertrud O., in dem sie sich über das in ihren Augen respektlose und unverschämte Verhalten der heutigen Jugend beschwert, hat mich zum intensiven Nachdenken angeregt, da ich selbst ein 16-jähriger Schüler bin. Doch dem Vorwurf von Gertrud O. möchte ich nur teilweise beipflichten.

Zunächst kann ich ihr zustimmen, dass es wirklich viele Jugendliche gibt, die immer respektloser werden. Allerdings muss man auch bedenken, dass die Schüler, wenn sie aus der Schule kommen, einen anstrengenden Tag hinter sich haben und sich der Stress dann oft entlädt. Auf dem Heimweg kann man ihnen nicht verbieten, sich auszutauschen und sich zu amüsieren. Werden sie dann von älteren Menschen kritisiert, reagieren sie sehr empfindlich. Dennoch ist es für mich nicht nachvollziehbar, älteren Menschen keinen Platz anzubieten. Das sollte für alle Jugendlichen selbstverständlich sein.

Vielleicht sollte auch bedacht werden, dass die Situation, die Frau O. im Bus erlebt hat, nicht wegen der egoistischen Jugendlichen entstanden ist, sondern deshalb, weil häufig viel zu kleine Busse eingesetzt werden. Gerade um die Mittagszeit sollten z. B. größere Gelenkbusse eingesetzt werden, damit sowohl Jugendliche, die einen anstrengenden Vormittag hinter sich haben, als auch ältere Menschen, die nicht mehr gut stehen können, einen Platz finden.

Zuletzt sollte bedacht werden, dass nicht alle Jugendlichen sich respektlos verhalten. Man kann nicht „die Jugend" im Allgemeinen beschimpfen. Viele junge Menschen benehmen sich sehr höflich und respektvoll, einige leisten sogar Freiwilligendienste in Krankenhäusern und Altenheimen.

Wir alle – ob jung oder alt – sollten trotz bestehender Probleme nicht den Blick für das Positive verlieren und uns gegenseitig offen und mit Toleranz und Respekt begegnen.

Hannes Bernsmann
Tannenweg 3
49808 Lingen

Lösungsvorschläge: Übungsaufgaben im Stil von VERA 8 – Sprache und Sprachgebrauch

Kompetenzbereich:
Sprache und Sprachgebrauch untersuchen

Aufgabe 1 1.1

Adverb des Ortes	Adverb der Zeit	Adverb der Art und Weise	Adverb des Grundes
dorthin	nie, schon, immer	gerne	sicherheitshalber

1.2 ihm (dem Schulbusfahrer)

Aufgabe 2 2.1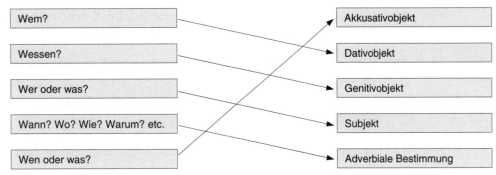

2.2 Die schlaue Kathrin / benutzt / zur Ermittlung der Satzglieder / die Umstellprobe.
4 Satzglieder

2.3 Adverbial der Zeit / Prädikat / Subjekt / Akkusativobjekt / Adverbial der Art und Weise
(Am 3. Oktober / feiern / die Deutschen / ihre Wiedervereinigung / mit einem Nationalfeiertag.)

Aufgabe 3 3.1

	Buchstabe
Die Lehrerin stellt Luzie eine Frage.	B
Luzie kritisiert laut die Vergesslichkeit der Lehrerin, diese hatte ihr gestern bereits die gleiche Frage gestellt und Luzie hatte keine Antwort darauf gewusst.	A
Genau wie gestern weiß sie auch heute keine Antwort.	B
Die schlechte Note, die Luzie für ihren Hinweis bekommt, versteht sie nicht.	C

3.2

	Satzreihe	Satzgefüge	Hauptsatz	Nebensatz
a) Wer einmal lügt, dem glaubt man nicht.	☐	☒	☐	☐
b) Am Abend werden die Faulen fleißig.	☐	☐	☒	☐
c) Es wird nichts so heiß gegessen, wie es gekocht wird.	☐	☒	☐	☐
d) Umsonst ist nicht einmal der Tod, er kostet das Leben.	☒	☐	☐	☐

Hinweis: Ein Nebensatz kann nicht allein stehen. Lass dich durch die letzte Spalte nicht in die Irre führen.

3.3 Luzie ist sehr selbstbewusst und etwas vorlaut.

3.4 Die Frage der Lehrerin bezog sich auf Luzies Lieblingsstadt Berlin.

Lösungsvorschläge: Übungsaufgaben im Stil von VERA 8 – Sprache und Sprachgebrauch

Aufgabe 4

4.1

	Buchstabe
<u>Weil Leo in der Schule nicht der Fleißigste ist</u>, hat er einige schlechte Noten.	B
<u>Obwohl Leos Vater über die Noten seines Sohnes nicht erfreut ist</u>, macht er ihm ein Angebot.	E
„<u>Wenn du die Versetzung in die nächste Klasse schaffst</u>, machen wir eine Reise miteinander", verspricht er Leo.	D
Leo, <u>der zunächst erfreut ist</u>, überlegt es sich doch anders.	C
<u>Damit er kein Risiko eingeht</u>, antwortet er: „Nun ja, Vati, aber zu Hause ist es doch auch ganz schön."	A

4.2 *Mögliche Lösungen:* Heute Abend lese ich den Brief, **den/welchen** mir meine Tante geschrieben hat. *oder:* ... **der** gestern mit der Post gekommen ist.

4.3 Im Winter trinken viele Menschen gerne Tee, **weil** er schön wärmt/**nachdem** sie einen Spaziergang gemacht haben.

✐ *Hinweis: Der ergänzte Satz kann auch anders lauten, muss aber mit einer Konjunktion beginnen.*

4.4 Der Schulbus, der früher häufig verspätet war, kommt neuerdings pünktlich.

Aufgabe 5

5.1 Einige Schüler nehmen einen Schulbus früher, **damit/dass** sie pünktlich zur Schule kommen.
Auch: Einige Schüler nehmen einen Schulbus früher, **um** pünktlich zur Schule **zu** kommen.

5.2 Die Schulbusse kommen pünktlich, **nachdem/seit/seitdem** sich viele Schüler bei der Schulleitung beschwert haben.

5.3 Gestern wollte ich meinen Freund Theo besuchen, aber er war noch beim Fußballtraining, **deshalb/darum/also** ging ich zur Sporthalle, **um** ihn dort **abzuholen**.

✐ *Hinweis: Die Sätze können auch auf andere Weise miteinander verbunden werden, es müssen aber ein Kausalsatz und ein erweiterter Infinitiv mit „um ... zu" verwendet werden.*

Aufgabe 6

6.1

	Aktivform	Passivform
a) In dieser Form ist es wichtig, **wer** handelt/etwas tut.	X	
b) In dieser Form wird betont, **was geschieht**.		X
c) Diese Form wird meistens mit einer Form von „werden" und dem Partizip II des Verbs gebildet.		X
d) In dieser Form ist der Handlungsträger immer erkennbar.	X	

6.2 a) Die Bäume wurden durch heftige Orkanböen entwurzelt.
b) Ein Kind wurde beim Spielen von einem Schäferhund gebissen.
c) Ein Dieb wurde von der Polizei auf frischer Tat ertappt.
d) Der EM-Titel wurde wieder von der Fußballnationalmannschaft der Frauen geholt.

6.3 a) Der amerikanische Geheimdienst sammelte heimlich Millionen von E-Mails.
b) Eine entlaufene Raubkatze verletzte einen jungen Mann.

Lösungsvorschläge: Übungsaufgaben im Stil von VERA 8 – Sprache und Sprachgebrauch

Aufgabe 7

7.1 [X] Leo reagierte zurückhaltend auf das Angebot seines Vaters, weil er sehr erfreut war.

7.2 [X] falsche Kasusform und falsche Verbform

*Hinweis: Richtig lautet der Satz: Handy und Fernsehen **sind** für **Jugendliche** sehr wichtig.*

Aufgabe 8

8.1 Lissie verwendet ausschließlich …
[X] Hauptsätze.

8.2 Sie verwendet … richtig   falsch
a) Anglizismen.   [X]   [ ]
b) Fachsprache.   [ ]   [X]
c) Dialekt.   [ ]   [X]
d) Jugendsprache.   [X]   [ ]

8.3 Sie verwendet …
[X] nur Aktivformen.

8.4
- Einige Wörter lassen sich nicht so gut in der deutschen Sprache ausdrücken, z. B. Smartphone oder Internet.
- Einige Anglizismen werden bereits seit langer Zeit selbstverständlich benutzt, z. B. Pullover oder Fitness.
- Einige Anglizismen werden international gebraucht und fördern somit die bessere Verständigung.
- In der deutschen Sprache überwiegen nach wie vor die deutschen Wörter, sodass Fremdeinflüsse aus dem Englischen keine ernsthafte Gefährdung darstellen.
- Anglizismen bereichern die deutsche Sprache.

Hinweis: Dies sind mögliche Aspekte, die eine Verwendung von englischen Wörtern in der deutschen Sprache rechtfertigen. Es müssen nur zwei Aspekte genannt werden.

8.5 Liebe Tante Sybille,

in der Schule war es heute wirklich schrecklich. Unsere Englischlehrerin, Frau Lonzke, die etwas merkwürdig ist, hatte wieder schlechte Laune. Wir haben bei ihr einen furchtbaren Englischtest geschrieben. Davon muss ich mich jetzt erst einmal erholen. Deshalb werde ich heute Nachmittag zum See fahren und mich dort entspannen. Wenn du Lust hast, können wir uns gerne dort treffen.
Ich muss Schluss machen, da der Akku meines Laptops leer ist.
Liebe Grüße
Lissie

Kompetenzbereich: Rechtschreibung

Aufgabe 1 Der Marathon sollte am ~~Sonntag Morgen~~ **Sonntagmorgen** um zehn Uhr beginnen. Doch da einige Absperrungen nicht rechtzeitig fertig waren, ~~verzöhgerte~~ **verzögerte** sich der Lauf bereits zu Beginn. Unsere Schule war mit 15 ~~jugendlichen~~ **Jugendlichen** am Start. Dann ging es ~~entlich~~ **endlich** los. Einige Läufer nahmen sofort ein hohes Tempo auf, bei dem wir nicht mithalten konnten. Die Zuschauer am Straßenrand klatschten uns ~~ermuthigend~~ **ermutigend** zu. ~~Lengs~~ **Längs** der Strecke waren Stände mit Erfrischungsgetränken aufgebaut, denn beim ~~laufen~~ **Laufen** darf man das ~~trinken~~ **Trinken** nicht vergessen. Manchmal waren wir aber doch am Ende unserer Kräfte. Einige Läufer sind ~~direckt~~ **direkt** hinter dem Ziel ~~erschöfft~~ **erschöpft** zusammengebrochen. Doch keiner hat das ~~Gemeinschaftserlebniss~~ **Gemeinschaftserlebnis** bereut. Wir versprachen uns gegenseitig, ~~das~~ **dass** wir auch am ~~Nächsten~~ **nächsten** Schulmarathon teilnehmen werden.

Aufgabe 2

2.1
- Schreibungen mit „ä" und „äu"
- Verwechslung von „e" und „ä"
- Schreibung von Umlauten

2.2 Schreibungen mit und ohne „h" bzw. „Dehnungs-h"

2.3
- Schreibungen mit den Silben „ent-" und „end-"
- Verwechslung von „d" und „t"

2.4 Kleinschreibung von Nominalisierungen
oder: Kleinschreibung von nominalisierten Adjektiven und Verben

2.5
- Schreibung von Wörtern mit „k" und „ck"
- Verwechslung von „k" und „ck"

2.6 Schreibung von Wörtern mit „s", „ss" und „ß"

Aufgabe 3

1.	~~Atleth~~	~~Atlet~~	Athlet
2.	~~Rythmus~~	~~Rhytmus~~	Rhythmus
3.	Spaghetti	~~Spagetie~~	~~Spagethie~~
4.	~~Colage~~	Collage	~~Collasche~~

Aufgabe 4

4.1 **lahm**
Das „a" wird lang gesprochen. Auf einen lang gesprochenen Vokal folgt vor den Konsonanten l, m, n, r häufig ein „Dehnungs-h".

4.2 **Schluss**
Nach einem kurzen Vokal wird das stimmlose „s" in der Regel mit „ss" geschrieben. Der Vokal „u" wird hier kurz gesprochen, deswegen wird Schluss mit „ss" geschrieben.

4.3 **Käufer**
Ob man ein Wort mit „eu" oder „äu" schreibt, hängt davon ab, welcher Wortstamm ihm zugrunde liegt. Der Wortstamm von „Käufer" ist „Kauf" (vgl. auch „kaufen").

4.4 **Alphabet**
Alphabet ist ein Fremdwort, es kommt aus dem Griechischen. Für solche Wörter gibt es keine Regel. Du musst sie auswendig lernen (Merkwort) oder im Wörterbuch nachschlagen.

Lösungsvorschläge: Übungsaufgaben im Stil von VERA 8 – Rechtschreibung

Aufgabe 5

1.	Das Fenster darf nicht GESCHLOSSEN werden.	**geschlossen**
2.	Diesen Raum darf man immer BESICHTIGEN.	**besichtigen**
3.	Das BEDEUTSAMSTE an dem Bild ist die Farbe.	**Bedeutsamste**
4.	Das BEDEUTENDSTE BILD hängt in einem anderen Museum.	**bedeutendste Bild**
5.	Jeder Museumsbesuch ist etwas WUNDERBARES.	**Wunderbares**
6.	Ich gehe gerne in SCHÖNE AUSSTELLUNGEN.	**schöne Ausstellungen**
7.	Dem Künstler wünsche ich VIEL ERFOLG.	**viel Erfolg**
8.	An seiner Kunst gefällt mir das BUNTE.	**Bunte**

Aufgabe 6

6.1 Wörter, die auf „-heit", „-keit" oder „-ung" enden, sind Nomen und werden großgeschrieben.

6.2 Wörter werden mit „ä" geschrieben, wenn sie sich von Wörtern, die mit „a" geschrieben werden, ableiten lassen.

Hinweis: Suche nach einem Wort aus der gleichen Wortfamilie, bei dem man den Wortstamm deutlich hören kann (z. B. lästig – Last, tänzelnd – tanzen).

6.3 Verbindungen aus zwei Verben werden in der Regel getrennt geschrieben.

6.4 Nomen bzw. Nominalisierungen/Substantivierungen werden großgeschrieben. Typische Begleitwörter, wie z. B. der (un-)bestimmte Artikel, geben einen Hinweis auf die Großschreibung des Wortes.

6.5 Der stimmlose s-Laut wird nach einem lang gesprochenen Vokal oder Diphtong (Doppellaut) mit „ß" geschrieben.

6.6 Zusammensetzungen aus Nomen und Adjektiven, bei denen das Adjektiv an zweiter Stelle steht, sind Adjektive und werden kleingeschrieben.

Aufgabe 7

Track 12

Schuluniformen – bitte nicht!

In der letzten Ausgabe unserer Schülerzeitung hat die Schülervertretung vorgeschlagen**,** an unserer Schule Schuluniformen **einzuführen**. Einige Schülervertreter haben diese Idee sogar schon dem Schulleiter **vorgetragen,** der ganz begeistert davon war. Er hat den Vorschlag sofort an die Lehrer **weitergereicht**. Ich frage mich**,** aus welchem Grund wir eigentlich plötzlich darüber **diskutieren**? Es sieht ja fast so aus**,** als ob das **Ganze** bereits beschlossene Sache **sei**. Eines stimmt: **Viele** Schüler glauben**,** dass die Einführung einer Schuluniform dazu führen würde**,** den Markenterror an unserer Schule endlich zu **beenden**. Doch ich bin davon überzeugt**,** dass **niemand** nur wegen seiner Kleidung gemobbt wird. Mobber werden immer Gründe finden**,** um **andere/Andere** auszugrenzen. Was mich betrifft: **Ich** fände es grauenhaft**,** wenn wir alle Einheitskleidung tragen müssten. Graue **Mäuse** gibt es an unserer Schule schon genug!

Euer Luciano, 8 b

Fachbegriffe

Absicht: das Ziel, das jemand verfolgt.

Adjektiv: eine → Wortart. Adjektive beschreiben Eigenschaften und Merkmale von Personen, Dingen oder Situationen.
Beispiele: Mark ist *groß*, ein *schönes* Auto

Adressat: die Person, die mit einem Text oder einer Äußerung angesprochen wird. Die Worte sind an diese Person gerichtet („adressiert").

Adverb: eine → Wortart. Adverbien können Auskunft geben über den Ort (z. B.: *da, hier*), die Zeit (z. B.: *heute, demnächst*), die Art und Weise (z. B.: *gern, ungern*) und den Grund (z. B.: *sicherheitshalber, deinetwegen*). Sie sind unveränderbar.

Adverbial (Plural: Adverbiale; auch: adverbiale Bestimmung): ein → Satzglied. Es gibt verschiedene Adverbiale: Kausaladverbiale (Grund), Lokaladverbiale (Ort), Modaladverbiale (Art und Weise), Temporaladverbiale (Zeit).

Akkusativ: ein → Kasus (der vierte Fall). Man erfragt ihn so: *Wen oder was ...?*

Aktiv: Mit dem Aktiv drückt man aus, was jemand tut.
Beispiele: Der Junge *singt*. Der Wind *weht*.

allgemeine Aussage: eine Aussage, von der man glaubt, dass sie grundsätzlich zutrifft, und zwar für eine größere Allgemeinheit, also für viele Personen oder Dinge.

Anschaulichkeit: Man schreibt anschaulich, indem man auf → Beispiele verweist, die der Leser kennt. So kann er sich ein Bild machen. Die Darstellung wird für ihn anschaulich.

Appell: Aufforderung. Man richtet einen Appell an den Leser eines Textes, wenn man ihn dazu bewegen will, etwas Bestimmtes zu denken oder zu tun.

Argument: Grundlage eines argumentativen Textes, z. B. einer → Stellungnahme. Jedes Argument besteht aus mindestens einer → Behauptung und einer → Begründung. Besonders überzeugend ist es, wenn die Begründung zusätzlich durch → Beispiele veranschaulicht wird.

Artikel: eine → Wortart. Artikel sind typische → Begleiter von → Nomen. Es gibt zwei Arten von Artikeln: bestimmte (*der, die, das*) und unbestimmte (*ein, eine*).

Attribut: ein → Adjektiv, das sich auf ein → Nomen bezieht und ihm vorangestellt ist.
Beispiele: *großer* Garten, *gelbes* Kleid

Auslautverhärtung: Am Ende eines Wortes oder einer → Silbe werde die weichen → Konsonanten b, d und g hart ausgesprochen. Sie klingen dann wie p, t und k.
Beispiele: *Sieb* [p], *gesund* [t], *Berg* [k]

Autor: derjenige, der einen Text schreibt (auch → Verfasser genannt). Der Begriff bezieht sich in der Regel auf Verfasser, die professionell schreiben, die das Schreiben also zu ihrem Beruf gemacht haben.

Begleiter: Wörter, die im → Satz ein → Nomen begleiten. Begleitwörter von Nomen sind z. B. → Artikel oder → Pronomen.
Beispiele: Wir kennen *den* Mann. – Er hat *seinen* Schlüssel verloren.

Begleitsatz: gibt bei der → wörtlichen Rede Auskunft darüber, wer spricht und wie er das tut.
Beispiel: „Seid still!", schimpft der Lehrer.

Begründung: der Grund, den jemand anführt, um seine Meinung zu belegen oder zu rechtfertigen.

Behauptung: eine Art Feststellung. Man sagt, dass etwas Bestimmtes der Fall ist.
Beispiel: Biogemüse ist gesünder.
Eine reine Behauptung kann nicht überzeugen. Erst durch eine nachvollziehbare → Begründung wird eine Behauptung zu einem überzeugenden → Argument.

Beispiel: ein Einzelfall, der dargestellt wird, um eine → allgemeine Aussage zu belegen. Durch Beispiele wird ein Text anschaulich (→ Anschaulichkeit).

Beleg: ein Sachverhalt, auf den man verweist, um nachzuweisen, dass eine → Behauptung stimmt. Ein Beleg kann z. B. das Ergebnis einer Umfrage sein.

Bericht: eine Textsorte. Mit einem Bericht stellt man kurz, knapp und sachlich den Ablauf eines Vorfalls dar. Man verwendet dabei das → Präteritum.

Bestimmungswort: das erste Wort in einem → Kompositum. Mit dem Bestimmungswort wird Genaueres über eine Sache (oder Person) gesagt. Das, worum es geht, ist das → Grundwort.
Beispiele: <u>Kinder</u>zimmer (ein Zimmer für Kinder), <u>Holz</u>tisch (ein Tisch aus Holz)

Fachbegriffe

bildhafter Vergleich: ein → sprachliches Bild. Mit einem bildhaften Vergleich vergleicht man das, von dem man spricht, mit etwas anderem. Vergleiche erkennt man an bestimmten Vergleichswörtern (*wie, als ob*).
Beispiel: Er war weiß wie Schnee.

Brief: eine Textsorte. Man unterscheidet zwischen persönlichem Brief und formalem Brief.

Cluster: Mit einem Cluster stellt man die Ideen, die einem zu einem Thema einfallen, grafisch dar.

Dativ: ein → Kasus (der dritte Fall). Man erfragt ihn so: *Wem ...?*

Dehnungs-h: Signal dafür, dass der vorangehende → Vokal lang gesprochen wird. Es kann nur vor den → Konsonanten *l, m, n* oder *r* stehen.
Beispiele: Kohle, Rahm, Lohn, Jahr

Demonstrativpronomen: eine → Wortart aus der Gruppe der → Pronomen. Mit einem Demonstrativpronomen zeigt („demonstriert") man, welche Person oder Sache man meint.
Beispiele: dieser Mann, jenes Ereignis

Diagramm: ein → nichtlinearer Text. Eine Grafik, in der Zahlen übersichtlich abgebildet sind. Diese Arten kommen besonders häufig vor: *Balkendiagramm, Säulendiagramm, Kreisdiagramm, Kurvendiagramm.*

Dichter: ein Schriftsteller, der → Gedichte schreibt.

Diphthong: ein Doppellaut, der aus zwei verschiedenen → Vokalen besteht.
Beispiele: ai, au, äu, ei, eu

direkte Rede: → wörtliche Rede.

Doppelkonsonant: zwei gleiche → Konsonanten hintereinander.

Drama: ein Text, in dem nur dargestellt ist, was die beteiligten Personen sprechen. Bei den meisten Dramentexten handelt es sich um Theaterstücke.

Ellipse: ein unvollständiger → Satz, der durch das Auslassen von Satzteilen entsteht. Meist fehlt das → Subjekt oder das → Prädikat.
Beispiele: Wer [ist] da? [Ich] Weiß nicht!

Erzähler: derjenige, der eine Geschichte erzählt. Es gibt Er-Erzähler und Ich-Erzähler.

Erzählung: Oberbegriff für → Prosatexte von kurzem oder mittlerem Umfang. Mit einer Erzählung wird auf unterhaltsame Weise eine Geschichte dargestellt. Die Darstellung erfolgt meist im → Präteritum. Unterhaltsam wird eine Erzählung durch Verwenden → treffender Wörter und durch Einfügen von → wörtlicher Rede.

Femininum: das „weibliche" Geschlecht.
Beispiele: die Frau, die Tür

finites Verb: das gebeugte → Verb. Es trägt im → Satz die → Personalendung.
Beispiele: Heute Nacht hat es geschneit. – Dein Freund wird längst angekommen sein.

Fließtext: ein Text, in dem die einzelnen Sätze ohne Unterbrechung durch Überschriften, Abbildungen etc. aneinandergereiht sind („fließen").

Fragepronomen: eine → Wortart. Viele Fragesätze beginnen mit einem Fragepronomen. Dadurch wird klar, wonach gefragt wird. Fragepronomen sind: *wer?, was?, wann?, wo?, woher?, wie?, warum / weshalb?* (auch in Kombination mit anderen Wörtern: *wie oft?, wie lange?, wie viel?*).

Futur I: eine Zeitform (→ Tempus) des → Verbs. Das Futur I drückt aus, dass eine Handlung in der Zukunft geschieht. Es wird mit dem → Hilfsverb *werden* und dem → Infinitiv des Verbs gebildet.
Beispiel: Ich werde dich anrufen.

Futur II: eine Zeitform (→ Tempus) des → Verbs. Das Futur II drückt eine Art Erwartung oder Vermutung aus. Man vermutet, dass etwas in Zukunft geschehen sein wird. Das Futur II wird mit dem → Hilfsverb *werden* und dem Infinitiv Perfekt gebildet.
Beispiel: Er wird es bald geschafft haben.

Gedicht: ein Text, der ein kunstvoll gestaltetes Äußeres hat. Meist sind Gedichte in → Verse und → Strophen angeordnet. Häufig sind auch → Reime und ein festes → Metrum zu erkennen.

Genitiv: ein → Kasus (der zweite Fall). Man erfragt ihn so: *Wessen ...?*

Genus des Nomens (Plural: Genera): das grammatische Geschlecht: → Maskulinum, → Femininum oder → Neutrum. Ob ein → Nomen, grammatisch gesehen, männlich, weiblich oder sächlich ist, erkennt man am zugehörigen → Artikel.

Genus des Verbs: → Aktiv oder → Passiv.

Grundwort: das letzte Wort in einem → Kompositum. Das Grundwort sagt aus, worum es geht.
Beispiele: Schul<u>tasche</u> (eine Tasche), *tauben<u>blau</u>* (blau), *riesen<u>groß</u>* (groß)

Hauptsatz: ein → Satz, der allein stehen kann und klar zu verstehen ist. Im Hauptsatz steht das → finite Verb vorn, auf der Position des ersten oder zweiten → Satzglieds.
Beispiel: Max *bekam* zum Geburtstag einen Hund.

Hilfsverb: eine besondere Art von → Verb. Es gibt drei Hilfsverben: *sein, haben* und *werden*. Sie werden gebraucht („helfen"), um bestimmte → Tempora zu bilden, z. B. das → Perfekt, das → Plusquamperfekt, das → Futur I oder das → Futur II. Das Hilfsverb *werden* wird auch für die Bildung des → Passivs gebraucht.

Imperativ: die Befehlsform. Sie wird in Aufforderungs- und Befehlssätzen verwendet. Es gibt zwei Formen: Eine richtet sich an eine Einzelperson (z. B.: *Komm! Antworte! Warte!*), die andere richtet sich an mehrere Personen (z. B.: *Kommt! Antwortet! Wartet!*). Bei einigen → Verben mit dem Stammvokal *e* wird im Imperativ aus dem *e* ein *i* oder *ie* (z. B.: *lesen* → *Lies! geben* → *Gib!*).

Indefinitpronomen: eine → Wortart aus der Gruppe der → Pronomen. Das Indefinitpronomen bezeichnet ungenaue Mengenangaben.
Beispiele: einige, wenige, etwas

Indikativ: die Wirklichkeitsform. Sie drückt aus, dass eine Äußerung als Tatsache verstanden werden soll.
Beispiel: Er *schläft*.

indirekte Rede: Mit der indirekten Rede zeigt man an, dass man die Worte eines anderen sinngemäß wiedergibt. In der indirekten Rede wählt man normalerweise den → Konjunktiv I (ersatzweise den → Konjunktiv II oder die Formen mit *würde*). In der indirekten Rede verändern sich auch einige → Pronomen und → Adverbien.
Beispiel: Tim verspricht Eva: *„Ich hole dich hier ab."* (→ direkte Rede)
Tim verspricht Eva, *er hole sie dort ab*. (indirekte Rede)

Infinitiv: die Grundform des → Verbs. Der Infinitiv endet im Deutschen meist auf *-en*. Es gibt auch Infinitive, die auf *-ern* oder *-eln* enden.
Beispiele: laufen, wandern, lächeln

Inhaltsangabe: eine Textsorte. Mit einer Inhaltsangabe informiert man knapp und sachlich (→ Sachlichkeit) über den Inhalt eines Textes. Man verwendet dabei das → Präsens. Äußerungen und Gedanken von Personen werden in Form von → indirekter Rede wiedergegeben.

instruieren: jemanden anleiten, etwas zu tun.

Kasus (Plural: Kasus): ein Fall. Es gibt im Deutschen vier Kasus: → Nominativ (1. Fall), → Genitiv (2. Fall), → Dativ (3. Fall) und → Akkusativ (4. Fall).

Kernaussage: entscheidende Botschaft, die ein Text vermittelt.

Kommentar: eine Textsorte. Mit einem Kommentar bringt man zum Ausdruck, welche Meinung man zu einem Thema vertritt.

Komparativ: die erste Steigerungsform eines → Adjektivs. Man bildet den Komparativ, indem man die Endung *-er* hinzufügt.
Beispiel: mutig – mutiger.
Manchmal muss man dabei den → Umlaut verwenden, z. B. *stark – stärker, alt – älter*.

Kompositum (Plural: Komposita): ein aus zwei oder mehreren Wörtern zusammengefügtes Wort. Man unterscheidet bei einem Kompositum → Grundwort und → Bestimmungswort.
Beispiele: Hausarzt, Internetanschluss

konjugieren: die möglichen Formen eines → Verbs bilden (man sagt auch: ein Verb *beugen*). Man konjugiert ein Verb, indem man dem → Wortstamm die passende → Personalendung hinzufügt.
Beispiel: sagen: ich sage, du sagst, er sagt, wir sagen, ihr sagt, sie sagen

Konjunktion: eine → Wortart. Konjunktionen verbinden → Sätze oder Wortgruppen miteinander. Deshalb heißen sie auch Bindewörter. Nebenordnende Konjunktionen (z. B. *und, aber, oder, denn*) leiten einen → Hauptsatz ein; unterordnende Konjunktionen (z. B. *als, wenn, bevor, weil*) leiten einen → Nebensatz ein. Konjunktionen sind unveränderbar.

Konjunktionalsatz: ein → Nebensatz, der mit einer → Konjunktion beginnt.

Konjunktiv I: die Möglichkeitsform. Der Konjunktiv I wird vor allem in der → indirekten Rede verwendet. Er wird aus dem Verbstamm gebildet. Vor die → Personalendung schiebt sich ein -e-. Bei der 3. Person → Singular entfällt die Personalendung.
Beispiel: saglen: ich sagle, du saglest, er sagle, wir saglen, ihr saglet, sie saglen

Konjunktiv II: die Unmöglichkeitsform. Der Konjunktiv II drückt einen unwirklichen Sachverhalt aus (z. B. Wünsche: *Das wäre schön!*). Er wird gebildet, indem man bei der Form des → Präteritums vor der Endung ein -e- einfügt. Die → Vokale a, o, u werden dabei zu → Umlauten.
Beispiel: geben: er gab – er gäbe

Konsonant: Mitlaut. Anders als → Vokale können Konsonanten nicht allein gesprochen werden; es klingt immer ein Vokal mit.
Beispiele: b (sprich: be) – h (sprich: ha)
Konsonanten sind: *b, c, d, f, g, h, j, k, l, m, n, p, q, r, s, t, v, w, x, y, z.*

Kurzgeschichte: ein → Prosatext. Eine Kurzgeschichte weist diese Merkmale auf:
– kurzer Umfang
– offener Anfang (keine Einleitung)
– Geschichten aus dem Alltag ganz normaler Menschen
– Darstellung entscheidender Augenblicke im Leben eines Menschen
– unerwartete Wendung als Höhepunkt der Geschichte
– offener Schluss (Anregung zum Nachdenken)

Legende: Informationen über die Bedeutung von Zeichen und Ziffern. Man findet sie v. a. unter → Diagrammen und → Tabellen.

Leserbrief: eine Textsorte. Mit einem Leserbrief wendet man sich an eine größere Öffentlichkeit, z. B. an die Leser einer Zeitung, um seine Meinung zu einem aktuellen Thema kundzutun.

literarischer Text: ein Text, in dem etwas dargestellt ist, das sich der → Autor ausgedacht hat (z. B. eine Geschichte), und der kunstvoll gestaltet ist. Man unterscheidet → Prosatexte, → Gedichte (→ Lyrik) und → Dramen.

Lyrik: Bezeichnung für alle Texte, die in Form eines → Gedichts geschrieben sind.

lyrisches Ich: der Sprecher in einem → Gedicht (auch lyrischer Sprecher genannt). Wenn die Darstellung aus der Sicht einer bestimmten Person erfolgt, entspricht er dem Ich-Erzähler in → Prosatexten.

Maskulinum: das „männliche" Geschlecht.
Beispiele: ein Mann, der Schrank

Metapher: ein → sprachliches Bild. Bei einer Metapher wird jemand (oder etwas) mit einer Sache gleichgesetzt, die einem anderen Lebensbereich angehört.
Beispiel: der Dschungel der Großstadt (Großstadt = Dschungel)

Metrum: → Versmaß. Gemeint ist der „Takt", der durch die Abfolge von betonten und unbetonten → Silben entsteht. Diese vier Metren kommen besonders häufig vor: *Jambus, Trochäus, Daktylus, Anapäst.*

Mindmap: eine „Ideenlandkarte". Mit einer Mindmap stellt man seine Gedanken zu einem Thema grafisch dar.

Modalverb: Modalverben drücken aus, auf welche Weise eine Handlung erfolgt (aufgrund von Können?, aufgrund eines Wunsches?, aufgrund einer Pflicht?, aus einer Notwendigkeit heraus?). Modalverben sind: *können, wollen, sollen, müssen.*

Modus (Plural: Modi): eine Aussageweise des → Verbs. Es gibt im Deutschen drei Modi: → Indikativ, → Konjunktiv, → Imperativ.

Motiv: Beweggrund; der Anlass, der jemanden dazu bringt (bewegt), etwas zu tun.

Nachricht: eine Neuigkeit, die sich ereignet hat und die für wichtig genug gehalten wird, um andere darüber zu informieren. Nachrichten findet man z. B. in Form von kurzen → Berichten (auch *Meldungen* genannt) in Zeitungen.

Nachsilbe: → Suffix.

Nebensatz: ein → Satz, der nur im Zusammenhang mit einem → Hauptsatz sinnvoll ist. Im Nebensatz steht das → finite Verb in der Regel am Ende. Nebensätze werden durch Komma vom zugehörigen Hauptsatz abgetrennt.

Beispiele: Wenn du kommst, freue ich mich. Ich kann mir das Auto nicht leisten, *weil es zu teuer ist*.

Neutrum: das „sächliche" Geschlecht.
Beispiele: das Kind, das Geld

nichtlinearer Text: Text, in dem die Informationen oft in Form eines → Diagramms oder einer → Tabelle dargestellt sind.

Nomen: eine → Wortart. Mit Nomen bezeichnet man Lebewesen oder Sachen.
Beispiele: Auto, Fenster, Baum, Mann, Ereignis, Freude, Hoffnung

Nominalisierung: Ein Wort ist nominalisiert, wenn es im → Satz als → Nomen verwendet wird, obwohl es laut Wörterbuch kein Nomen ist. Eine Nominalisierung erfolgt durch bestimmte → Begleitwörter, z. B. → Artikel oder → Pronomen.
Beispiele: Max hatte sich *beim Laufen* (= bei dem Laufen) den Fuß verstaucht. – Er schwindelte *das Blaue* vom Himmel herab.

Nominativ: ein → Kasus (der erste Fall). Man erfragt ihn so: *Wer oder was …?*

Numerus: → Singular oder → Plural.

Objekt: ein → Satzglied. Die Handlung, von der in einem → Satz die Rede ist, bezieht sich auf das Objekt. Das Objekt kann im → Genitiv (selten), → Dativ oder → Akkusativ stehen.
Beispiele: Wir gedenken *der Toten* (Genitiv). Martin hilft *seiner Freundin* (Dativ). Der Postbote bringt *einen Brief* (Akkusativ).

Partizip Perfekt: eine Form des → Verbs, die gebraucht wird, um bestimmte → Tempora und das → Passiv zu bilden.
Beispiele: gefragt, gesehen, vergessen, bearbeitet

Partizip Präsens: eine Form des → Verbs.
Beispiele: lachend, singend, jubelnd

Passiv: Mit dem Passiv drückt man aus, dass etwas *getan wird*. Dabei steht die Handlung im Mittelpunkt. Man bildet das Passiv mit dem → Hilfsverb *werden* und dem → Partizip Perfekt.
Beispiele: Die Tür *wird geöffnet*. Der Notarzt *wird gerufen*. Die Rechnung *wird bezahlt*.

Perfekt: eine Zeitform (→ Tempus) des → Verbs. Man könnte das Perfekt als „vollendete Gegenwart" bezeichnen (*perfekt: fertig, erledigt*). Das Perfekt drückt aus, dass eine Handlung schon abgeschlossen ist. Es wird mit den → Hilfsverben *sein* oder *haben* und dem → Partizip Perfekt gebildet.
Beispiele: Sie *hat gesagt*. Er *ist gegangen*.

Personalendung: die Endung am Schluss des → finiten Verbs. Sie macht das → Verb „passend" für die Person (oder Sache), die handelt.
Beispiele: Das Mädchen *singt*. → Die Personalendung *-t* passt zu *das Mädchen*.
Die Kinder *singen*. → Die Personalendung *-en* passt zu *die Kinder*.

Personalpronomen: eine → Wortart aus der Gruppe der → Pronomen. Personalpronomen sind: *ich, du, er, sie, es, wir, ihr, sie*. Sie können als Ersatz (→ Stellvertreter) für ein → Nomen oder eine Wortgruppe stehen.
Beispiele: der Junge – er, die Kinder – sie

Personifikation: ein → sprachliches Bild. Eine Personifikation liegt vor, wenn etwas Unbelebtes so dargestellt wird, als sei es lebendig (wie eine Person).
Beispiel: Der Wind wisperte.

Plural: Mehrzahl.
Beispiele: Stühle, Tische, Äpfel, Frauen

Plusquamperfekt: eine Zeitform (→ Tempus) des → Verbs. Man könnte das Plusquamperfekt als „vollendete Vergangenheit" bezeichnen. (*Plus-quam-perfekt* bedeutet: *mehr als perfekt*.) Das Plusquamperfekt wird gebildet mit dem → Präteritum der → Hilfsverben *sein* oder *haben* und dem → Partizip Perfekt.
Beispiele: Ben *hatte* noch gar nichts *gegessen*. Er *war* im Kino *gewesen*.

Positiv: die Grundform eines → Adjektivs.
Beispiele: groß, schnell, klein

Possessivpronomen: eine → Wortart aus der Gruppe der → Pronomen. Possessivpronomen sind: *mein, dein, sein, ihr, unser, euer, ihr*. Sie sagen aus, wem (oder zu wem) etwas gehört. Man nennt sie auch *besitzanzeigende Fürwörter*.
Beispiele: Tobias sagt: „*Mein* Vater kommt nach Hause. Ich sehe schon *sein* Auto."

Prädikat: ein → Satzglied. Mit dem Prädikat wird gesagt, was jemand tut (oder was geschieht). Weil das Prädikat für einen → Satz so wichtig ist, nennt man es auch den Satzkern. Es besteht immer aus einem

oder mehreren → Verben. Du kannst das Prädikat so erfragen: *Was tut ...?* (oder auch: *Was tue, tust, tun, tut ...?* – je nachdem, wer der „Täter" ist).
Beispiel: Die Polizei verfolgt den Einbrecher. *Was tut die Polizei?* Sie *verfolgt* den Einbrecher.

Präfix: → Vorsilbe. Präfixe sind Wortbausteine, die einem → Wortstamm vorangestellt werden.
*Beispiele: ent*decken, *miss*billigen, *ver*lieren

Präposition: eine → Wortart. Präpositionen zeigen an, wie zwei Lebewesen oder Sachen aufeinander bezogen sind (welche Position sie zueinander haben). Präpositionen sind unveränderbar.
Beispiele: Das Buch liegt *auf* dem Tisch / *unter* dem Auto / *neben* der Tür.

Präpositionalobjekt: ein → Objekt, das mit einer → Präposition beginnt.
Beispiel: Ich war *bei meinem Freund.*

Präsens: eine Zeitform (→ Tempus) des → Verbs. Mit dem Präsens drückt man meist aus, dass etwas in der Gegenwart geschieht – oder regelmäßig. Das Präsens bildet man mit dem Stamm des Verbs und der → Personalendung.
Beispiele: Der Bus *kommt* (jetzt). Babys *schreien*, wenn sie Hunger *haben* (gemeint: oft, regelmäßig).

Präteritum: eine Zeitform (→ Tempus) des → Verbs. Im Präteritum spricht man von Handlungen, die in der Vergangenheit geschehen und bereits abgeschlossen sind. Man bildet es, indem man zwischen den Stamm des Verbs und die → Personalendung die Buchstaben *-te-* einfügt. Bei der 3. Person → Singular entfällt die Personalendung. Es gibt auch unregelmäßige Verben, die sich dieser Regel nicht beugen; bei ihnen kommt es oft zu einem Wechsel des Stammvokals.
Beispiele: spielen: Das Kind *spielte* (regelmäßig); gehen: Sie *gingen* (unregelmäßig).

Pronomen: eine → Wortart. Ein Pronomen kann → stellvertretend für ein Wort oder eine Wortgruppe verwendet werden. Deshalb nennt man Pronomen auch *Fürwörter* (*pro* bedeutet: *für*). Es gibt verschiedene Pronomen, z. B. → Demonstrativpronomen, → Indefinitpronomen, → Personalpronomen, → Possessivpronomen, → Reflexivpronomen, → Relativpronomen.

Prosatext: ein Text, in dem eine Geschichte in einer (scheinbar) ganz normalen Sprache erzählt wird. Dadurch unterscheidet sich ein Prosatext von einem → Gedicht und einem → Drama.

Reflexivpronomen: eine → Wortart aus der Gruppe der → Pronomen. Reflexivpronomen weisen auf die handelnde Person zurück.
Beispiele: Ich wasche *mich.* Du solltest besser auf *dich* aufpassen.

Reim: ein Gleichklang von → Silben, in der Regel ein Gleichklang von Silben am Wortende. Reime kommen oft in → Gedichten vor. Besonders häufig findet man in Gedichten diese Reime: *Paarreim, Kreuzreim, umarmender Reim.*

Relativpronomen: eine → Wortart aus der Gruppe der → Pronomen. Relativpronomen leiten → Relativsätze ein. Sie verweisen auf eine Person oder Sache zurück, von der gerade die Rede war. Meist werden die Wörter *der, die, das* als Relativpronomen benutzt. Weitere Relativpronomen sind *welcher, welche, welches.*
Beispiel: Der Mann, *der ...*

Relativsatz: ein → Nebensatz, der mit einem → Relativpronomen eingeleitet wird.
Beispiel: Der Mann, *der sich gerade umgedreht hat,* kommt mir verdächtig vor.

Rhythmus: der Klang eines Textes, der sich durch das → Metrum, durch Sprechpausen und durch die Sprachmelodie ergibt.

Roman: ein langer → Prosatext. Erzählt wird eine Geschichte, in der die Hauptfigur infolge ihrer Erlebnisse eine erkennbare Entwicklung durchmacht. Romane erscheinen in der Regel in Buchform.

Sachlichkeit: Ein Text ist sachlich geschrieben, wenn der → Verfasser einen Sachverhalt so darstellt, dass die Wörter, die er benutzt, neutral wirken. Die Wortwahl gibt keine verräterischen Hinweise auf die Gefühle des Schreibers.

Sachtext: ein Text, der sich auf etwas bezieht, das es wirklich gibt oder gegeben hat. Damit unterscheidet sich ein Sachtext von einem → literarischen Text.

Satz: eine abgeschlossene sprachliche Einheit. Ein Satz kann allein stehen oder zusammen mit anderen Sätzen zu einem Text kombiniert werden. Man unterscheidet verschiedene Satzarten: *Aussagesatz, Fragesatz, Aufforderungssatz, Wunschsatz, Ausrufesatz.*

Satzgefüge: ein → Satz, der aus mindestens einem → Hauptsatz und einem oder mehreren → Nebensätzen gebildet wird.
Beispiel: Ich stand noch am Fahrkartenautomaten (Hauptsatz)*, als der Zug bereits einfuhr* (Nebensatz).

Satzglied: Ein → Satz besteht aus mehreren Satzgliedern. Es gibt diese vier Satzglieder: → Subjekt, → Prädikat, → Objekt, und → Adverbial. Ein Satzglied kann aus einem oder aus mehreren Wörtern bestehen.
Beispiel: Mein Vater (Subjekt) *liest* (Prädikat) *jeden Morgen* (Adverbial) *die Zeitung* (Objekt).

Satzreihe: ein → Satz, in dem zwei oder mehrere Hauptsätze miteinander verbunden werden.
Beispiel: Ich stand noch am Fahrkartenautomaten (Hauptsatz) *(,) und der Zug fuhr bereits ein* (Hauptsatz).

Schlussfolgerung: Aus bestimmten Tatsachen kann man manchmal Schlüsse ziehen. Eine Schlussfolgerung ist in einem Wenn-dann-Satz jeweils der Teil, der mit dem → Adverb *dann* beginnt. Schlussfolgerungen sind oft Teile eines → Arguments.
Beispiel: Wenn die Klimaveränderung weiter fortschreitet, dann sollte man etwas dagegen unternehmen.

Schreibplan: ein Konzept zum Schreiben eines Textes. Man listet darin geordnet alle Gedanken (z. B. → Argumente) auf, die man zum Ausdruck bringen will. Der Übersicht halber erfolgt diese Auflistung in Form von → Stichworten, die man untereinander notiert. Beim Schreiben des Textes orientiert man sich an diesem Schreibplan.

Schriftsteller: jemand, der Bücher schreibt, z. B. → Romane.

Semikolon: auch Strichpunkt genannt. Ein Semikolon trennt → Sätze voneinander; die Trennung zwischen den Sätzen ist bei einem Semikolon schwächer als bei einem Punkt, aber etwas stärker als bei einem Komma. Nach einem Semikolon schreibt man klein weiter.
Beispiel: Du hast mich enttäuscht; das hätte ich nicht von dir gedacht.

Silbe: der kleinste Baustein eines Wortes. Jede Silbe besteht im Kern aus einem → Vokal. Die meisten Silben beginnen oder enden mit einem → Konsonanten. Einige Silben werden auch durch Konsonanten „eingerahmt". Man kann bei jeder Silbe einmal klatschen.
Beispiele: Ba-na-ne, wun-der-bar

silbentrennendes h: Bei manchen Wörtern steht im Wortinnern ein silbentrennendes h, um die Grenze zwischen zwei → Silben zu kennzeichnen.
Beispiele: ge-hen, Ru-he, fä-hig

Singular: Einzahl.
Beispiele: Stuhl, Tisch, Apfel, Frau

Sinnabschnitt: ein Abschnitt in einem Text, der sich mit einem bestimmten Thema (Sinn) befasst.

sprachliches Bild: ein Bild, das man mit Worten „malt". Ein Sprachbild wird erzeugt, indem man Dinge aus verschiedenen Sachbereichen aufeinander bezieht. Durch sprachliche Bilder wird eine Darstellung sehr anschaulich (→ Anschaulichkeit). Es gibt verschiedene Arten von Sprachbildern, z. B.: → Metapher, → bildhafter Vergleich, → Personifikation.
Beispiel: Es erhob sich ein Sturm der Entrüstung (Metapher; Sturm: Begriff aus dem Bereich der Wetterkunde, Entrüstung: Bezeichnung für ein Gefühl).

Stellungnahme: eine Textsorte. Man stellt darin begründet seine Meinung dar.

Stellvertreter: ein Wort, das in einem → Satz anstelle eines anderen Wortes verwendet wird. Meist handelt es sich dabei um ein → Pronomen.
Beispiel: Unser Lehrer kam heute zu spät. Er (= unser Lehrer) *hatte auf dem Schulweg einen Unfall erlitten.*

Stichworte: eine verkürzte Form des Notierens von Gedanken. Man schreibt nur die wichtigsten Wörter der einzelnen Gedanken auf. Um die Aufzeichnungen übersichtlich zu gestalten, vermeidet man vollständige → Sätze.

Strophe: ein Absatz in einem → Gedicht.

Fachbegriffe

Subjekt: ein → Satzglied. Das Subjekt ist die Person oder Sache, die handelt. Es steht im → Nominativ. Du kannst das Subjekt so erfragen: *Wer oder was ...?*
Beispiel: Die Sonne scheint. Wer oder was scheint? Die Sonne.

Suffix: → Nachsilbe. Suffixe sind Wortbausteine, die hinter dem → Wortstamm angefügt werden.
Beispiele: Belas<u>tung</u>, Verständ<u>nis</u>, end<u>lich</u>

Superlativ: die zweite Steigerungsform eines → Adjektivs. Man bildet den Superlativ, indem man die Endung *-st* (+ *-e/-er/-en*) hinzufügt.
Beispiele: bitter – bitter<u>ste</u>, dick – dick<u>ster</u>, traurig – am traurig<u>sten</u>

Tabelle: ein → nichtlinearer Text. In einer Tabelle sind Zahlenangaben übersichtlich in Form von Spalten und Zeilen angeordnet.

Tagebucheintrag: eine Textsorte. In einem Tagebucheintrag hält man nicht nur die Erlebnisse eines Tages fest, sondern auch die Gefühle und Gedanken, die einem im Zusammenhang mit diesen Erlebnissen gekommen sind.

Tempus (Plural: Tempora): Zeitform des → Verbs. Durch das Tempus kann ausgedrückt werden, ob etwas in der Gegenwart (→ Präsens), in der Vergangenheit (→ Präteritum, → Perfekt, → Plusquamperfekt) oder in der Zukunft (→ Futur I, → Futur II) geschieht.

These: eine → Behauptung zu einem bestimmten Sachverhalt. Wenn man bezüglich eines Themas oder Problems eine These aufstellt und diese anschließend begründet, formuliert man ein → Argument aus.

treffende Wörter: Wörter, die als Bezeichnung für eine Sache genau und präzise sind.
Beispiel: Statt zu sagen: Ich mache einen Kuchen, sagt man: Ich backe einen Kuchen. (Das Verb backen trifft die Sache genauer.)

Umlaut: → Vokal, über dem zwei Punkte stehen: *ä, ö, ü*. Die Punkte verändern die Aussprache der Vokale.

Verb: eine → Wortart. Verben sagen, was eine Person (oder eine Sache) tut.
Beispiele: sprechen, singen, lachen, essen

Verfasser: → Autor.

Vers: eine Zeile in einem → Gedicht.

Versmaß: der „Takt" in einem → Gedicht, auch → Metrum genannt.

Vokal: Selbstlaut. Vokale klingen ganz allein; sie brauchen keinen weiteren Laut, um gesprochen werden zu können. Es gibt fünf Vokale: *a, e, i, o, u.*

Vorsilbe: → Präfix.

Wortart: Es gibt verschiedene Arten von Wörtern. Wortarten sind z. B. → Nomen, → Verben, → Adjektive, → Artikel, → Pronomen, → Konjunktionen.

Wortfamilie: eine Gruppe von Wörtern, die miteinander verwandt sind. Alle Wörter, die zur selben Wortfamilie gehören, haben dieselben Familienähnlichkeiten, z. B. die Schreibung mit einem → Dehnungs-h oder einem → Doppelkonsonanten.
Beispiel: fahren, Gefahr, gefährlich, Fahrzeug, Fahrer, befahrbar ...

Wortfeld: Wörter, die etwas Ähnliches bezeichnen, bilden ein Wortfeld.
Beispiel: Wortfeld „sagen": sprechen, rufen, meinen, flüstern, antworten ...

wörtliche Rede: → direkte Rede. Mit der wörtlichen Rede sagt man Wort für Wort, was jemand gesprochen hat. Die gesprochenen Worte werden in Anführungszeichen gesetzt. Um deutlich zu machen, wer die Worte gesprochen hat, fügt man einen → Begleitsatz hinzu.
Beispiel: Eva sagte: „Ich habe dich gern."

Wortstamm: der „Kern" eines Wortes. Wörter die auf den gleichen Wortstamm zurückgehen, bilden eine → Wortfamilie.

Zahlwort: ein Wort, mit dem eine genaue Auskunft über eine Menge gegeben wird.
Beispiele: fünf Geschäfte, die Hälfte des Betrags, tausend Demonstranten

Zitat: die wörtliche Wiedergabe einer Textstelle oder einer Äußerung. Zitate werden immer durch Anführungszeichen gekennzeichnet. Man kann die Äußerung einer Person oder eine Textstelle zitieren, um eine Aussage zu belegen (→ Beleg). Oder man nutzt ein Zitat (→ wörtliche Rede), um einen Text lebendig und abwechslungsreich zu gestalten.